Biblioteca de Derecho Penal y Procesal Penal

Carlos Pérez del Valle
(Director)

Carlos Antonio Agurto Gonzáles
Sonia Lidia Quequejana Mamani
Benigno Choque Cuenca
(Coordinadores Generales)

JORGE E. BUOMPADRE
Profesor Titular de Derecho Penal
Universidad Nacional del Nordeste

LOS DELITOS CONTRA LOS ANIMALES

ANÁLISIS DE LA LEY N° 14.346/54 DE MALOS TRATOS Y ACTOS DE CRUELDAD A LOS ANIMALES

Edición al cuidado de
Carlos Antonio Agurto Gonzáles
Sonia Lidia Quequejana Mamani
Benigno Choque Cuenca

Ediciones Olejnik

Título: Los delitos contra los animales
Análisis de la Ley N° 14.346/54 de malos tratos
y actos de crueldad a los animales

Huérfanos 611, Santiago - Chile
E-mail: contacto@edicionesolejnik.com
Web site: http://www.edicionesolejnik.com

Primera edición en Ediciones Olejnik: 2023

ISBN: 978-956-407-329-3

Diseño de Carátula: Ena Zuñiga
Diagramación: Luis A. Sierra Cárdenas

Impreso en Argentina 2023 Printed in Argentina

ÍNDICE

4. LOS ANIMALES Y EL DERECHO PENAL

5. LOS DELITOS CONTRA LOS ANIMALES EN LA LEY 14.346/54 DE MALTRATO Y ACTOS DE CRUELDAD

6. CONCLUSIÓN

7. JURISPRUDENCIA

ANEXO LEGISLATIVO

BIBLIOGRAFÍA

«El precedente «Sandra» constituye quizás el más importante fallo judicial de los últimos años a nivel mundial, desplazando a los animales no-humanos (como *seres sintientes*) de la categoría de cosas semovientes, para ubicarlos en el pedestal de la de *sujetos de derechos*...Es un precedente que invita a creer en la vida, en la dignidad y en el respeto por la libertad de todos los animales que a diario padecen el infierno del tratamiento humano...» (Pablo N. Buompadre, *De Suiza a Sandra. Un camino hacia el reconocimiento de derechos básicos fundamentales de los animales no-humanos. Los animales como «sujetos de derecho»*, Derecho Ambiental La Ley, Buenos Aires, 29/04/2015).

«Una vez que nos preguntamos por qué todos los humanos —incluyendo a los recién nacidos, los intelectualmente incapacitados, los psicópatas criminales, Hitler, Stalin y tantos otros— deberían tener algún tipo de dignidad o valor que ningún elefante, cerdo o chimpancé jamás alcanzará, la respuesta nos resulta tan difícil como la búsqueda primera de algún dato relevante que justifique la desigualdad entre los humanos y otros animales» (Peter Singer, *Liberación animal*, Ed. Trotta, Madrid, 1999).

PRESENTACIÓN

La relación del hombre con el animal ha existido desde que el mundo es mundo, desde las épocas más primitivas hasta la actualidad, pero siempre bajo una mirada transversal del humano usando al animal para sus propios intereses y beneficios, especialmente económicos.

Sin perjuicio de ello, en los tiempos que corren y desde hace unas décadas a esta parte, la sociedad se ha ido despertando de un viejo letargo, transformando su visión acerca de los animales y la manera de los humanos de relacionarse con ellos. La sociedad, poco a poco, se ha ido dando cuenta de que los animales también son seres vivos, dotados de sensibilidad, con capacidad de emocionarse, de sufrir y de alegrarse, como cualquier otro animal sobre la tierra, y que merecen ser protegidos a través de las herramientas más contundentes de las que cuenta el ordenamiento jurídico.

Algunos visionarios -tal vez románticos apasionados- del siglo pasado, lucharon por cambiar el estatus jurídico de los animales. Sarmiento fue uno de ellos. Su obra -por muchos ignorada- nos dejó, entre tantas cosas, la Sociedad Argentina para la Protección de los Animales, el 21 de agosto de 1879.

Probablemente, la lucha de estos idealistas de la época, marcaron el camino que habría de comenzar con la sanción de la Ley 2786 (que llevó, con oportuna justicia, el nombre de «Ley Sarmiento», en homenaje a aquel hombre precursor en la lucha por la protección de los animales), el 25 de julio de 1891, que fue el antecedente de la Ley 14.346 de Maltrato Animal, que rige en Argentina desde el 5 de noviembre de 1954.

El libro que en esta oportunidad entrego al lector -aunque no sea un entusiasta defensor de los derechos de los animales-, habla un poco de esto y, también de la Ley 14.346, de sus aciertos y de sus defectos, como así de los cambios que se necesitan para dotar al ordenamiento jurídico (civil, administrativo, penal) de los instrumentos suficientes para enfrentar con cierta dosis de éxito la sanción de las conductas humanas que atentan contra la integridad física y psíquica del animal. Dicho de otro modo y con menos eufemismos, los cambios que se necesitan en la lucha contra el maltrato animal.

En el deseo de que esta pequeña obra contribuya -siquiera en mínima medida-, a mejorar las cosas y superar los obstáculos que siempre existen en las instancias legislativas, no quiero dejar pasar esta ocasión sin agradecer a mi querido amigo, el catedrático de derecho penal y Vice Decano de la Universidad de Sevilla, profesor Miguel Polaino Orts, por la cálidas palabras escritas en el prólogo de este libro, y al señor Francisco Olejnik, titular de Ediciones Olejnik, una vez más, por su edición y publicación.

En Corrientes, muy cercano el fin del año 2022

Jorge Eduardo Buompadre
Profesor de Derecho penal.
Profesor Extraordinario de la Universidad Nacional del Nordeste (Argentina)

PRÓLOGO

LA NOCIÓN JURÍDICA DE PERSONA Y SU PRETENDIDA APLICACIÓN AL «DERECHO ANIMAL».

Prólogo al libro *Los delitos contra los animales. Luces y sombras de la Ley No. 14.346/54 de Malos tratos y actos de crueldad a los animales* del Prof. Dr. Jorge E. Buompadre

«Al ser humano se le denomina persona en tanto que disfruta de ciertos derechos en la Sociedad civil», decía, a finales del siglo XVIII, el texto del Derecho prusiano común (§ 1, Tít. 1, parte II del *Allgemeines Landrecht für die preußischen Staaten,* de 1794). Este concepto *normativo* de persona, que delimita la personalidad en clave jurídica (a saber: en función de su idoneidad para albergar la titularidad de derechos), ya había sido aceptado usualmente por los pensadores europeos a lo largo de los siglos, de Althusius a Hegel: para el primero, la persona es el ser humano en cuanto titular de derechos; y para el segundo, «el mandato jurídico básico es: ... sé persona y respeta a los demás como personas»[1], principio que quintaesencia el axioma sinalagmático de respeto interpersonal por intermedio del Derecho: uno se comporta como persona en tanto que no se extralimita en el ejercicio de sus derechos y en la medida en que cumple sus obligaciones, de suerte que ser persona consiste en respetar la personalidad jurídica de los demás. De ese modo, la personalidad es una atribución del Derecho que compendia tanto el aspecto *positivo* (el disfrute de derechos) como el *negativo* (el establecimiento de obligaciones), lo que al fin y al postre circunscribía esa asignación de personalidad a los seres racionales capaces de emitir una expresión de sentido comunicativamente relevante.

La delimitación normativa de la noción de persona contrastaba con la postura histórica que defendía la idoneidad de los seres irracionales para albergar responsabilidad jurídico-penal. Desde la antigüedad clásica, y durante largo tiempo, hubo voces que defendían que los animales y los objetos irracionales habían de ser considerados como penalmente responsables[2] (frente a otras, como la de Santo Tomás de Aquino, que reclamaban la racionalidad del ente como mínima exigencia de imputabilidad penal[3]). De hecho, menudearon desde la Antigüedad y, con particu-

---

1 Georg Wilhelm Friedrich Hegel, *Grundlinien der Philosophie des Rechts,* 1821, § 36.

2 José Antón Oneca, *Derecho Penal,* tomo I, *Parte general,* Gráfica Administrativa, Madrid, 1949, págs. 151 y sigs.

3 En contra, por ejemplo, H. Dankwardt, *Psychologie und Criminalrecht,* C. F. Wintersche Verlagshandlung, Leipzig und Heidelberg, 1863 (Nachdruck des Verlages Ferdinand Keip, 1970), págs. 34 y sigs., quien defiende la posibilidad de la punición de los animales: «Strafendes Subject kann sein: das Thier, der Mensch, der Staat».

lar intensidad, durante la Edad Media y hasta la Edad Moderna, los procesos contra animales elevando a categoría jurídica la capacidad de imputabilidad de tales seres irracionales. El profesor Antón Oneca consideraba con razón que «los procesos contra seres irracionales no son una mera curiosidad histórica para el penalista»[4], sino antes bien un interesante documento para bucear en el origen y en el fundamento de la atribución de esa responsabilidad penal. Diversos fueron los argumentos esgrimidos para afirmar la imputabilidad de tales sujetos: desde la exigencia de indemnización para resarcir al ofendido hasta la finalidad ejemplar de la norma penal para prevenir ulteriores infracciones; desde el reconocimiento de la venganza pública o privada, tan extendida en las civilizaciones primitivas, a la significación mágica o religiosa que entrañaba la inmolación de sacrificios para merecer la paz de los dioses, aplacar su ira o para sancionar determinados pecados como la bestialidad (a través de la muerte de la bestia y del pecador). Filósofos como Demóstenes, Aristóteles o Platón consideraban que el animal y el objeto que procuran la muerte de un hombre eran culpables de homicidio y debían ser muertos o destruidos (una excepción la conformaba el rayo que, independientemente de su consideración como fenómeno natural, era concebido como decisión divina al ser lanzado por la mano de los dioses). Estos procesos se extendieron durante el medioevo hasta la modernidad: famosos fueron el largo proceso mantenido en el siglo XVI por los habitantes de Autún contra los roedores que invadían sus campos[5], la expatriación ejecutada en 1591 de unas campanas cuyo tañir fue considerado como señal para una revolución palaciega frustrada en la historia rusa[6], la excomunión decretada en el siglo XVII contra las sanguijuelas del Sena por el Obispo de París[7] o la ejecución de un papagayo por proferir la expresión hostil a Austria de «tú, perro negro amarillo», reputada entonces en aquel país constitutiva de delito de alta traición[8].

Más allá de lo anecdótico de estos casos judiciales lo cierto es que en época reciente se ha reformulado el papel que pueden jugar los animales en la dogmática penal, no sólo como *instrumentum sceleris* de comisión delictiva (azuzar a un perro para que ataque mortalmente a alguien) sino como *objeto* de protección penal frente al maltrato animal. Ya hace años se comenzó a controvertir en algunos sectores de la Ciencia, especialmente en el ámbito lingüístico, el significado que cabía atribuir a los animales desde la óptica de la teoría del idioma. El lenguaje, como el Derecho, se argumentaba, constituían ámbitos sometidos a leyes de la cultura y la racionalidad y no de la naturaleza. Desde ese punto de vista, los animales no se mueven por criterios de Derecho, de Justicia o de razón, sino por instintos, esto es, por determinadas pautas de reacción, más o menos desarrolladas, encaminadas al mantenimiento, conservación y mejora de las condiciones de vida del animal y de la especie. Sólo el ser humano racional regula su mundo circundante, su espacio vital,

---

4 José Antón Oneca, *o.u.c,* pág. 151.

5 Constancio Bernaldo de Quirós, «Los procesos contra las bestias», en *Alrededor del delito y de la pena,* Madrid, 1904; José Antón Oneca, *o.u.c.,* págs. 151 y sig.

6 Reinhart Maurach, *Tratado de Derecho penal,* tomo II, Prólogo de Octavio Pérez-Vitoria Moreno, traducción y notas de Derecho español por Juan Córdoba Roda, Ariel, Barcelona, 1962, pág. 178. Reinhart Maurach / Heinz Zipf, *Derecho penal, Parte general,* tomo I, *Teoría general del derecho penal y estructura del hecho punible,* traducción de la 7ª edición alemana por Jorge Bofill Genzsch y Enrique Aimone Gibson, supervisada por Edgardo A. Donna, Editorial Astrea de Alfredo y Ricardo Depalma, Buenos Aires, 1994, págs. 236 y sigs.

7 Eugenio Raúl Zaffaroni, *Teoría del delito,* Ediar, Buenos Aires, 1973, pág. 90.

8 Robert von Hippel, *Deutsches Strafrecht,* tomo II, Berlin, 1930, pág. 120; Hans VON HENTIG, *Die Strafe,* I, 1954, págs. 50 y sigs.; Reinhart Maurach, *l.u.c.;* Reinhart Maurach / Heinz Zipf, *l.u.c.*

mediante unas directrices que conforman el Derecho, pues se ordenan por criterios racionalistas o -quizá mejor: *razonalistas*- y se encaminan a fines de justicia, de razón y de equidad. También el lenguaje, como el Derecho, conforma un sistema propio -y privativo- de los seres humanos. Y aunque impropia y extensivamente se hable[9], en ocasiones, del «lenguaje animal» -y aun de sus «dialectos»[10]- como medio de expresión de determinados mamíferos (primates, perros, etc.) y de algunos ovíparos (paradigmáticamente: algunas aves, como los papagayos, los jilgueros, etc.), lo cierto es que la emisión de unos sonidos, más o menos evolucionados, no puede ser considerada, sin más, empleo de un lenguaje, al menos en el sentido que para el Derecho tiene este concepto: el lenguaje lleva aparejado un componente de racionalidad que lo hace característico y privativo de los hombres, y -por ello- es algo más que un instrumento de comunicación: es *expresión de sentido*.

Pero la problemática mayor desde el punto de vista jurídico estriba, precisamente, en si se debe revisar el concepto normativo de persona (y, consecuentemente, la atribución de personalidad jurídica, con sus derechos y sus deberes), hasta el punto de admitir, en su seno, la incorporación de animales, objetos inertes, seres irracionales y hasta elementos orográficos o perteneciente a los recursos naturales. Es la concepción, en fin, que modernamente propugna la consagración de «derechos (de) animales» y el reconocimiento de la «personalidad jurídica» (*sic*), por ejemplo, a cuencas, ríos, lagunas u otros accidentes geográficos o naturales, como ha hecho, recientemente, en España, la *Ley 19/2022, de 30 de septiembre, para el reconocimiento de personalidad jurídica a la laguna del Mar Menor y su cuenca* (BOE núm. 237, de 3 de octubre de 2022)[11], en cuyo art. 1 «(s)e declara la personalidad jurídica de la laguna del Mar Menor y de su cuenca, que se reconoce como sujeto de derechos» y en cuyo art. 2 «(s)e reconoce al Mar Menor y su cuenca», entre otros, el «derecho a existir como ecosistema», «a evolucionar naturalmente», «a la protección», «a la conservación», «al mantenimiento», «a la restauración», etc. (¡!).

Al margen de lo discutible de estas atribuciones de derechos no a *sujetos* sino a *cosas* elevadas a *personas* y de esos reconocimientos de titularidad jurídica a *eventos* o *sucesos más o menos contingentes*, no cabe duda de que este proceder del legislador altera, en todo caso, el concepto normativo de persona y la delimitación legislativa de la personalidad jurídica, entendida en el sentido alemán de «persona en Derecho»: *Rechtsperson*. Titular de un derecho *no debería poder ser* todo lo que el legislador afirme que lo es (la mesa de mi escritorio a no ser rayada, el toro a morir en privacidad, una lata de cocacola a sobrevivir el verano, pongamos por caso), sino el sujeto que, por su capacidad de expresar sentidos comunicativamente relevantes,

---

9 Y aún más: se resalte, como hace por ejemplo Roth, que numerosos mamíferos (como determinados perros, monos, etc.) posean sistemas relativamente complejos para la comunicación sonora intraespecífica, que no sólo muestran -como se creía antiguamente- una reacción emocional (excitación, agitación o irritación, satisfacción, agresividad, temor, dolor, tristeza, etc.) por parte del animal vocalizador, sino que transmiten también información sobre objetos (como, por ejemplo, sobre enemigos que se acercan y sus características esenciales, como el tamaño, género o sexo, peligrosidad), sobre relaciones de parentesco, e incluso sobre objetos no existentes, con el fin de inducir a engaño. Vid. Gerhard Roth, *Fühlen, Denken, Handeln. Wie das Gehirn unser Verhalten steuert*, Suhrkamp Verlag, Frankfurt am Main, 2001, pág. 356. Cfr. Monika Schmitz-Emans, *Die Sprache der modernen Dichtung*, Wilhelm Fink Verlag, München, 1997, pág. 7.

10 Así, por ejemplo, E. Zimmermann, «Loud calls in nocturnal prosimians: Structure, evolution and ontogeny», en E. Zimmermann / J. D. Newmann / U. Jürgens, *Current Topic in Primate Vocal Communication*, Plenum Press, New York - London, 1967, págs. 47 y sigs.

11 Texto completo: https://www.boe.es/diario_boe/txt.php?id=BOE-A-2022-16019.

tiene idoneidad de oponerse a la norma, esto es: de desautorizar el sentido oficial e institucional que la norma contiene. Y ello no significa, ojo, que malograr una mesa, substraer un objeto o golpear un animal no pueda ser, en las circunstancias típicas, un delito de daños, un delito de hurto o un delito de maltrato animal, sino simplemente que el derecho, esa relación *interpersonal*, no es de titularidad del animal, del objeto o de la cosa. En dos palabras: yo cometo injuria si grito «boludo» a alguien que no lo es, pero no la comete mi papagayo si remeda mi expresión fonéticamente.

Esta problemática se plantea de manera central en un ámbito de la criminalidad que, en los últimos tiempos, ha ido adquiriendo cada vez mayor relevancia: los delitos cometidos contra animales, tales como el maltrato o la crueldad animal. En este ámbito, una vez más, mi querido amigo, colega y maestro argentino Jorge E. Buompadre (antiguo Vicedecano y ahora Profesor Extraordinario de la Universidad Nacional del Nordeste, Doctor en Derecho y profesor invitado en la Universidad de Sevilla, además de Presidente de la flamante Academia Argentina de Ciencias Penales), nos ofrece en el presente libro un nuevo -y excelente- fruto de su talento docente, pedagógico e investigador.

Pero ésta de ahora no es una obra más dentro de una ya amplia y sorprendente nómina de las publicaciones jurídicas (sin contar las literarias, eh) del profesor Buompadre sino un estudio riguroso, llamativamente actual y sorprendentemente ameno donde compagina sus raras cualidades académicas de «deleitar enseñando», siguiendo la máxima horaciana: «*prodesse et delectare*». En las páginas de este libro se detiene Buompadre en la exposición de la protección jurídica que merecen los animales en la actualidad, en los diversos planos en los que se disgrega ese tratamiento jurídico: desde el ámbito del Derecho civil al mercantil, del administrativo al plano comparado. Pero el grueso de su sugerente investigación lo integra la óptica jurídico-penal, en la que Buompadre es, desde hace décadas, un consumado especialista. En este campo, aborda, de un lado, la mencionada problemática de si los animales *tienen derecho a tener derechos* y, de otro, el análisis de cuestiones fundamentales de teoría del delito aplicadas a la materia que nos ocupa: la delimitación del bien jurídico protegido, la concreción de los sujetos y del objeto del delito animalista, la exégesis de las conductas de maltrato y de crueldad animales incriminadas en la Ley argentina 14.346/54, hasta otras cuestiones de enjundia dogmática como la legítima defensa en relación a los animales o el significado penal de los actos sexuales de zoofilia animal.

El autor de este libro, Jorge E. Buompadre, viejo y querido amigo y colega de Corrientes (en la Argentina), es -quizá- el mejor tratadista de la Parte Especial que conozco de toda Latinoamérica. Y no lo digo por sus propios manuales y tratados, tan renombrados como difundidos (ni tampoco lo afirmo por la versión remozada de textos ya consagrados en la Ciencia penal que él, inteligente y generosamente, ha actualizado y completado, como -últimamente- los estupendos manuales o textos generales de Carlos Creus o de Sebastián Soler: sólo le falta actualizar -y culminar- los siete tomos inconclusos de la magna Parte General del gran Jiménez de Asúa), sino porque es el exégeta más célere, más certero y más preciso de cuantas reformas penales existen en la República Argentina, y quizá no sólo en ella. Sin desmerecer sus estudios de Parte General (su manual de esa materia tampoco es desdeñable), Buompadre se ha convertido en un referente ineludible de la Parte Especial, y no hay investigador -veterano, mediopensionista o misacantano- que pretenda adentrarse en las procelosas aguas de los tipos delictivos de una legislación, en este caso: la argentina (pero, insisto, no sólo en ésa), sin medirse previamente con los brillantes y aleccionadores textos de Jorge Buompadre.

Yo lo conozco, por fortuna para mí, hace muchos años. Tantos como me beneficio de su sabiduría, sus obras, su generosidad, su amistad y su talento. El último de sus aportes es el presente libro. Leer las obras del Dr. Buompadre nunca es tarea inútil, sino siempre provechosa. Es lo que yo le recomiendo al lector y el lector me lo agradecerá. Y termino: Pablo Neruda, uno de los grandes poetas en castellano -y no sólo en castellano- del siglo XX, dedicó una vez un bello poema a uno de sus perros muertos. En él se reconocía descreído sobre el porvenir del hombre después de la muerte («*Y yo, materialista que no cree / en el celeste cielo prometido / para ningún humano*») pero, en cambio, no dudaba de la existencia del paraíso para los animales («*para este perro o para todo perro / creo en el cielo, sí, creo en un cielo / donde yo no entraré, pero él me espera / ondulando su cola de abanico / para que yo al llegar tenga amistades*»). Yo, que no soy nadie para llevarle la contraria a nadie -y, menos, a un poeta universal- declaro que, con libros como éste del Dr. Jorge E. Buompadre, no tendría inconveniente alguno en reconocer -parafraseando a Rudolf von Ihering- la existencia de un «cielo de los conceptos jurídicos» para recibir estupendas obras como la presente sino también de un destino, como éste que me ha deparado Jorge Buompadre designándome generosamente su prologuista, y -lo que es más valioso para mí- para dar hospedaje y aposento a nuestra antigua amistad.

En Universidad de Sevilla, 6 de marzo de 2023.

Miguel Polaino-Orts

1. INTRODUCCIÓN

Suiza era una chimpancé hermosa, que estaba a la espera de su libertad, pero ella no lo sabía, lo sabían los humanos. Era de color negro, de un pelo con suaves y casi invisibles líneas rojas, de ojos tristes, a veces amarillos, era realmente hermosa, viviendo encerrada en un zoológico de Salvador de Bahía (Brasil). Unos humanos habían promovido una acción judicial para que se la reconozca como sujeto de derecho y pudiera volver a su estado natural: su libertad. Pero le decisión llegó tarde. Suiza murió inexplicablemente, a las 11 horas del 27 de octubre de 2005, sin poder disfrutar su derecho a vivir en su hábitat natural. La decisión para regresarla a su vida en libertad llegó tarde. No importa si ya era muy vieja, muy joven, si estaba abatida por los años de encierro o si fue o no envenenada. Lo cierto es que Suiza murió en su jaula y los humanos llegaron tarde.

En toda investigación que se acometa sobre los derechos de los animales y sobre las conductas que los humanos tienen hacia ellos, especialmente aquellas que les producen daños o sufrimientos, hay que tener muy en cuenta de que no siempre implica, necesariamente, incursionar exclusivamente en los confines del derecho penal, porque muchas veces el derecho penal ni es la opción más necesaria ni la más adecuada -tal vez ni la mejor- para solucionar los conflictos que aquejan a la sociedad. Todo el ordenamiento debe ocuparse de esta problemática, tanto el derecho civil como el derecho administrativo y el derecho penal, en una acción coordinada que respete las libertades básicas de los animales.

Pero, aun así, los problemas que se presentan frente a conductas de maltrato o crueldad contra el animal, implican un conflicto que no sólo preocupa a la sociedad en general -muchas veces potenciado por la gravedad de sus consecuencias que, las mas de las veces, producen una profunda herida en la sensibilidad de los seres humanos-, sino que también impacta contra el orden jurídico establecido, provocando situaciones de impunidad, sea por ausencia de una norma específica o bien por una pésima técnica de configuración de los tipos de injusto en las leyes sancionadoras (penales, administrativas, etc.), situaciones todas que, cualquiera sea la opción preferible, debe tener una solución, una respuesta, no sólo desde el Derecho sino también desde todos los círculos de opinión y desde los poderes públicos.

Históricamente, la condición del animal fue considerada desde distintas perspectivas y matices, desde ser un motivo de adoración por algunas civilizaciones antiguas, hasta convertirse en un objeto de comercio en sociedades más recientes.

La preocupación por la protección de los animales ha implicado un devenir a lo largo del tiempo que aun no ha concluido, en el que se han enfrentado múltiples movimientos por los derechos de los animales, con argumentaciones y posiciones teóricas, desde todos los planos posibles, filosóficos, morales, económicos, jurídicos, etc., que han deambulado entre ideas liberacionistas utilitaristas (Peter Singer) y abolicionistas -con diversas argumentaciones en sus sostenedores- que propugnan, entre otros fines, el rechazo total del uso de animales en las investigaciones científicas, el comercio agropecuario, la prohibición de la caza deportiva o comercial, etc. (Tom Regan)[12].

Los movimientos en defensa de los animales, se tiene dicho, son tan antiguos como la humanidad. Algunas religiones como el jainismo o el budismo se encuentran ya en esta línea, pero también propuestas filosóficas que aceptan la transmigración de las almas de unos seres vivos a otros, como es el caso de los órficos y los pitagóricos. Aristóteles escribe muy bellos pasajes sobre la vida de los animales, más tarde resultan emblemáticas figuras como las de S. Francisco de Asís o Leonardo da Vinci, y no deja de ser interesante que los mejores filósofos hayan dedicado parte de su reflexión a preguntarse cómo deben tratar los seres humanos a los animales[13].

Mas allá de las disquisiciones jurídicas, morales, filosóficas o religiosas que se han esgrimido sobre los derechos de los animales a lo largo de la historia -sobre las que se puede o no estar de acuerdo, desde luego-, lo cierto es que, la mayoría de los Códigos Civiles, no sólo de nuestra región, sino también de Europa, coinciden en calificar jurídicamente a los animales como cosas muebles de propiedad de los humanos, siempre desde una mirada antropocéntrica, otorgándoles una protección indirecta, priorizando los intereses del ser humano por sobre los del animal, considerándolos como un objeto comercial, de placer, de consumo o de cualquier otra característica de utilidad para los humanos, pero siempre bajo el amparo de sus dominios.

Sin embargo, esta tendencia ha ido cambiando paulatinamente, transformando -y embanderando- no sólo al derecho civil sino también al derecho penal en la lucha por los derechos del animal, sea aportando normativas para modificar y mejorar su estatus jurídico o bien para otorgar una más rigurosa y eficaz cobertura a bienes jurídicos fundamentales para la vida animal.

En algunos países de la Unión Europea se viene observando este cambio, orientado a promulgar leyes que favorecen la situación jurídica del animal, considerándolos seres dotados de sensibilidad.

Varios Estados (Austria, Alemania, Italia, Suiza, Inglaterra, Portugal, Francia, Países Bajos y, recientemente, España, entre otros) han modificado sus respectivos Códigos Civiles y sus Constituciones, reformando el tradicional estatuto del animal-cosa, calificándolos como «sujetos sintientes».

Este cambio no se ha producido en Argentina. Las leyes se escribieron siempre mirando al ser humano como el centro del universo, en una visión estática de la vida. Todo -cosas animadas e inanimadas- girando alrededor del hombre, bajo sus dominios, inclusive la naturaleza, explotando y aprovechando los recursos en

---

12 Véase una buena síntesis de las ideas sobre la lucha por los derechos de los animales, en Heron José de SANTANA GORDILHO, Abolicionismo animal, pags. 60 y sig., Evolucao Editora, Sao Paulo, Brasil, 2009. Igualmente, SINGER Peter, Liberacao animal, Lugano Editora Ltda., Porto Alegre-Sao Paulo, 2004; REGAN Tom, Jaulas Vazias, Lugano Editora, Porto Alegre, 2006; BRAGA LOURENCO Daniel, Direito dos animais, Sergio Antonio Fabris Editor, Porto Alegre, 2008.

13 Conf. CORTINA ORTS Adela, La cuestión de los animales: personas y derechos, disponible en boe.es

su propio bienestar. Un antropocentrismo sin límites, que ha puesto en peligro a la misma vida natural.

El nuevo Código civil y comercial (Ley 26.994/2014) se ha decantado por seguir las viejas ideas romanistas, calificando al animal como una cosa mueble registrable, sujeto a apropiación, con la misma mirada antropocéntrica que caracterizó al viejo Código velezano de 1871, sin reparar en la creciente sensibilidad social en torno de la protección de los animales que se ha ido visibilizando en los últimos años, y que es producto de considerarlos desde una perspectiva más humana, no sólo como seres sintientes, con capacidad de sufrir, diferentes de las cosas, sino también como sujetos de derecho necesitados de una protección jurídica mas eficaz, aun desde la cobertura que puede brindar el derecho penal.

Aun así y pese a las dificultades y obstáculos en el camino, el devenir de los tiempos ha hecho visible una luz en el fondo del túnel, acercando al ser humano a la naturaleza, despertando su interés por su conservación, en una visión dinámica de la vida, circunstancia que abre una puerta de esperanza para que, en un futuro no tan lejano, el animal sea considerado, en forma expresa y directa, un sujeto de derechos cuya cobertura provenga tanto desde el derecho civil como del derecho penal.

2. LA PROTECCIÓN JURÍDICA DE LOS ANIMALES EN LA ACTUALIDAD

Como decimos mas atrás, la situación de los animales no ha despertado en Argentina el interés suficiente de los poderes públicos, especialmente en las instancias legislativas, ni tampoco se ha visto algún avance o iniciativas en las más altas esferas del gobierno, o políticas destinadas a dotarlos de una mayor y más eficaz protección jurídica. El animal sigue siendo una cosa de propiedad de su dueño o, según los casos, una *res nullius* (cosa sin dueño), situación que nos ha empujado a analizar la problemática desde distintos ángulos de visión, principalmente, desde la perspectiva del derecho civil y del derecho administrativo, explorando brevemente más adelante el derecho comparado, para luego hacer lo propio con la regulación de la Ley 14.346 de Maltrato animal.

a) Derecho civil y comercial

El anterior Código Civil de Vélez Sarsfield, definía a las cosas en el artículo 2311, estableciendo: «Se llaman cosas en este Código, los objetos materiales susceptibles de tener un valor. Las disposiciones referentes a las cosas son aplicables a la energía y a las fuerzas naturales susceptibles de apropiación». El artículo 2312 calificaba a los «objetos inmateriales susceptibles de tener un valor, y a las cosas, como bienes», cuyo conjunto constituía el patrimonio de una persona. El artículo 2313 establecía la existencia jurídica de las cosas muebles e inmuebles, mientras que en el artículo 2318 se disponía que eran cosas muebles las que podían «transportarse de un lugar a otro, sea moviéndose por sí mismas o por una fuerza externa», fórmula que permitió incluir a los animales entre las cosas muebles, como semovientes, esto es, por tener capacidad para trasladarse por sí mismas de un lugar a otro.

El artículo 2525 establecía que «la aprehensión de las cosas muebles sin dueño o abandonadas por su dueño, hecha por persona capaz de adquirir con el ánimo de apropiación, es un título para adquirir el dominio de ellas».A su vez, el artículo 2527 prescribía que eran susceptibles de apropiación por ocupación «...los animales de caza, los peces de los mares y ríos y de los lagos navegables ... los animales bravíos o salvajes y los domesticados que recuperen su antigua libertad». El art. 2.528 establecía que no eran susceptibles de apropiación «...los animales domésticos o domesticados, aunque huyan y se acojan en predios ajenos». Por su parte, los artículos 2540 a 2544 regulaban supuestos de apropiación de animales bravíos o salvajes por caza, como así de animales domesticados que hayan recobrado su libertad y el que los tuviere no los estuviere persiguiendo. Por último y sin agotar el análisis de estos casos, el artículo 2605 establecía que «la propiedad de los animales salvajes o domesticados se extinguía cuando recuperaban su antigua libertad, o perdían la costumbre de volver a la residencia de su dueño», normativa cuya descripción sólo tiene el objetivo de demostrar que, para el viejo Código civil, los animales constituían una cosa mueble no registrable, sometida al derecho de propiedad de sus dueños.

El nuevo Código civil y comercial de 2014 (Ley 26.994), en vigencia desde el 1° de agosto de 2015 (Ley 27.077) no implicó cambios significativos, toda vez que no modificó el estatus jurídico del animal, dejando todo, con diferencia de matices vinculados al idioma, como estaba regulado en el ordenamiento derogado, estableciendo en el artículo 227 que «Son cosas muebles las que pueden desplazarse por sí mismas o por una fuerza externa», fórmula que -como en el digesto velezano- incluye a los animales calificándolos como cosas muebles con la característica de semovientes.

El artículo 1947, por su lado, establece que «El dominio de las cosas muebles no registrables, se adquiere por la apropiación», disponiendo que son susceptibles de apropiación, las «cosas abandonadas», los «animales que son objeto de la caza y de la pesca» y los «animales domesticados», cuando el dueño desiste de perseguirlos. A su vez, en el artículo 1948 se establece que «El animal salvaje o el domesticado que recupera su libertad natural, pertenece al cazador cuando lo toma o cae en su trampa...», manteniendo su derecho de dominio mientras no desista de perseguir al animal herido, agregando «Pertenece al dueño del inmueble el animal cazado en él sin su autorización expresa o tácita».

Evidentemente estas disposiciones del derecho civil no permiten avizorar, en poco tiempo más, un cambio en la normativa, que considere al animal como un sujeto de derechos y no como una cosa mueble sometida a apropiación por los sujetos humanos. Más adelante veremos con mayor detenimiento las inconsecuencias del ordenamiento civil en estas cuestiones.

b) El derecho administrativo

Un problema que ha sido motivo de debate desde hace décadas, se ha focalizado en la distinción entre lo ilícito penal y lo ilícito administrativo, mediando en la controversia la posibilidad de violación del principio *ne bis in idem*, disputa que se hizo más patente, y necesaria, con el advenimiento del Estado de Derecho, al quedar -como recuerda Cerezo Mir- vinculado el ejercicio del *ius puniendi* al principio de legalidad de los delitos y de las penas[14].

Más allá de esta controversia, que extiende sus brazos no solamente a la posible transgresión del principio *ne bis in idem* en la relación entre las sanciones administrativas y las sanciones penales, sino también a la problemática del bien jurídico como principio básico limitador del poder penal del Estado (veremos más adelante como, erróneamente, un sector doctrinario sostiene la inexistencia de bien jurídico penal en materia animal, relegando toda la cuestión al derecho administrativo sancionador), la cuestión específica relativa a los malos tratos a los animales

---

[14] Conf. CEREZO MIR José, Derecho penal, parte general, pags. 40 y sig., IBdeF, Montevideo- Buenos Aires, 2008. Véase, asimismo, SOLER Sebastián, Tratado de derecho penal, parte general (Actualizador: Jorge Eduardo BUOMPADRE), T.1, 6ta. edición, pags. 7 y sig., Editorial Astrea, Buenos Aires, 2022.

desde el derecho contravencional, en Argentina se contiene en una legislación -debido fundamentalmente a su sistema político institucional-, dispersa en tres niveles diferentes: nacional, provincial y municipal, circunstancia que pone al descubierto una maraña normativa difícil de interpretar y aplicar, especialmente en aquellos casos de fauna migratoria cuando las leyes tienen distinta configuración en una jurisdicción y en otra.

Veamos algunas normativas de algunas provincias de Argentina, en torno de las cuales haremos algunos breves comentarios de sus preceptos.

Ciudad Autónoma de Buenos Aires

Entre las leyes más recientes de reforma de la Ley 1472/2004 -que sancionó el **Código Contravencional de CABA-**, se pueden citar la No. 6173, de 27 de junio de 2019, cuyo artículo 2 establece qué debe entenderse por «animal doméstico», con el siguiente texto: «*Será considerado animal doméstico a todo animal de compañía que por sus características evolutivas y de comportamiento pueda convivir con el ser humano en un ambiente doméstico, recibiendo de su cuidador responsable atención, protección, vivienda, alimento y cuidados sani*tarios».

A su turno, la Ley 6347, de 1° diciembre de 2020, Tercera Actualización del Digesto Jurídico de CABA; BO No. 6009, 01/12/20), regula toda la problemática animal en el *Título VI protección y cuidado de animales domésticos*, en los siguientes artículos:

> *Artículo 138* - Omitir recaudos de cuidado responsable respecto de un animal doméstico a cargo - *Quien omite recaudos de cuidado respecto de un animal a cargo, y siempre que la conducta no implique delito, es sancionado/a con tres (3) a cinco (5) días de trabajo de utilidad pública y/o multa de trescientas (300) a mil (1.000) Unidades Fijas.*
>
> *Artículo* 139 - Abandonar un animal doméstico- *Quien abandona un animal doméstico en espacios públicos, en lugares privados de acceso público o si fuese en ocasión de la intervención de una entidad pública de Zoonosis, será sancionado con multa de tres (3) a cinco (5) días de trabajo de utilidad pública y/o multa de mil (1.000) a dos mil (2.000) Unidades Fijas.*
>
> *Artículo 140* - Mantener animales domésticos en instalaciones o en espacios inadecuados -*Quien mantiene animales domésticos en instalaciones o en espacios inadecuados respecto a su bienestar, afectando su salud, higiene o esparcimiento, y siempre que la conducta no implique delito, es sancionado/a con tres (3) a cinco (5) días de trabajo de utilidad pública y/o multa de quinientas (500) a mil (1.000) Unidades Fijas.*
>
> *Artículo 141* - Menoscabar la integridad de un animal doméstico- *Quien menoscabe la integridad de un animal doméstico ya sea por pintarlo, teñirle el pelo o cualquier otro acto que pueda provocar un perjuicio para su salud física o psíquica del animal exponiéndolo a una situación de vulnerabilidad, y siempre que la conducta no implique delito, es sancionado/a con tres (3) a cinco (5) días de trabajo de utilidad pública y/o multa de trescientas (300) a mil (1.000) Unidades Fijas.*

Córdoba

El **Código de Faltas de la provincia de Córdoba** (Ley 6392/1980), sólo hace una breve referencia a los animales en el Título III -Seguridad Pública-, sobre «Conducción peligrosa», artículo 31 bis (incorporado por la Ley 973 de 1990), con el siguiente texto:

> *Art. 31 bis.-* Circulación con Animales Salvajes. *Serán sancionados con multa equivalente hasta cinco veces el importe del salario mínimo, vital y móvil o arresto hasta treinta días, los que circularen por al vía pública con animales salvajes, cuya peligrosidad ponga en evidente riesgo la seguridad de personas y/o cosas.*
>
> *Serán sancionados con multa equivalente hasta diez veces el importe del salario mínimo, vital y móvil o arresto hasta sesenta días, los que circularen por la vía pública con animales salvajes, resultando de su accionar daños para las personas y/o cosas.*
>
> *Corresponderá igual sanción si el daño fuere causado por otro tipo de animales, cuya clase permitiera inferir la existencia de un riesgo potencial para las personas o cosas y por omisión o negligencia de los responsables, se posibilitará el hecho dañoso.*
>
> *Se procederá al decomiso en el caso de los animales salvajes y al secuestro en otro tipo de animales.*
>
> *En caso de reincidencia no proceder a la devolución de los animales aprehendidos.*

Santa fe

El **Código de Faltas de la provincia de Santa Fe,** (ley 10.703, de 13/05/2003), establece lo siguiente:

> *Artículo 97. Tenencia indebida de animales*
>
> *El que sin estar facultado por la autoridad competente tuviere animales peligrosos o que pudieren causar daño, será reprimido con arresto hasta diez días o multa hasta tres jus. En caso de que el juez lo creyere conveniente, podrá disponer el destino del animal.*
>
> *Artículo 98. Omisión de Custodia de Animales*
>
> *El que en lugares abiertos dejare cualquier clase de animal, sin haber tomado las precauciones suficientes para que no cause daño, será reprimido con arresto hasta 10 días o multa hasta 3 jus.*
>
> *Artículo 99. Riesgo por espantar animales*
>
> *El que espantare animales con peligro para la seguridad de las personas será reprimido con multa hasta un jus.*

Misiones

La Ley XIV - No. 5 (antes Ley 2800), **de la provincia de Misiones** regula las normas relativas a los animales, en el Título III -De las Faltas-, Capítulo IV -Faltas relativas al Maltrato y Custodia de Animales-, en los siguientes artículos:

> *Artículo 74.- Se impondráì multa de hasta el cuarenta por ciento (40%) del sueldo mencionado en el artículo 2 o arresto de hasta quince (15) días, al que cometiere un acto de crueldad contra un animal o, sin necesidad, lo maltratase o lo sometiere a fatigas manifiestamente excesivas.*
>
> *Los importes recaudados en concepto de las multas impuestas en el párrafo anterior se destinaran en un cincuenta por ciento (50%) a la entidad o entidades legalmente constituidas dedicadas a la protección de animales y el cincuenta por ciento (50%) restante, al Fondo de Justicia del Poder Judicial.*

Custodia de animales

Artículo 75.- Se impondrâi multa del cincuenta (50) por ciento del sueldo mencionado en el Artículo 2 o cinco (5) días de arresto:

a) al que sin estar facultado por autoridad competente, tenga animales peligrosos o que puedan causar daño, o estando autorizado, no los custodie con la debida cautela;

b) al que en lugares abiertos deje bestias de tiro, de carga, de carrera o cualquier otro animal sin haber tomado las precauciones suficientes para que no causen daño o estorben el tránsito.

Comentario. El artículo 74 deja muchas dudas. En primer lugar, la acción de castigar con arresto y multa la comisión de un «*acto de crueldad*» contra un animal, puede generar problemas a la hora en que deba aplicarse la norma en la práctica, por cuanto un mismo hecho -aun frente a la ambigüedad del precepto al no describir en forma específica a qué actos de crueldad hace referencia o cuál es su alcance-, podría quedar también incluido en el art. 3 de la Ley 14.346 con una fuerte probabilidad de violación del principio constitucional *ne bis in idem*, al castigarse dos veces una misma conducta, con el riesgo de que coexistan pronunciamientos contradictorios respecto de un mismo objeto de juzgamiento, garantía que protege al individuo no solamente frente a una nueva sanción por el mismo hecho sino también contra el riesgo de que ello ocurra (conf. CNApel.Crim. y Corr., Sala VII, in re «Akershtein», 19/08/21, disponible en revista pensamiento penal del 25/08/2021).

Por otro lado, establecer un castigo para una conducta que se encuentra descripta en forma abierta y difusa (imprecisa) -«cometer un acto de crueldad»-, sin que se especifique a qué conductas se refiere, lesiona el principio de taxatividad o de determinación, el cual exige al legislador una descripción precisa y estricta de la conducta prohibida.

En segundo lugar, hay que añadir otra cuestión problemática, consistente en sancionar un «*acto de maltrato*» (igualmente en forma genérica e indeterminada) «*sin necesidad*», dando toda la sensación de que los actos de maltrato, cuando fueren aplicados «necesariamente» (si es que esto es posible) serían atípicos. La incongruencia de la normativa es notoria, por cuanto no sólo resulta hasta contradictorio sostener que pueda darse una situación de «maltrato necesario» -salvo que pensemos en una suerte de legítima defensa de un animal que está siendo atacado por otro de mayor porte, con evidente posibilidad de provocarle la muerte si no se recurre a su auxilio-, sino que parece ser que el legislador ha dado por hecho de que pueden presentarse casos de maltrato necesario, lo que no parece, en modo alguno, correcto ni posible.

En lo referente a la otra conducta prevista en el precepto -»*someter al animal a fatigas manifiestamente excesivas*»-, cabe la misma crítica que hacemos más adelante de una disposición similar en la Ley 14.346 (art. 2.3), debido a que también puede acarrear problemas de interpretación y aplicación en la práctica, por cuanto, para la legislación misionera se trata de un «acto de crueldad», mientras que para la ley nacional se trata de un acto de maltrato, circunstancias que, no solamente podrían poner en riesgo la intangibilidad del principio *ne bis in idem* sino que generaría una situación difícil de establecer en cada caso, por cuanto no es lo mismo, desde luego, un acto de crueldad que un acto de maltrato, razón que podría llevar a pensar que, en estas situaciones, sea aplicable la normativa nacional por sobre la provincial, pese a que, en términos de pena, aquélla resulta mucho más grave, o que no procedan las reglas concursales entre delitos y contravenciones lo cual, por el principio de la ley mas benigna, debería aplicarse siempre la normativa provincial.

En lo referente a la «*custodia*» de animales, más abajo hacemos un breve comentario sobre otros digestos con normas similares, al que hacemos la remisión.

Sin perjuicio de ello, aportamos un sucinto análisis sobre el inc. b) del art. 75, cuyo texto castiga a quien, «*en lugares abiertos deje bestias de tiro, de carga, de carrera o cualquier otro animal sin haber tomado las precauciones suficientes para que no causen daño o estorben el tránsito*». La norma es confusa y vaga, por cuanto no especifica, no solamente qué se debe entender por «lugares abiertos» (¿un parque, una plaza, una calle pública, el patio de una casa particular?), sino que tampoco precisa a qué tipo de «daños» alude (¿daños a personas humanas, a cosas, a ambos?). A ello, debemos agregar la extremadamente abierta expresión «o cualquier otro animal», que implicaría abarcar animales de cualquier especie o raza, circunstancia que podría llevar a juzgar con la misma vara situaciones diferentes, precisamente por las diferencias que existen entre las diversas razas o especies de animales, generando probables aplicaciones arbitrarias de la norma.

Corrientes

El **Código de Faltas de la provincia de Corrientes** (Decreto-Ley 124/2001), contiene las siguientes normas:

Artículo 68. ***Circulación con animales salvajes***

Serán sancionados con multa hasta diez Unidades de Multa (10 UM) o arresto hasta cinco (5) días, los que circularen por la vía pública con animales salvajes cuya peligrosidad ponga en evidencia un riesgo para la seguridad de las personas o cosas.

Corresponderá igual sanción si el riesgo fuere causado por otro tipo de animales, cuya clase permitiere inferir la existencia de un peligro potencial para las persona o cosas.

Corresponderá igual sanción al que azuzare o espantare animales con peligro para la seguridad de las personas.

Se procederá al decomiso en el caso de los animales salvajes y al secuestro de otro tipo de animales, pero si mediare reincidencia estos también serán decomisados.

Artículo 69. ***Tenencia de animales peligrosos en zona urbana***

Serán sancionados con multa de hasta diez Unidades de Multa (10 UM) o arresto de hasta cinco (5) días, los que contrariando la reglamentación dictada por la autoridad competente, tuvieren animales salvajes u otros que aquella considerare peligrosos, en sitio públicos o privado enclavado en zona urbana.

En este caso, se procederá al decomiso de los animales salvajes y el secuestro de los restantes pero si mediare reincidencia estos también serán decomisados.

Comentario. La rareza de estas normas (y de otras que están en vigencia, como veremos seguidamente) nos obliga a realizar algunas observaciones acerca de las conductas que están sancionadas en esta provincia, especialmente la que está prevista en el art. 68 relativa a la *circulación por la vía pública con animales salvajes y de* *otras características* (que incluye, desde luego -párrafo segundo de la disposición- a los animales domésticos o de compañía peligrosos), siempre que se «evidencie» en ellos, no solamente que son animales peligrosos sino que, además, que la circulación (con ellos) ponga en riesgo la seguridad de las personas o «cosas» (¿?). En realidad, se muestra un poco difícil recorrer la peatonal céntrica de la ciudad acompañado de un elefante, un rinoceronte o un oso polar, pero -es justo decirlo- sí podría ser posible un paseo acompañado de un carpincho, un coatí o un tatú, que son animales salvajes pero de pequeño porte, por cuanto la ley no hace ninguna distinción.

A su vez, en el *artículo 69*, se condiciona la tenencia de estos animales, sólo cuando ocurriera *«en sitios públicos o privados enclavados en zona urbana»*, de manera que la tenencia, a contrario sensu, se tornaría lícita si se diere en sitios suburbanos, esto es, fuera del perímetro que demarca la zona urbana (por lo general, la capital de una provincia), circunstancia que podría derivar en una violación de la Ley 22.421 de Conservación de la Fauna.

Por otro lado, el artículo castiga la tenencia de estos animales (salvajes o no, pero que la autoridad competente considera peligrosos), en «lugares privados» (una casa familiar, un departamento, una fracción de campo, etc,), con lo cual parecería imponer, subliminalmente, que la tenencia en estos lugares requeriría de una previa autorización o permiso del órgano de aplicación pues, de lo contrario se estaría, no solo frente a una tenencia ilegal del animal sino que, en la misma situación, la tenencia sería legítima si se diere en zonas suburbanas.

Al déficit de técnica legislativa que presentan estas normas, que hacen muy difícil su aplicación, se añade, en la jurisdicción municipal, la *Ordenanza 5789* de 2012, que en un extenso y extravagante articulado regula una serie de cuestiones vinculadas con la tenencia y circulación de lo que denomina *«perros potencialmente peligrosos»*, definiendo a los mismos en su art. 2 como aquellos perros que, por tener ciertas características morfológicas o somáticas (carácter agresivo, contextura física, fuerza mandibular, etc.) reúnen una capacidad para producir daños (lesiones o muerte) o una «fuerte intimidación psicológica» en las personas -expresión que, por su pleonasmo, ambigüedad e indeterminación (porque la intimidación siempre es psicológica, sería como decir «subir arriba» o «bajar abajo»), no permite saber a ciencia cierta en qué consiste-, sino que presupone una consecuencia de difícil constatación y comprobación en un posible proceso administrativo, civil y/o penal. Pero, esto no es todo; en el art. 3 establece las características que deben reunir esta clase de animales para ser considerados potencialmente peligrosos, describiendo una casuística que resulta, en los hechos, más peligrosa que los propios animales, por cuanto los describe (menciono sólo algunos caracteres) como perros con fuerte musculatura, aspecto poderoso, robusto, atlético, con agilidad, vigor, resistencia, tórax entre 60 y 80 cm., altura de la cruz entre 50 y 70 cm., peso superior a 20 kg., cabeza voluminosa, cuboide, cráneo ancho, mejillas musculosas, mandíbulas grandes, boca robusta y ancha, pecho macizo, costillas arqueadas, etc., etc., todo lo cual da la sensación de que, en vez de un perro, la Ordenanza ha descrito un monstruo de la mitología griega, difícil de encontrar en este planeta o, al menos, en nuestra ciudad.

Debemos recordar también, en este exuberante entramado normativo, la vigencia del Decreto del PEN, No. 1088 de 2011, que dispuso la creación del *«Programa Nacional de Tenencia Responsable y Sanidad de Perros y Gatos»*, otro desgaste jurídico innecesario del cual, no sólo no se sabe si se ha puesto en marcha este programa, como si se cumplen o no sus disposiciones, por cuanto se puede observar cotidianamente a perros y gatos vagabundos deambular por las calles de la ciudad, sin que la autoridad de prevención (y aplicación) ponga en funcionamiento lo que manda y propone este Decreto. Entonces, estando en ciernes algunas iniciativas de nuestros legisladores (que se sumarían a uno anterior del Municipio tendiente a modificar algunos artículos de la Ord. 5789, para regular lo que se conoce como «paseadores» de perros), ya no se puede saber que se intenta regular en estos proyectos que ya no esté regulado, escenario que pone de relieve que muchas veces la solución de los conflictos sociales (que se manifiestan en hechos de la vida real) o de otras cuestiones cotidianas, no pasa por la sanción de una nueva normativa, aunque sea superadora de la anterior, sino de otras opciones menos complejas y más efectivas, como por ejemplo, la prevención, la educación en las escuelas y en las familias, campañas de concientización, la inversión en publicidad de las medidas preventivas, etc., que son alternativas más eficaces para aportar soluciones a las situaciones difíciles y graves que se presentan en la vida de la comunidad. Muchas veces el problema no es la ausencia o deficiencia de las normas que regulan la conducta del humano con los animales, sino la falta de controles para hacer cumplir las que están en vigencia.

Chaco

El **Código de Faltas de la provincia del Chaco** (Ley 4209/95), establece en el Titulo V -Faltas contra la seguridad pública-, varios artículos dedicados a los animales, a saber:

Tenencia indebida de animales

Artículo 79: Será sancionado con arresto de hasta treinta (30) días o multa equivalente en efectivo de hasta cinco (5) remuneraciones mensuales, mínima, vital y móvil, el que, sin estar autorizado por autoridad competente, tenga animales peligrosos o que puedan causar daños o estando autorizados no los custodie con la debida cautela.

La pena se duplicará si el animal atacara o hiriera a alguna persona. Asimismo, deberá requerirse los certificados de vacunación y salud del animal. En caso de extrema o notoria peligrosidad podrá disponerse el decomiso o sacrificio del animal.

Omisión de custodia de animales

Artículo 80: Será sancionado con multa equivalente en efectivo de hasta una remuneración mensual, mínima, vital y móvil o arresto de hasta tres días por cada animal, el propietario, tenedor, encargado o cuidador, de animales de cualquier tipo o especie que fueran encontrados sueltos o atados, pero que pudieren causar daño, molestias o situación de peligro en caminos o espacios destinados al tránsito; exceptuándose los animales que sean transportados en tropa, bajo estricto cuidado de los responsables.

Si los animales se encontraren o fueren abandonados en rutas o campos de aviación debidamente cercados, la sanción podrá triplicarse. Si produjeren accidentes que ocasionaren a personas, lesiones graves, gravísimas o muerte, la sanción será de quince a noventa días de arresto, no redimible por multa.

En caso de reincidencia, el infractor deberá ser pasible de arresto de hasta el máximo de ciento ochenta (180) días, no redimible por multa.

La autoridad policial procederá al secuestro del animal y lo depositará en corralones municipales, lugares habilitados al efecto o depositarios.

Si no se pudiere determinar el responsable o propietario de los animales secuestrados, o el mismo no se presentare en un plazo perentorio de tres días hábiles desde el momento del secuestro, el Juez dispondrá el decomiso, y la venta inmediata de los mismos a un precio no menor al ochenta por ciento (80%) del vigente en plaza.

Si la venta no se concretare serán entregados a instituciones benéficas para su consumo.

La multa y el remanente del producido de la venta, se distribuirá en la forma prevista por el artículo 153.

Si se tratare de animales que carezcan de valor económico o de interesado en su compra, o por su naturaleza resulten de interés para la conservación de la especie, el Juez podrá disponer la entrega gratuitamente a cualquier persona con cargo de responsabilizarse de los mismos, o a una sociedad protectora de animales o institución análoga, o a su sacrificio.

Artículo 81: Serán sancionadas con multa en efectivo de hasta cinco (5) remuneraciones mensuales, mínima, vital y móvil por cada cabeza de ganado; las Empresas Concesionarias de Peaje que, advertidas de la presencia de ganado mayor o menor, en las rutas nacionales o provinciales sujetas a su concesión, no realicen las diligencias necesarias, a fin de evitar la presencia del ganado en las rutas o banquinas concesionadas, el responsable de la misma será sancionado con diez a treinta días de arresto, no redimibles por multa en caso de accidentes que ocasionaren, a personas, lesiones graves, gravísimas o muerte, sin perjuicio de las responsabilidades penales y/o civiles que pudieran corresponderle.

El usuario deberá informar fehacientemente al puesto policial más próximo de su aviso a la empresa concesionaria de la presencia de animales sueltos en la ruta.

Espantar animales

Artículo 82: Será sancionado con arresto de hasta cuarenta y cinco (45) días o multa equivalente en efectivo de hasta ocho (8) remuneraciones mensuales, mínima, vital y móvil el que azuce, espante o provoque molestias con animales que representen peligro para la seguridad pública. Para asegurar el eficaz cumplimiento de esta disposición, la autoridad policial, procederá a la detención del infractor y a encerrar los animales secuestrados.

Comentario. Como en nuestro país las disposiciones reguladas en la mayoría de los Códigos contravencionales se caracterizan, como vimos, por su indeterminación y ambigüedad, el Digesto del Chaco no es la excepción, en cualquiera de las figuras contenidas en él.

Por ejemplo, una de las conductas punibles reside en *tener animales peligrosos o que puedan causar daños*, «sin estar autorizados legalmente» o «estando autorizados» no los custodie con la debida cautela, de manera que la tenencia de un animal peligroso sería legítima «si lo consiente o permite la autoridad competente», pero además, en tal caso, el tenedor tiene la obligación de custodia «con la debida cautela», condición que no se puede saber, en realidad, cuál es su alcance y cuáles son sus límites. Aquí caben dos observaciones: una, que la autoridad competente no podría autorizar la tenencia de un animal peligroso en cabeza de un particular, sin incurrir en responsabilidades y, la otra que, para otorgar semejante autorización, seguramente la autoridad dispondría (o debería disponer) de un listado de animales peligrosos o potencialmente provocadores de daños a las personas, listado que sería, en cualquier caso, probablemente arbitrario (excesivo o insuficiente), pues existen animales que por su propia naturaleza son peligrosos pero que, educados, dejan de serlo, o a la inversa, animales que son inofensivos pero maltratados, o entrenados para el ataque, se convierten en peligrosos.

Por otro lado, no se puede saber qué debe entenderse por el sustantivo «animal» (si comprende a los animales salvajes, a los domésticos o domesticados, o a todos ellos) y por el adjetivo «peligroso» (expresión que mide el alcance del nivel de riesgo de daño), como tampoco se entiende muy bien cuál sería la regla de duplicación de la pena en aquellos casos de producirse los resultados previstos en el precepto derivados de la tenencia del animal (circunscriptos a un mero ataque o un daño a alguna persona).

Demás está decir que la posibilidad de «sacrificio» del animal en casos de extrema o notoria peligrosidad del animal (¿quién tendría la vara para determinar la peligrosidad en sí mismo del animal, para decidir su muerte?), implica una norma que, no solamente posibilita decisiones administrativas absolutamente arbitrarias, que podrían llevar a bloquear de manera definitiva la tenencia de algunas razas de animales que, por su naturaleza, son al parecer potencialmente peligrosos, como por ejemplo el dogo argentino, la Pitbull, la Rottweiler, la Dóberman, etc., sino que choca de frente con las ideas de movimientos animalistas, ecologistas, ambientalistas, etc., que luchan por los derechos de los animales.

Si el animal es un sujeto no humano titular de derechos, entonces se debe respetar la intangibilidad de su vida y no matarlo por el hecho de ser «notoriamente peligroso» o de «extrema peligrosidad». ¿Quién estaría capacitado para determinar la peligrosidad del animal «a simple vista»?, ¿cada tenedor debe informar a la autoridad competente la raza o características del animal?, ¿la autoridad competente debe recorrer los domicilios de los particulares para «observar» la peligrosidad del animal y disponer si pueden o no tenerlos en propiedad?, ¿a qué animales se refiere la norma?. Este artículo, además, posibilitaría decisiones arbitrarias del funcionario a cargo de otorgar la autorización para la tenencia de animales en cabeza de particulares o de personas jurídicas.

A su turno, observamos que el artículo 80 castiga la «*omisión de custodia de animales*» (que es la rúbrica que titula el precepto) sin establecer, por un lado, cuál es la conducta prohibida, por cuanto hace referencia a animales *que fueran encontrados sueltos o atados, pero que pudieren causar daño, molestias o situación de peligro en caminos o espacios destinados al tránsito*, descripción que no permite saber muy bien si la conducta prohibida consiste en omitir el cuidado, dejar al animal a la buena de Dios en la vía pública o es suficiente con encontrar alguno «suelto o atado» (¿?) «que pudiere causar daño» (algo difícil de ocurrir si el animal está atado) o «situación de peligro» (resultado que no tiene una explicación lógica ni coherente respecto de un animal atado, por ejemplo) y, por otro lado, haciendo una referencia general de los animales (sin especificar a qué animales alude; dice «animales de cualquier tipo y especie»), disponiendo en ciertas circunstancias el secuestro del animal y, si no se pudiere determinar el propietario «o responsable» (¿responsable de qué conducta?), se podría disponer la entrega del animal a alguna institución benéfica «para su consumo», destino final que necesita de una especificación de la clase de animal a que está haciendo referencia la normativa, pues cae de maduro que no podría tratarse de animales de cualquier especie, y menos aún, seguramente, a perros y gatos.

3. LOS ANIMALES ¿TIENEN DERECHO A TENER DERECHOS?

La reforma del estatuto jurídico de los animales, desde las primeras leyes sancionadas en el país, no ha sido muy bien recibida por las instancias legislativas ni ha provocado tampoco mayor atención en la doctrina hasta la actualidad, pese a la entrada en vigencia de un nuevo Código civil y comercial en el año 2015. Los animales siguen categorizados como cosas muebles, flotando entre dos niveles normativos contrapuestos, ya sea como algo que no pertenece a nadie (cosas sin dueño) o bien como algo que pertenece a alguien (cosas con dueño)[15] pero, en cualquier caso, como una cosa con un valor económico o de mercado que sólo es de interés para su propietario, del mismo modo como han venido siendo calificados tradicionalmente durante la vigencia del digesto derogado.

En los últimos tiempos, sin embargo, se viene observando, tanto en Europa como en América Latina una tendencia favorable al cambio, eso es, favorable a considerar a los animales como seres vivos diferentes a las cosas inanimadas, si bien muy tímidamente, con fórmulas que no han avanzado demasiado en la idea de producir un cambio material en el estatuto jurídico de los animales.

Pasaremos revista sólo a algunos países de Europa y de América Latina, pues ya lo hicimos con mayor extensión en otra oportunidad[16], en la idea de que, una breve investigación del derecho comparado, siempre significa una buena y rentable contribución para el análisis y la crítica del derecho nacional, de *lege lata* y de *lege ferenda.*

Francia

El Código civil francés, desde la sanción de la Ley 2015-177, de 16 de febrero de 2015 -si bien con una redacción no muy satisfactoria para los movimientos animalistas-, modificó la condición jurídica del animal estableciendo en el artículo 1515-14 que «*los animales son seres vivos dotados de sensibilidad. Bajo reserva de leyes que los protegen, los animales están sujeto al régimen de los bienes*», reforma cuyas críticas no se hicieron esperar, desde considerarla «poco ambiciosa» o «simplemente cosmética», hasta entenderla con un alcance «meramente simbólico», porque, en realidad, no cambiaba en nada la relación del hombre con los animales, ya sean domésticos,

---

15 Conf. LOUIS LELANCHON, La reforma del estatuto jurídico civil de los animales en el derecho francés, disponible en resaerchgate.net

16 Para una mayor información sobre la condición jurídica de los animales en Europa y América Latina, confr. BUOMPADRE Jorge Eduardo, *Derechos de los animales, medio ambiente y derecho penal. Reflexiones para las futuras generaciones,* Editorial ConTexto, Resistencia (Chaco), 2021.

salvajes o de granja, porque seguían sometidos al régimen jurídico de los bienes[17]. Una fórmula muy similar a la francesa se sancionó en Portugal, declarándose a los animales como seres vivos sensibles.

Alemania

En Alemania, desde el siglo pasado a esta parte, se vienen produciendo reformas de gran calado en torno a la situación jurídica de los animales, pasando de ser cosas (relativamente) a ser seres sintientes.

Este cambio se produjo con la reforma del Código civil de 1990, que incluyó el artículo 90-a, cuyo texto establece: «*Los animales no son cosas. Están protegidos por leyes especiales. Se les aplicaran las disposiciones vigentes para las cosas, siempre que no haya otra previsión*».

Este artículo no sólo es muy raro, sino absolutamente contradictorio, por cuanto, por un lado, dice que «los animales no son cosas» (tampoco dice qué son), aunque más adelante prescribe que se le aplicarán las disposiciones vigentes para las cosas, «siempre que no exista otra previsión» y, como no existe otra previsión, los animales siguen siendo cosas. En suma, para el derecho alemán los animales no son cosas pero, como no se aclara qué son, entonces se les aplica el régimen estatuido para las cosas, pese a que, como se verá seguidamente, el Estado «protege» a los animales «a través de la legislación». ¿Cómo los protege?, pues, habría que preguntar a los alemanes.

A su vez, en el año 2002, en un avance ponderable pero tampoco muy convincente, en la protección de los animales, se incorporó a la Constitución el artículo 20-a -Protección de los fundamentos naturales de la vida y de los animales-, por el que se impone al Estado esta protección con el siguiente texto: «*El Estado protegerá, teniendo en cuenta también su responsabilidad con las generaciones futuras, dentro del marco del orden constitucional, los fundamentos naturales de la vida y los animales a través de la legislación y, de acuerdo con la ley y el Derecho, por medio de los poderes ejecutivo y judicial*». Una fórmula similar también se observa en las Constituciones de Luxemburgo de 2007 y Suiza de 1992, reconociéndose en esta última, con una redacción bastante amplia, «la dignidad de las criaturas vivas».

Sin perjuicio de ello, se debe poner de relieve que, en la actual legislación europea -a pesar de considerarlos, en su gran mayoría, seres vivos dotados de sensibilidad- los animales siguen flotante en el medio de un panorama normativo fluctuante e incierto y, hasta se podría decir -como vimos con el derecho alemán- contradictorio, por cuanto continúan siendo, al mismo tiempo, cosas (seguramente valiosas, por lo general, para sus propietarios) pero con capacidad de sufrimiento, y menos aún sujetos de derechos. Por lo tanto, queda aún mucho por hacer en esta parte del viejo continente.

España

En España, la reforma del *Código civil* mediante la ley N° 17, de 15 de diciembre de 2021 (BOE, de 16/12/21), en vigencia desde el 05/01/22, produjo una modificación importante en torno de la condición jurídica de los animales, considerándo-

---

[17] Conf. LOUIS LELANCHON, La reforma del estatuto jurídico civil de los animales en el derecho francés, disponible en resaerchgate.net

los «seres vivos dotados de sensibilidad», estableciendo en el artículo 333 bis el siguiente texto: «1. *Los animales son seres vivos dotados de sensibilidad. Sólo le será aplicable el régimen jurídico de los bienes y de las cosas en la medida en que sea compatible con su naturaleza o con las disposiciones destinadas a su protección*». 2. *El propietario, poseedor o titular de cualquier otro derecho sobre un animal debe ejercer sus derechos sobre él y sus deberes de cuidado respetando su cualidad de ser sintiente, asegurando su bienestar conforme a las características de cada especie y respetando las limitaciones establecidas en ésta y la demás norma vigentes.* 3. *Los gastos destinados a la curación y al cuidado de un animal herido o abandonado son recuperables por quien los haya pagado mediante el ejercicio de la acción de repetición contra el propietario del animal o, en su caso, contra la persona a la que se le hubiera atribuido su cuidado en la medida en que hayan sido proporcionados y aun cuando hayan sido superiores al valor económico de este.* 4. *En el caso de que la lesión a un animal de compañía haya provocado su muerte o un menoscabo grave en su salud física o psíquica, tanto su propietario como quienes convivan con el animal tienen derecho a que la indemnización comprenda la reparación del daño moral causado*».

Además, en el artículo 333 se dispone que «*Todas las cosas que son o pueden ser objeto de apropiación se consideran como bienes muebles o inmuebles. También pueden ser objeto de apropiación los animales, con las limitaciones que se establezcan en las leyes*», aclarándose en el Prólogo de la Ley que, si bien la naturaleza de los animales es distinta a la naturaleza de las cosas o bienes -tratándose de un principio que debe presidir la interpretación de todo el ordenamiento-, a renglón seguido se enfatiza que son seres vivos dotados de sensibilidad, de modo que los derechos y facultades sobre los animales deben ser ejercitados atendiendo al bienestar y la protección del animal, evitando el maltrato, el abandono y la provocación de una muerte cruel e innecesaria.

La normativa -como se puede suponer- no es muy satisfactoria, pues, pese al reconocimiento de los animales como seres sensibles, el legislador no ha dudado en seguir considerándolos «cosas» (o bienes), «*en la medida en que sea compatible* (el régimen jurídico de los bienes o de las cosas) *con su naturaleza o con las disposiciones destinadas a su protección*», con lo que se evidencia, por un lado, que los animales parecen estar incluidos en una categoría intermedia (¿?) entre los seres vivos y las cosas inertes y, por otro lado, que esta observación revela que mucho no ha cambiado en lo que concierne al estatuto jurídico de los animales en España.

Seguramente que la descosificación de los animales que se observa en varias normativas europeas, no es más que una metodología de disimulación que encubre una realidad diferente, en una suerte de juego de abalorios que no respeta el derecho de los animales a ser tratados como lo que son, seres vivos sintientes, diferente de las cosas.

Sin perjuicio de ello, la reforma española implica un avance importante en el tratamiento que jurídicamente se debe dar a los animales, puesto que regula tanto los derechos del propietario o tenedor como así sus deberes para con el animal, cuidando que se respete su condición de seres sintientes.

El régimen instaurado por el nuevo Código civil español avanza, también, en la regulación de muchas otras situaciones, especialmente en las relaciones -particularmente de convivencia-, que deben primar entre los animales y los seres humanos, como por ejemplo, que los animales domésticos no pueden ser hipotecados ni embargados, se establecen normas en materia de divorcio respecto de la custodia de los animales entre los cónyuges, sobre violencia, etc., pero, en nuestra opinión, se queda a mitad de camino pues, si bien es cierto que modifica la categoría jurídica de los animales elevándola a «seres dotados de sensibilidad», también lo es que siguen siendo cosas sometidos al régimen jurídico de los bienes. Aun así, se debe reconocer que las nuevas reglas han significado un gran progreso, un fuerte impulso, en el tratamiento de los derechos de los animales, y han sumado a España a un selecto grupo de países europeos que han sancionados normas de descosificación del animal, como Portugal, Francia, Alemania, Austria, etc.[18].

A todo ello hay que sumar la *Ley 19/2022, de 30 de septiembre, para el reconocimiento de personalidad jurídica a la laguna del Mar Menor y su cuenca* (BOE: 237, de 3/10/22), en cuyo Preámbulo se declara que: «Los motivos por los que se aprueba esta ley son dos: por un lado, la grave crisis que en materia socio-ambiental, ecológica y humanitaria viven el mar Menor y los habitantes de sus municipios ribereños; por otro lado, la insuficiencia del actual sistema jurídico de protección, a pesar de las importantes figuras e instrumentos de carácter regulador que se han ido sucediendo a lo largo de los últimos veinticinco años», haciendo referencia como «conjunto de todos los componentes» a la biodiversidad (hábitats, flora y fauna) ... destacándose que «ha llegado el momento de dar un salto cualitativo y adoptar un nuevo modelo jurídico-politico, en línea con la vanguardia jurídica internacional y el movimiento global de reconocimiento de los derechos de la naturaleza»... Su objetivo es *otorgar personalidad jurídica al ecosistema lagunar del Mar Menor, para poder dotarlo, como sujeto de derecho,* de una carta de derechos propios, con base en su valor ecológico intrínseco y la solidaridad intergeneracional, garantizando así su protección para las generaciones futuras ... Que se reconozcan los derechos del ecosistema de la laguna del Mar Menor y de su cuenca significa cumplir con nuestros compromisos internacionales adquiridos...», estableciéndose:

> **Artículo 1**. Se declara la *personalidad jurídica de la laguna del Mar Menor y de su cuenca, que se reconoce como sujeto de derechos.*
>
> 1. Se reconoce al Mar Menor y su cuenca los derechos a la protección, conservación, mantenimiento y, en su caso, restauración, a cargo de los gobiernos y los habitantes ribereños. Se le reconoce también el derecho a existir como ecosistema y a evolucionar naturalmente, que incluirá todas las características naturales del agua, las comunidades de organismos, el suelo y los subsistemas terrestres y acuáticos que forman parte de la laguna del Mar Menor y su cuenca.
>
> 2. Los derechos reseñados en el párrafo anterior tendrán el siguiente contenido:
>
> a) *Derecho a existir y a evolucionar naturalmente*: El Mar Menor esta regido por un orden natural o ley ecológica que hace posible que exista como ecosistema lagunar y como ecosistema terrestre en su cuenca. El derecho a existir significa el respeto a esta ley ecológica, para asegurar el equilibro y la capacidad de regulación del ecosistema ante el desequilibrio provocado por las presiones antrópicas procedentes mayoritariamente de la cuenca vertiente.
>
> b) *Derecho a la protección*: El derecho a la protección implica limitar, detener y no autorizar aquellas actividades que supongan un riesgo o perjuicio para el ecosistema.

18 Puede consultarse el texto completo de la Ley 17/2021 en boe.es

c) *Derecho a la conservación*: El derecho a la conservación exige acciones de preservación de especies y hábitats terrestres y marinos y la gestión de los espacios naturales protegidos asociados.

d) *Derecho a la restauración*: El derecho a la restauración requiere, una vez producido el daño, acciones de reparación en la laguna y su cuenca vertiente, que restablezcan la dinámica natural y la resiliencia, así como los servicios ecosistémicos asociados.

Artículo 4. Toda conducta que vulnere los derechos reconocidos y garantizados por esta ley, por cualquier autoridad publica, entidad de derecho privado, persona física o persona jurídica generara responsabilidad penal, civil, ambiental y administrativa, y será perseguida y sancionada de conformidad con las normas penales, civiles, ambientales y administrativas en sus jurisdicciones correspondientes.

Artículo 6. Cualquier persona física o jurídica esta legitimada para la defensa del ecosistema del Mar Menor, y puede hacer valer los derechos y las prohibiciones de esta ley y las disposiciones que la desarrollen a través de una acción presentada en el Tribunal correspondiente o Administración Publica. Dicha acción judicial se presentara en nombre del ecosistema del Mar Menor como la verdadera parte interesada. La persona que ejercite dicha acción y que vea estimada su pretensión tendrá derecho a recuperar todo el coste del litigio emprendido, incluidos, entre otros, los honorarios de abogados, procuradores, peritos y testigos, y estará eximido de las costas procesales y de las fianzas en materia de medidas cautelares.

Finalmente, la *LO 9/2023, de 30 de junio, de Protección de animales domésticos,* en cuya Exposición de Motivos se declara que:

> «...gracias al mayor grado de desarrollo social y cultural de nuestro entorno, estamos asistiendo a un proceso de cambio en la consideración del respeto hacia los animales y en la sensibilización a favor de un mayor grado de protección y bienestar para todos ellos.
>
> En el ámbito internacional, son numerosos los documentos y referencias en materia de protección y defensa de los animales: los convenios de Washington, Berna y Bonn, ratificados por España, así como los reglamentos y directivas comunitarias existentes en esta materia, que han contribuido al desarrollo de una normativa de salvaguarda y protección de los animales.
>
> La preocupación por el bienestar animal, presente en el artículo 13 del Tratado de Funcionamiento de la Unión Europea, se reforzó con el Tratado de Lisboa con la consideración de los animales de granja como seres sensibles. Así, entiende que los animales son capaces de sentir placer y dolor y que, en atención a esta característica, *no pueden ser tratados como meros objetos*.
>
> Por su parte, el Convenio Europeo sobre Protección de Animales de Compañía ha supuesto nuevas exigencias legales, como la prohibición de mutilación de animales por razones estéticas y el establecimiento de unos principios básicos para el bienestar de los animales y su tenencia.

En el ámbito del derecho penal, las sucesivas reformas del Código Penal han conllevado también un progresivo reconocimiento del bienestar, la integridad y la vida de los animales como bienes jurídicos a proteger, frente a las conductas que la sociedad considera, por su gravedad y crueldad, merecedoras de reproche penal...», reconociendo en el art. 2 que *los animales son seres vivos dotados de sensibilidad física y psíquica...»*.

En conclusión, se puede afirmar la contrariedad que se observa en el sistema jurídico español en lo concerniente a la regulación de los derechos de los animales, puesto que, a la par de reconocer la «personalidad jurídica» -sujeto de derechos- a la *laguna del Mar Menor y de su cuenca,* no hace lo propio con los animales, a quienes, si bien los considera seres dotados de sensibilidad, continúa considerándolos, al mismo tiempo, cosas o bienes sujetos a apropiación.

Italia

Italia tiene varias normas dedicadas a la protección de los animales, lo cual no quiere decir que estén mejor protegidos que en otros países de Europa. Pero -esto hay que decirlo- ha habido un gran avance con la modificación de dos artículos de la Constitución (arts. 9 y 41), mediante los cuales se introduce el principio de protección animal, del medio ambiente, los ecosistemas y la biodiversidad, aunque de modo parcial, pues la reforma no rige en todo el país sino sólo en una parte, esto es, en las regiones con estatutos especiales y en las provincias autónomas de Trento y Bolzano.

Sin perjuicio de ello, el Códice Civile de 1942 sigue considerando bienes muebles a los animales, aunque otras normativas parecen encaminarse hacia un cambio, como por ejemplo el Decreto Legislativo 224 de 2018, nomenclado como «Código de Protección Civil», por el que se dispone la obligación de socorro a animales que fueren afectados por calamidades naturales.

En materia punitiva, históricamente, la legislación italiana consideró al maltrato animal como una contravención de competencia del derecho administrativo, enfocando la mirada en el sentimiento de piedad de los seres humanos hacia los animales, considerándolos como objeto de protección y no como sujetos de derechos, con una clara visión antropocéntrica.

El viejo Código sardo-italiano de 1859 así como el Código Zanardelli de 1889, consideraron estas infracciones como faltas concernientes al orden público o a la moralidad públicas; inclusive el Código penal de 1930 castigó el maltrato como una contravención policial, hasta la reforma de 1993, cuya regulación se mantuvo con la reforma de la Ley 189 de 20 de julio de 2004, actualmente en vigencia, mediante la cual se introduce al Código penal el Titolo IX Bis -«*Dei delitti contro il sentimento per gli animali*»-, que consta de cinco artículos en los que se castigan como delitos diversos atentados contra los animales: art. 544 bis. «Uccisione di animali» (Muerte de animales, con las modificaciones de la ley 201 de 4/11/2010); art. 544 ter. «Maltrattamento di animali» (Malos tratos a animales, con las modificaciones de la misma ley 201 de 2010); art. 544 quater. «Spettacoli o manifestazioni vietati» (Espectaculos o manifestaciones prohibidas); art. 544 quinquis. «Divieto di combattimenti tra animali» (Prohibición de lucha entre animales); y art. 544 sexies. «Confisca e pene accessorie» (Confiscación y penas accesorias). A su turno, se prevé en el Titolo XIII -*Delitti contro il patrimonio*-, art. 638, el delito de «Uccisione o danneggiamento di animali altrui» (Muerte o daño de animales ajenos) y en el artículo 727, como contravención (Libro III), el «Abbandono di animali» (Abandono de animales)[19].

En opinión de alguna doctrina, el delito de abandono de animales previsto en el artículo 638 CP, incorporado al Título XIII -Delitti contro il patrimonio-, cuyo origen se remonta al artículo 429 del Codice Zanardelli, es una infracción especial de daño en la que el objeto está representado exclusivamente por los animales, orientada a proteger la propiedad inmobiliaria de ellos y no el patrimonio zootécnico nacional o el sentimiento de humanidad hacia los animales[20].

Siguiendo los lineamientos de la directiva 2008/99/CE del Parlamento Europeo y del Consejo del 19 de noviembre de 2008 sobre la protección del ambiente (Dec.Ley 121 de 7/7/2011), se introdujo en el ordenamiento italiano dos nuevas contravenciones: en el artículo 727 bis la «Uccisione, distruzione, cattura, prelievo, detenzione di esemplari di specie animali o vegetali selvatiche protette» y en el artículo 733 bis la «Distruzione o deterioramento di habitat all´interno si un sito protetto».

En **América Latina**, en su gran mayoría, las constituciones no contienen regulaciones vinculadas específicamente a la protección animal o a sus derechos, sino más bien reconocimientos a la naturaleza en sí misma o referidas al medio ambiente como recurso natural esencial para la vida humana, con excepción de la Constitución boliviana de 2009 la cual, en un extenso catálogo repartido en cuatro partes, regula las cuestiones relacionadas con la protección del medio ambiente en varios de sus capítulos, así como también el reconocimiento y promoción de la conservación de los recursos naturales, la flora, la fauna silvestre y los animales domésticos, estableciendo en forma expresa que las especies nativas de origen animal y vegetal son Patrimonio Natural del Estado; como así también la Ley 1774/2016 de Colombia, que es la primera legislación en nuestra región en considerar a los animales con derechos.

La situación no es muy diferente a la europea. Algunos países han avanzado en el derecho animal, pero en su gran mayoría los animales siguen categorizados como cosas muebles.

Bolivia

En la Constitución política de Bolivia de 2009, no se reconoce a la Pachamama (tierra) como sujeto de derechos, ni tampoco a los animales, estableciéndose en el artículo 33, en un texto muy específico, que todas «las personas tienen derecho a un medio ambiente saludable, protegido y equilibrado. El ejercicio de este derecho debe permitir a los individuos y colectividades de las presentes y futuras generaciones, además de otros seres vivos, desarrollar de manera normal y permanente».

Sin perjuicio de ello, nos parece que adquiere máxima importancia la ley No. 700 del año 2015, que establece normas relativas a la defensa de los animales contra

---

19 Conf. TRAMONTANO Luigi, Codice penale e le leggi complementari, 5ta. edizione, La Tribuna, Piacenza, 2019; GAROFOLI Roberto, Manuale di diritto penale, parte speciale, t.II, pags. 243 y sig., NelDirittoEditore, Bari-Roma, 2013; DELPINO Luigi, Diritto penale, parte speciale, XIX edizione, pags. 419 y sig., Edizione Giuridiche Simone, Napoli, 2012.

20 Conf. FIANDACA Giovanni y MUSCO Enzo, Diritto penale, parte speciale, volume II, tomo secondo, sesta edizione, pags. 292 y sig., Zanichelli Editore, Bologna, 2018.

actos de violencia, crueldad y maltrato, cometidos por personas naturales o jurídicas (art. 1), con la finalidad de prevenir y penalizar los actos de violencia, maltrato, crueldad y biocidio cometidos por personas contra animales domésticos (art. 2), reconociendo a los animales como sujetos de protección, regulando en el art. 3.1 (Derechos de los animales) el derecho a ser reconocidos como seres vivos, a un ambiente saludable y protegido, a ser protegidos contra todo tipo de violencia, maltrato y crueldad, a ser auxiliados y atendidos, entre otros.

A su vez, en el artículo 10 de la ley, se establece la inclusión en los artículos 350 bis y ter del Código Penal, sancionando los tratos crueles y el biocidio con privación de libertad y multas en forma conjunta.

Tratos crueles y biocidio

Al respecto, hay que destacar, por un lado, que las disposiciones penales introducidas por dicha normativa, sólo tienen relación con los *animales domésticos* (art.2 y tercera disposición final, Ley N° 700) y, por otro lado, quedan exceptuados de la aplicación de la Ley: a) el uso de los animales en los actos ejercidos en la medicina tradicional, y ritos que se rigen conforme a su cultura y tradiciones de las naciones y pueblos indígenas originarios campesinos, debiendo realizarse evitando el sufrimiento innecesario y agonía prolongada, y b) el daño o la muerte causada a animales, que resultare como consecuencia de un accidente o hecho fortuito. Por último y con arreglo a la tercera disposición final de la Ley, quedan también exceptuados del régimen penal los animales de la fauna silvestre, que tienen su marco de regulación específico.

Tratos crueles

El art. 350 bis establece*: I. Se sancionará con privación de libertad de seis (6) meses a un (1) año, y multa de treinta (30) a sesenta (60) días o prestación de trabajo de tres (3) a seis (6) meses, a quien:*

> *1. Ocasionare, con ensañamiento o con motivos fútiles, sufrimiento grave y daño que provoque la pérdida total o parcial de un sentido, de parte de su fisonomía o de un órgano, a un animal.*
>
> *2. Utilizare a un animal para cualquier práctica sexual.*
>
> *II. En caso de que un animal ocasionare las consecuencias establecidas en el numeral 1 del Parágrafo anterior, el dueño o tenedor cubrirá los costos de la asistencia médica y el resarcimiento económico cuando corresponda, bajo alternativa de aplicarse la pena dispuesta para tratos crueles.*
>
> *III. La pena será agravada en un tercio de la pena máxima, si producto del trato cruel se ocasione la muerte del animal.*

1. Maltrato cruel de animales. El precepto incluye en el numeral primero, parágrafo primero, la figura básica de maltrato de animales y en el numeral tercero, un tipo agravado para cuando resultare la muerte del animal, completándose la normativa con el delito de utilización de un animal para la práctica sexual (numeral primero, parágrafo segundo) y una disposición de carácter civil dirigida a los dueños de animales que causaren algunos de los resultados previstos en el numeral primero del artículo.

El delito previsto en el tipo básico consiste en *ocasionar* (causar, provocar, producir, etc.), con ensañamiento o con motivos fútiles, sufrimiento grave y daño que provoque la pérdida total o parcial de un sentido, de parte de su fisonomía o de un órgano, a un animal.

Con otros términos, el delito exige: ensañamiento más sufrimiento grave y lesión grave (E+SGyLG), o bien una conducta nimia o fútil más sufrimiento grave y lesión grave (F+SGyLG). Sin esta secuencia de efecto multiplicador, que es la que pone de manifiesto el «tratamiento cruel» exigido por el tipo penal, estaríamos frente a una hipótesis de ausencia de tipo.

El precepto puede resultar objetable por exceso y por defecto. Por exceso, debido a que regula ciertas circunstancias agravantes del homicidio (ensañamiento y motivos fútiles-, art. 252 Cód. penal) en la figura básica, previendo sólo como agravante la muerte del animal. Hubiera sido preferible sancionar una norma general que prevea el «maltrato» del animal, causándole lesiones o sufrimiento físico y una norma específica de agravación, en la que se contemplen, en todo caso, aquellas circunstancias especiales. El artículo peca por defecto, por cuanto ha dejado de contemplar otras situaciones graves de maltrato que debieran, en todo caso, estar previstas como figuras agravadas (por ej, las conductas alevosas, los motivos abyectos, el empleo de armas, maltrato en presencia de menores de edad, lesiones gravísimas que tengan por consecuencia una enfermedad o debilitación de la salud, deformaciones en el cuerpo, daños causados por placer, codicia, precio u odio a los animales, con el concurso o participación de varias personas, etc.), y la muerte del animal como un subtipo hiperagravado. Inclusive, nos parece que el artículo, al hacer referencia a las consecuencias que deben resultar de la lesión causada al animal (resultados materiales), no prevé los resultados que afecten o vayan en detrimento o perturbación del equilibrio o desarrollo funcional del organismo del animal, omisión que es de lamentar por la importancia que tiene como probable resultado de la acción maltratadora.

Tratándose de un delito «complejo o compuesto de varios actos», el tipo requiere para su perfección que el autor cause, con *ensañamiento* o con *motivos fútiles*, un doble resultado: *sufrimiento grave y daño físico en el animal*. Vale decir, que si no concurren todas estas conductas, al mismo tiempo (por ej. ensañamiento y sufrimiento grave pero sin que se produzcan los resultados lesivos exigibles), el hecho no tipificará esta figura, circunstancia reveladora de un déficit de técnica legislativa no desdeñable.

La referencia al «sufrimiento grave» es innecesaria, por cuanto toda conducta realizada con ensañamiento implica en sí misma un factor de sufrimientos y padecimientos en el animal. Por lo tanto, nunca podría alegarse una acción justificada en este tipo de comportamientos, pues ninguna práctica de ensañamiento con un animal podría estar justificada por el Derecho.

Por *ensañamiento* debe entenderse toda acción deliberada dirigida a causar daños o lesiones en el animal, haciéndole padecer sufrimientos crueles e innecesarios, o como se describe en el art. 22.5 del Cód. penal español: «aumentar deliberada e inhumanamente el sufrimiento de la víctima, causando a estos padecimientos innecesarios para la ejecución del delito» (un concepto para humanos que puede ser utilizado claramente para sujetos no humanos).

El ensañamiento implica una concepción esencialmente subjetiva de la conducta, que presupone un propósito deliberado de causar daño de más por crueldad. Por eso es un modo cruel de dañar o de matar. Con otros términos, el sujeto no sólo quiere provocar el daño, sino que, además, quiere hacerlo de modo perverso y cruel, mutilando y causando el mayor daño posible a la víctima[21].

Motivo fútil es todo motivo o razón que revela una evidente desproporción entre el estímulo a cometer el delito y el delito cometido. Implica una discordancia o diferencia entre lo que se piensa realizar, la conducta criminal realizada y el comportamiento del animal.

En rigor de verdad, la exigencia de ensañamiento como modo cruel de causar un resultado dañoso en la integridad del animal, puede producir graves inconvenientes a la hora de pretender facilitar su aplicación, mediante la prueba, al caso concreto, pues habrá que demostrar en el proceso no sólo el padecimiento adicional que implica esta modalidad conductual sino también el propósito del autor de causar el mayor daño posible al animal, esto es, el particular elemento subjetivo que caracteriza este tipo de comportamientos. Algo similar (o peor, tal vez), ocurre con el «motivo fútil», expresión de textura abierta, imprecisa y de difícil definición, que habrá de traer, seguramente, espinosos problemas de interpretación en desmedro de los principios de taxatividad y de seguridad jurídica.

La conducta del agente debe haber producido *sufrimiento grave y daño* (resultado acumulativo) *que provoque la pérdida total o parcial de un sentido* (vista, oído, olfato, gusto, tacto), *de parte de su fisonomía* (extremidades, el miembro viril, orejas, piel, etc.; el término tiene una referencia anatómica, no funcional) *o de un órgano* (conjunto de partes que integran una determinada función, por ej. el bazo, un riñón) *a un animal.*

Un problema adicional podría presentarse frente a conductas omisivas que producen graves consecuencias en un animal, como por ej. la alimentación insuficiente o el abandono, las cuales, a primera vista, no quedarían comprendidas en el tipo penal, aun cuando produzcan los efectos acumulativos previstos en la norma, pues no parece posible ensañarse por omisión. Pero, sí parece posible considerar conceptualmente mal trato abandonar o alimentar inadecuadamente a un animal, pero el precepto penal, lamentablemente, no ha reparado en esta cuestión, pese a que la Ley N° 700 ha puesto en cabeza del dueño o del encargado del cuidado del animal, la obligación de no abandonarlo. Tal vez, las historias de «Pirata», el perro que espera a su dueño fallecido en un hospital de Buenos Aires[22] y de «Hachiko», que esperó a su dueño por más de diez años hasta morir en una estación de trenes de Tokio[23], puedan hacernos repensar estas cuestiones.

La ley N° 700 hace alusión al sustantivo *animal* como objeto del delito, sin distinguir su especie, clase o tipo, aunque, en cualquier caso, debe tratarse de un animal *doméstico*, vale decir, aquel animal que ha sido domesticado, criado o amansado por el hombre para su goce, disfrute y aprovechamiento, como pueden ser las mascotas, los animales de compañía, aquellos amansados por el hombre para tareas laborales, de granja o para renta, los animales salvajes controlados por el hombre, etc. Quedan fuera de la tipicidad, los animales silvestres, que viven en estado natural y no han sido capturados y domesticados por el ser humano, al igual que ciertos animales que se encuentran en determinadas condiciones de su-

[21] Conf. BUOMPADRE J.E., *Tratado de derecho penal, parte especial,* t.I, pag. 109, Editorial Astrea, Buenos Aires, 2009.

[22] Ver diario Clarin, del 21/01/2015, Buenos Aires.

[23] Ver diario Clarin, del 03/08/2020, Buenos Aires.

pervivencia, como son los animales que se encuentran en el zoológico, en el circo o se utilizan en otros espectáculos.

Se trata de un delito doloso, de dolo directo y de resultado material, que se consuma con la producción de las consecuencias lesivas sufridas por el animal. La tentativa es admisible.

2. Utilización de un animal para cualquier práctica sexual. El artículo 350 bis, como vimos, castiga con pena de prisión la *«utilización de un animal para cualquier práctica sexual»*, disposición que no ha estado exenta de críticas en aquellos países en los que se incriminó este tipo de conductas con los animales, precisamente por el hecho de que no afectarían ni pondrían en peligro, en principio, ningún bien jurídico que esté necesitado de protección penal, salvo que la práctica sexual produzca daños en el cuerpo o en el organismo del animal.

Una lectura desapasionada del texto nos da a entender que, por un lado, la práctica sexual con animales ha sido considerada por el legislador como un «trato cruel», mientras que, por otro lado -si la interpretación es correcta- sólo sería punible aquella conducta sexual que fuere realizada con ensañamiento y produzca las consecuencias mencionadas en el numeral 1ro. de la norma, interpretación que surge del parágrafo III del mismo artículo, que agrava la pena si «del» trato cruel se ocasionare la muerte del animal.

En nuestra opinión, creemos que este tipo de delitos -aun cuando puedan comprometer cuestiones relacionadas muy estrechamente con la moral-, no ofenden ningún bien jurídico[24] ni representan -como ha puesto de relieve GIMBERNAT[25]- un peligro social ni un daño a los propios animales. En todo caso, esta perversión debería ser sometida a un estudio y tratamiento interdisciplinario, pero en el que no debe intervenir el derecho penal, pues ninguna función cumple frente a esta clase de comportamientos. Como alguna vez se dijo «la verdadera bestialidad no está en el acto sexual, sino en el contenido del artículo»[26].

Lo absurdo del precepto en la legislación penal boliviana se infiere desde su propia ubicación entre los delitos contra la propiedad, pues no se advierte qué bien jurídico podría lesionarse o ponerse en peligro cuando el acto sexual lo practique el agente con un animal de su propiedad, ya que la norma no formula ninguna distinción en este sentido, pudiendo ser objeto del abuso, inclusive, un animal que no tenga propietario. Por otro lado, la protección del animal doméstico -en todo caso- no proviene por su valor económico como cosa mueble, sino como objeto de derechos en sí mismo, por tratarse de un ser vivo tutelable por el Derecho, de acuerdo a la Ley 700 antes mencionada. De aquí que su inclusión entre los delitos contra la propiedad -ubicación que puede llevar a interpretar que el animal está considerado en su aspecto puramente patrimonial- implique un error sistemático de política criminal que conduce, inclusive, a una confusión con el delito de daño del art.357 del Cód. penal. Tratándose, entonces, de bienes jurídicos diferentes, ambos delitos pueden concurrir idealmente entre sí; pero, si se tratara de un animal propio, la

---

[24] La inexistencia de un bien jurídico impacta de frente contra el principio de exclusiva protección de bienes jurídicos.

[25] Conf. GIMBERNAT ORDEIG Enrique., *Prólogo* a la vigésima primera edición del Código penal de la Editorial Tecnos, Madrid, 2015.

[26] UZCATEGUI Emilio, *Consideraciones sobre un nuevo Derecho en materia sexual,* cit. por Herrera Rios René Alexander, Tesis, Loja-Ecuador, 2011, disponible en dspace.unl.edu.ec

lesión o muerte sería una conducta atípica desde el punto de vista del delito de daños, no así respecto del delito del art. 350 bis, para el cual es irrelevante que el animal doméstico sea propio o ajeno[27].

Con arreglo a la Ley N° 700 -como se explicó en el parágrafo anterior- el objeto del delito debe ser un *animal doméstico*, para cuya caracterización remitimos a dicho lugar.

El tipo penal no alude en forma expresa a la explotación sexual del animal sino a su utilización o uso (propio o de un tercero) para la práctica sexual, pero, según creemos, la explotación -entendida como la instrumentalización del animal-, queda comprendida en la norma, pues esta forma de manifestación de la conducta humana implica, en sí misma, un uso abusivo del animal, aun cuando pueda llegar a tener un contenido económico o comercial.

Al referirse la ley a «cualquier práctica sexual», quedan incluidas no solamente aquellas conductas sexuales realizadas individualmente con el animal, en forma privada, sino también prácticas colectivas o grupales y de cualquier naturaleza, por ej. tocamientos en zonas erógenas, penetración vaginal o anal, masturbación del animal, coito oral, etc., no así la difusión de dichas prácticas mediante los recursos que brinda la tecnología digital y telemática, aunque la finalidad incluya la comercialización de dichas imágenes.

Sujeto activo puede ser cualquier persona. Se trata de un delito de titularidad indiferenciada. Sujeto pasivo es el animal doméstico objeto de la práctica sexual, en la medida que se lo reconozca como titular de derechos -como surge de la propia Ley N° 700- pues, de lo contrario, la conducta, por un lado, no sería antijurídica y, por otro lado no sería típica, por ausencia, precisamente, de sujeto pasivo. Pero, aun así, la cuestión sería discutible, pues si se considera al animal como posible sujeto pasivo del delito, también debería considerárselo probable sujeto activo, situación ya más difícil de sostener, conclusión que, por otra parte, se presenta como totalmente discutible, por cuanto es posible la existencia de sujetos pasivos (por ej. un bebé, una persona con problemas mentales, etc.) que no podrían ser sujetos activos por no estar capacitados para cometer delitos.

En nuestra opinión, teniendo en cuenta que la práctica sexual con el animal no es más que una de las tantas formas de maltrato de las que puede ser objeto, como así que la ley, al hacer referencia a diferentes formas de maltrato físico que ocasionan daños y sufrimientos al animal -incluida su muerte, como circunstancia específica de agravación-consideramos que el bien jurídico protegido debiera ser el animal en sí mismo, en toda su integridad física -por tratarse, precisamente, de un ser vivo con capacidad de sufrimiento-cuya protección debiera ser autónoma, sin que tenga mayor relevancia su vinculación con el ser humano.

Por supuesto que esta solución podría tener acogida por quienes consideran que el animal doméstico necesita y merece protección penal en ciertas y determinadas formas de maltrato -por ser titular de derechos subjetivos- fundamentalmente respecto de aquellas conductas que ocasionan daños y sufrimientos físicos a la integridad del animal. Pero, las conductas que no produzcan estos resultados, deben

[27] Conf. GARCÍA ALVAREZ P. y LÓPEZ PEREGRÍN C., *Los delitos contra la flora, la fauna y los animales domésticos, Análisis doctrinal y jurisprudencial, con referencia a la reforma introducida por la LO 5/2010, de 22 de junio*, RECPyC, 2013, N° 15-11, pag. 11.

quedar a extramuros del derecho penal. La relación sexual mantenida con el animal en forma privada, sin resultados lesivos, pareciera más acercarse a una relación pecaminosa que delictiva.

Sin perjuicio de ello, hay que recordar que la Ley N° 700 regula una serie de derechos del animal, reconociéndole el derecho a ser considerado un ser vivo, a vivir en un ambiente saludable y protegido, a no ser víctima de violencia, maltrato y crueldad y a ser auxiliado y atendido, imponiendo a las personas, entre otras, la obligación de formular la denuncia pertinente en caso de tomar conocimiento de un acto de crueldad, con lo cual se aproxima al animal a la categoría de sujeto de derecho[28].

La fórmula acuñada en el art. 350 bis, describe un delito doloso, de pura actividad, que se consuma con la realización de la práctica sexual de que se trate. La tentativa no parece admisible.

La previsión de una misma escala penal para hechos tan diversos, como lo son ciertamente los previstos en los párrafos primero y segundo, no puede ser aceptable, pues la práctica de la sexualidad que no produzca ningún tipo de daño o sufrimiento en el animal (recuérdese que el animal no puede prestar el consentimiento, por lo que no puede determinarse si está o no de acuerdo con el trato sexual), no parece que deba tener -si de castigar se trata-, la misma penalidad que el hecho descripto en el párrafo primero del artículo. La tipificación de estas figuras no responde, ciertamente, a una técnica legislativa aceptable ni lógicamente razonable, por lo que deben ser reformuladas o eliminadas del Código penal.

Consecuencias civiles. Ley especial. El parágrafo II del art 350 bis establece que «*En caso de que un animal ocasionare las consecuencias establecidas en el numeral 1 del Parágrafo anterior, el dueño o tenedor cubrirá los costos de la asistencia médica y el resarcimiento económico cuando corresponda, bajo alternativa de aplicarse la pena dispuesta para tratos crueles.*

El precepto es una reproducción de lo dispuesto en el art. 270 bis del Cód. penal, cuyo texto fue incorporado por la Ley N° 553 del 1° de agosto de 2014, en el que se prevé pena de reclusión de dos a cuatro años e inhabilitación definitiva para la tenencia de animales, a «quien, por acción u omisión, resultare culpable por la agresión de cualquier animal que esté bajo su tenencia o custodia, y a causa de ésta derivare alguna de las consecuencias señaladas en el art. 270 (lesiones gravísimas) del presente Código, incrementándose la penalidad de cinco a diez años de reclusión, si como consecuencia de la agresión, la lesión provocare la muerte de la víctima. En caso de que el propietario no cumpla con la obligación de cubrir la asistencia médica y el resarcimiento económico por secuelas a la víctima, la pena será agravada en un tercio».

La superposición de estos dos tipos penales plantea una confusa situación de difíciles consecuencias prácticas de aplicación de la ley en el tiempo, pues frente a un hecho de tales características, se presenta el problema de determinar cuál de las dos normas penales debe ser de aplicación. Con arreglo a lo dispuesto en los artículos 4 (aplicación de la ley penal en cuanto al tiempo) y 6 (colisión de leyes penales)

---

[28] Esta legislación es coincidente con la «Declaración Universal de los Derechos del Animal», aprobada por la Organización de las Naciones Unidas para la Educación, la Ciencia y la Cultura (UNESCO) el 15 de octubre de 1978.

del Cód. penal, art. 9 de la Convención Americana sobre Derechos Humanos y art. 13.IV de la Constitución Política del Estado, debe prevalecer la ley penal especial más benigna para el inculpado, en este caso, el art. 350 bis del Cód. penal.

Sin perjuicio de ello, creemos que la normativa regula un supuesto de responsabilidad objetiva, pues se parte de la presunción *iuris et de iure* de que el dueño o tenedor del animal no ha observado los cuidados necesarios para evitar que su comportamiento produzca los daños o consecuencias a que se refiere el numeral 1° del primer parágrafo del artículo.

Lo que no tiene ninguna explicación es la norma de advertencia que regula el mismo precepto, al someter el dueño o tenedor del animal al peligro de ser privado de su libertad ambulatoria -*bajo alternativa de aplicarse la pena dispuesta para tratos crueles,* dice la ley- si no cubre los costos por los daños que el animal pudo haber causado a terceros. La regla es inaceptable, pues la pena privativa de libertad sólo puede caber para aquellas hipótesis de daños causados «a un animal», no a una persona utilizando un animal como instrumento, en cuyo caso estaríamos ante un supuesto de lesiones por autoría mediata (art. 20, Cód. penal) y no de una modalidad de trato cruel de un animal, como el previsto en el numeral 1° en el art. 350 bis. No parece razonable aplicar una pena de un delito doloso a una conducta meramente imprudente, sin violar el principio de legalidad. Sería algo así como volver a la prisión por deudas: «si ud. no paga será privado de su libertad». Se trata de una cuestión que debe ser resuelta por el derecho civil o el derecho administrativo, no por el derecho penal.

Hiperagravante. El parágrafo III del artículo prevé un incremento de la pena privativa de libertad en un tercio de la pena máxima, *si producto del trato cruel se ocasione la muerte del animal.*

Se trata de un resultado preterintencional no abarcado por el dolo de matar. El sujeto sólo quiere provocar un trato cruel al animal, pero la muerte se desencadena como un suceso inevitable y previsible, pero no deseado.

Esta solución puede no convencer a primera vista, pues no parece compatible un resultado culposo con una conducta de ensañamiento, menos aun con la modalidad de dolo eventual, pues no tendría explicación alguna que una conducta dolosa eventual tuviera mayor pena que una conducta dolosa con dolo directo. La ley no dice «el que matare un animal con ensañamiento, veneno, mediante el uso de un arma, etc.», con lo cual quedaría claramente de manifiesto una conducta dolosa directa de matar, sino que hace alusión al «producto» del trato cruel, esto es, a una consecuencia o resultado de una acción que escapa al contralor del autor. Pero el dolo es un dolo de lesionar, no de matar al animal. Por lo tanto, estamos frente a una figura de lesión preterintencional.

Tal vez la intención del legislador haya sido castigar una conducta dolosa directa, pero dicha intención, por una parte -por el déficit de redacción que presenta el artículo- no parece haberse concretado en la norma, y por otra parte, la intención directa de matar un animal ha sido tipificada en el artículo 350 ter, con lo cual nos encontraríamos ante una duplicidad de sanciones correspondientes a un mismo hecho difícil de solucionar.

En cuanto a la pena, el texto no aclara si el incremento de «un tercio de la pena máxima» corresponde a la pena privativa de libertad, a la de días-multa, o a ambas.

Creemos que, por tratarse de un resultado culposo, la pena deviene excesiva y contraria al principio de proporcionalidad. En conclusión, el tipo es innecesario y sería conveniente su derogación, pues la muerte culposa de un animal doméstico no debería quedar atrapada por el derecho penal.

Biocidio

El artículo 350 ter establece: *I. Se sancionará con privación de libertad de dos (2) años a cinco (5) años y multa de treinta (30) a ciento ochenta (180) días, a quien matare con ensañamiento o con motivos fútiles a un animal. II. La sanción será agravada en un tercio de la pena máxima, si se matare a más de un animal.*

El artículo describe dos formas diferentes de matar un animal: ensañándose con él, esto es, matarlo de un modo cruel y salvaje, sin ninguna piedad ni misericordia, o bien matarlo por motivos insignificantes, nimios, banales, que no guardan ninguna proporción con el comportamiento del animal. Estas dos formas de matar han sido analizadas páginas atrás, por lo que hacemos allí la remisión.

Ahora bien, si bien es verdad que toda muerte implica un ejercicio de violencia, no lo es menos que no toda violencia implica un acto de crueldad (un breve castigo físico al animal es un acto de violencia, pero no de crueldad). Para la ley penal «trato cruel» sólo es aquel que se caracteriza por haber sido desplegado mediante ensañamiento o por motivos fútiles. Una interpretación restrictiva y ajustada a la norma penal no permite otra solución.

Se trata de un delito doloso, de dolo directo y de resultado material, que se consuma con la muerte del animal. La tentativa es admisible.

La pena se incrementa en un tercio de la pena máxima prevista en el primer párrafo del artículo, si el agente matara a *más de un animal*. El precepto presenta un déficit de redacción importante, pues, por un lado, su lectura no permite precisar si la muerte de dos o más animales debe haberse producido en un mismo contexto de acción o en contextos diferentes, toda vez que no es lo mismo matar un animal en un determinado momento y luego, en otro momento temporalmente distinto, matar a otro, que matar a dos animales en un mismo contexto, por ej. al animal y su cría. No parece significar lo mismo matar dos animales en un determinado momento, que matar un animal y, después de unos días o un tiempo más largo, matar a otro, situación que también parece quedar abarcada por la mayor penalidad. La pluralidad de resultados en circunstancias diferentes puede conducir a una errónea interpretación -y, por consiguiente- a una errónea aplicación de la norma. Por ejemplo, pensemos en la muerte de un animal el primer día del mes y de otros veinte días después ¿corresponde la aplicación del tipo agravado o se trata de conductas independientes que escapan a la mayor penalidad? Aun cuando se pudiera pensar que lo que ha previsto la norma es la muerte de dos o más animales en un solo contexto de acción (que parece ser la solución más adecuada), la norma no permite arribar con rigor a una solución correcta, más aun si recordamos que la muerte del animal debe ser el resultado de una acción desplegada con ensañamiento o por motivos fútiles. Frente a esta situación, nos preguntamos: ¿qué pasaría si se mata al animal sin la concurrencia de los modos exigidos por el tipo legal, esto es, sin ensañamiento y sin motivos que justifiquen su muerte? Surge evidente que la muerte de un animal sin recurrir a un trato cruel, esto es, sin ensañamiento o sin un motivo fútil, es atípica, con lo cual pareciera estar tolerada la muerte de un animal por otros motivos que no sean los previstos en la norma, por ej. por diversión, por envejecimiento del animal, por pertenecer a un sexo o a otro, etc., conclusión que implicaría entrar en contradicción con las propias finalidades de la ley N° 700. Por otro lado, la circunstancia agravatoria de la pena para resultados múltiples o plurales ya está prevista como una situación de concurso real en el art.45 del Cód. penal, circunstancia que podría tornar inaplicable el precepto legal.

Tal vez, una solución que resulte más compatible con los fines de la ley N° 700 y con los principios de seguridad jurídica, lesividad e intervención mínima, hubiera sido sancionar una figura básica, consistente en matar injustificadamente a un animal doméstico, contemplándose los modos crueles de matar y la pluralidad de víctimas como circunstancias agravantes. La exigencia de una acción injustificada tendría la finalidad de delimitar el tipo penal, evitando la posibilidad de una punición excesiva en aquellos casos en los que, si bien existiría un maltrato del animal en sentido estricto, se trataría de acciones justificadas por el fin con que se llevan a cabo, por ej. experimentación, intervenciones quirúrgicas, consumo humano, etc.

Colombia

La importancia de analizar brevemente la legislación colombiana, surge de un doble motivo: en primer lugar, por ser la primera legislación en América Latina de ocuparse específicamente de los animales y otorgarles una categoría jurídica reconociéndoles como seres sintientes y, en segundo lugar, por reconocerles derechos que los equipara, con las particularidades que veremos seguidamente, a los seres humanos.

La Ley 1774, de 6 enero 2016, no sólo introdujo modificaciones de gran relieve en el Código civil, sino también en el Código penal y en el Código de procedimiento penal, estableciendo la siguiente regulación:

Artículo 1°. Objeto. *Los animales como seres sintientes no son cosas, recibirán especial protección contra el sufrimiento y el dolor, en especial, el causado directa o indirectamente por los humanos, por lo cual en la presente ley se tipifican como punibles algunas conductas relacionadas con el maltrato a los animales, y se establece un procedimiento sancionatorio de carácter policivo y judicial.*

Artículo 2°. Modifíquese el artículo 655 del Código Civil, así:

Artículo 655. Muebles. *Muebles son las que pueden transportarse de un lugar* a *otro, sea moviéndose ellas* a *sí mismas como los animales (que por eso* se *llaman semovientes), sea que solo* se *muevan por una fuerza externa, como las cosas inanimadas.*

Exceptúense las que siendo muebles por naturaleza se *reputan inmuebles por su destino, según el artículo 658.*

Parágrafo. *Reconózcase la calidad de seres sintientes* a *los animales.*

Artículo 3°. Principios.

a) Protección al animal. *El trato* a *los animales* se *basa en el respeto, la solidaridad, la compasión, la ética, la justicia, el cuidado, la prevención del sufrimiento, la erradicación del cautiverio y el abandono, así como de cualquier forma de abuso, maltrato, violencia, y trato cruel;*

b) Bienestar animal. *En el cuidado de los animales, el responsable* o *tenedor de ellos asegurará como mínimo:*

1. *Que no sufran hambre ni sed,*
2. *Que no sufran injustificadamente malestar físico ni dolor;*
3. *Que no les sean provocadas enfermedades por negligencia o descuido;*
4. *Que no sean sometidos a condiciones de miedo ni estrés;*
5. *Que puedan manifestar su comportamiento natural;*

c) Solidaridad social. *El Estado, la sociedad y sus miembros tienen la obligación de asistir y proteger* a *los animales con acciones diligentes ante situaciones que pongan en peligro su vida, su salud* o *su integridad física.*

Asimismo, tienen la responsabilidad de tomar parte activa en la prevención y eliminación del maltrato, crueldad y violencia contra los animales; también es *su deber abstenerse de cualquier acto injustificado de violencia* o *maltrato contra estos y denunciar aquellos infractores de las conductas señaladas de los que* se *tenga conocimiento.*

Artículo 4°. El artículo 10 de la Ley 84 de 1989 quedará así:

Artículo 10. *Los actos dañinos* y *de crueldad contra los animales descritos en la presente ley que* I *no causen la muerte* o *lesiones que menoscaben gravemente su salud* o *integridad física de conformidad con lo establecido en el título XI-A del Código Penal, serán sancionados con multa de cinco* (5) a *cincuenta (50) salarios mínimos legales mensuales vigentes.*

Artículo 5°. Adiciónese al Código Penal el siguiente título:

TÍTULO XI ·A:
DELITOS CONTRA LOS ANIMALES. CAPÍTULO ÚNICO

Delitos contra la vida, la integridad física y emocional de los animales

Artículo 339 A. *El que, por cualquier medio* o *procedimiento maltrate* a *un animal doméstico, amansado, silvestre vertebrado* o *exótico vertebrado, causándole la muerte* o *lesiones que menoscaben gravemente su salud* o *integridad física, incurrirâì en pena de prisión de doce* (12) a *treinta* y *seis* (36) *meses, e inhabilidad especial de uno* (1) a *tres* (3) *años para el ejercicio de profesión, oficio, comercio* o *tenencia que tenga relación con los animales* y *multa de cinco* (5) a *sesenta (60) salarios mínimos mensuales legales vigentes.*

Artículo 339 B. *Circunstancias de agravación punitiva. Las penas contempladas en el artículo anterior se aumentaran de la mitad* a *tres cuartas partes, si la conducta se cometiere:*

a) *Con sevicia;*

b) Cuando una o *varias de las conductas mencionadas se perpetren en vía* o *sitio público;*

c) *Valiéndose de inimputables* o *de menores de edad* o *en presencia de aquellos;*

d) Cuando se cometan actos sexuales con los animales;

e) Cuando alguno de los delitos previstos en los artículos anteriores se cometiere por servidor público o *quien ejerza funciones públicas.*

Parágrafo 1°. *Quedan exceptuadas de las penas previstas en esta ley, las prácticas, en el marco de las normas vigentes, de buen manejo de los animales que tengan como objetivo el cuidado, reproducción, cría, adiestramiento, mantenimiento; las de beneficio y procesamiento relacionadas con la producción de alimentos; y las actividades de entrenamiento para competencias legalmente aceptadas.*

Parágrafo 2°. *Quienes adelanten acciones de salubridad publica tendientes* a *controlar brotes epidémicos,* o *transmisión de enfermedades zoonóticas, no serán objeto de las penas previstas en la presente ley.*

Parágrafo 3°. Quienes adelanten las conductas descritas en el artículo 7° de la Ley 84 *de* 1989 *no serán objeto de las penas previstas en la presente ley.*

Como se puede apreciar del articulado de la Ley 1774, las reformas operadas en la legislación civil no parecen mantener una equidad entre los bienes jurídicos tutelados, que nos permita discernir claramente sobre la situación jurídica de los animales, pues, por un lado, la ley reconoce a estos como «seres sintientes» declarando que «no son cosas» (art. 1), pero -al mismo tiempo- con la reforma del artículo 655 del CC, introduce una definición de las cosas muebles diciendo que *Muebles son las que pueden transportarse de un lugar* a *otro, sea moviéndose ellas* a *sí mismas como los animales (que por eso* se *llaman semovientes),* vale decir que, dicho de otro modo, se sigue manteniendo a los animales dentro de la categoría de cosas muebles, aunque animadas, por su capacidad autónoma de transporte de un lugar a otro.

Sin embargo y pese a esta aparente contradicción, creemos que la incorporación al Código penal -por la misma ley 1774- de un Título específico dedicado a los animales, por el que se pasa a proteger la vida y la integridad física y emocional de los mismos, nos induce a pensar que la situación jurídica de los animales en Colombia es la de ser «sujetos de Derecho no humanos» pues, de otro modo, no tendría ningún sentido considerarlos «cosas muebles» (aun como cosas animadas) y proteger, a la vez, la vida y la integridad física y emocionales de ellos.

En cuanto a las especies protegidas, la ley se refiere a los «animales domésticos, amansados y silvestres vertebrados», disposición que deja muy en claro que los animales invertebrados no quedan alcanzados por la prohibición. La restricción es razonable y lógica, pues -al declarar que los animales son seres sintientes- no parece que pueda predicarse tal cualidad de los animales invertebrados, como son, por ejemplo, los insectos, gusanos, moluscos, arácnidos, etc.

A su vez, la ley establece, en el artículo 3 -como ya vimos- y como estándares mínimos de protección, los conocidos cinco principios básicos de libertades para el logro del bienestar animal.

Pese a esta legislación de punta, en Colombia aún se debate sobre los derechos de los animales como «sujetos no humanos», particularmente en el ámbito jurisprudencial.

El caso del oso «Chucho» -conocido como oso de anteojos-, es un buen ejemplo de ello, pues revela los diferentes enfoques que ha tenido en la jurisprudencia la situación de este animal, cuyo trámite judicial pasó por varias etapas y por disímiles pronunciamientos, favorables y desfavorables, para concluir ante la Corte Constitucional, la cual rechazó el hábeas corpus interpuesto en favor de Chucho por entender que este tipo de acción sólo cabe para sujetos humanos, no para animales; con otros términos, la Corte determinó, en definitiva, que los animales, pese a ser «*seres sintientes y merecen especial protección* según la Ley 1774, no son sujetos de derechos, con lo cual no sólo ha despertado de nuevo el debate sobre el estatus jurídico del animal sino que también ha puesto al descubierto las contradicciones y enormes distancias existentes entre las decisiones de la jurisprudencia con lo normado por la mencionada legislación, con lo que se genera un vacío estructural en materia de protección a los animales, que no parece tener solución por el momento.

Mientras los humanos en Colombia siguen enfrascados en un debate interminable sobre los derechos de los animales, el sujeto no humano Chucho sigue, no sólo sin derechos sino con «especial protección» encerrado en un zoológico de Barranquilla.

Chile

La Ley 20.380, publicada en Chile el 3 de octubre de 2009 -cuya última reforma, el 13/08/2018, creó el Ministerio de Ciencias Tecnología, Conocimiento e Innovación-, ha reconocido a los animales como seres vivos y sensibles, formando parte de la naturaleza.

El artículo 3 de la Ley establece que «Toda persona que, a cualquier título, tenga un animal, debe cuidarlo y proporcionarle alimento y albergue adecuados, de acuerdo, al menos, a las necesidades mínimas de cada especie y categoría y a los antecedentes aportados por la ciencia y la experiencia.

La libertad de movimiento de los animales silvestres no debe ser restringida de manera innecesaria, especialmente si ello les ocasionare sufrimiento y alteración de su normal desarrollo».

Pese a considerar a los animales como seres vivos y sintientes, lamentablemente esta normativa no ha prohibido el uso y exposición de animales en circos, parques zoológicos y otros lugares destinados al espectáculo o exhibición de ellos (art. 5), aunque tiene prevista una regulación bastante precisa en lo que concierne a los experimentos con animales vivos, para lo cual dispone la creación de un Comité de Bioética Animal permanente como organismo de contralor, integrado por personas de reconocido prestigio en el campo científico y académico, un representante gremial de la Asociación de Médicos Veterinarios y uno de las instituciones protectoras de animales.

Esta Ley no tipifica delitos, pero si introdujo una modificación en el artículo 291 bis del Código penal, cuyo texto en vigor es el siguiente: «*El que cometiere actos de maltrato o crueldad con animales será castigado con la pena de presidio menor en sus grados mínimo a medio y multa de dos a treinta unidades tributarias mensuales, o sólo con esta última*».

El 02 de agosto de 2017, se sancionó la Ley 21020 sobre Tenencia Responsable de Mascotas y Animales de Compañía, en la que se define animales de distintas características y situaciones en su relación con los humanos. Dice el artículo 2:

Para efectos de esta ley, se entenderá por:

1. Mascotas o animales de compañía: aquellos animales domésticos, cualquiera sea su especie, que sean mantenidos por las personas para fines de compañía o seguridad. Se excluyen aquellos animales cuya tenencia se encuentre regulada por leyes especiales.

2. Animal abandonado: toda mascota o animal de compañía que se encuentre sin la vigilancia de la persona responsable de él o que deambule suelto por la vía pública. También se considerará animal abandonado, todo animal que hubiese sido dejado en situación de desamparo en una propiedad privada, sin cumplir las obligaciones referidas a una adecuada tenencia responsable.
3. Perro callejero: aquel cuyo dueño no hace una tenencia responsable y es mantenido en el espacio público durante todo el día o gran parte de él sin control directo.
4. Perro comunitario: perro que no tiene un dueño en particular pero que la comunidad alimenta y le entrega cuidados básicos.
5. Animal perdido: animal de compañía o mascota que se encuentra extraviado, que puede o no contar con elementos de identificación.
6. Animal potencialmente peligroso: toda mascota o animal de compañía que ha sido calificado como tal por la autoridad sanitaria, de acuerdo a la información científica disponible, la opinión de expertos y los parámetros mencionados en el artículo 6°, de conformidad con el procedimiento que fije el reglamento.
7. Tenencia responsable de mascotas o animales de compañía: conjunto de obligaciones que contrae una persona cuando decide aceptar y mantener una mascota o animal de compañía, y que consiste, entre otras, en registrarlo ante la autoridad competente cuando corresponda, proporcionarle alimento, albergue y buen trato, brindarle los cuidados veterinarios indispensables para su bienestar y no someterlo a sufrimientos a lo largo de su vida.

La tenencia responsable comprende también el respeto a las normas de salud y seguridad pública que sean aplicables, así como a las reglas sobre responsabilidad a que están sujetas las personas que incurran en infracción de ellas, y la obligación de adoptar todas las medidas necesarias para evitar que la mascota o animal de compañía cause daños a la persona o propiedad de otro.

Los animales ¿tienen derechos?

Habiendo analizado muy brevemente el derecho comparado y volviendo a la pregunta inicial de este capítulo, «**Los animales**, *¿tienen derecho a tener derechos?*», se debe convenir en que implica una pregunta que requiere, previamente, que a su vez nos preguntemos, primero si tienen derechos y después, si tienen derecho a tener derechos. Pues bien, empecemos por lo primero[29].

Sin nos preguntáramos si los animales tienen derechos, la respuesta podría venir desde diversas fuentes: una de ellas, comprendería a un sector de opinión que sostendría que los animales «no tienen derechos», otros, dirán que «si, los tienen», mientras que otros podrían argumentar que «si, tiene derechos, pero sólo algunos».

[29] Se sugiere comenzar el estudio de esta problemática, leyendo el excelente artículo del profesor SABSAY Daniel Alberto, Los derechos de las personas no humanas, La Ley Derecho Ambiental, Buenos Aires, 29/04/2015, y, en el mismo diario, el de BUOMPADRE Pablo N., *De Suiza a Sandra. Un camino hacia el reconocimiento de derechos básicos fundamentales de los animales no-humanos. Los animales como «sujetos de derecho»*.

En nuestra opinión, antes de bucear en una respuesta que podría ser precipitada, antes deberíamos preguntarnos ¿de qué hablamos cuando hablamos de animales?, o mejor dicho tal vez ¿qué son los animales para al Derecho? ¿y por qué esta pregunta?, porque si no son nada, entonces la pregunta significaría una pérdida de tiempo; si respondiéramos que son cosas, en realidad la preocupación por una respuesta debería recaer en los propietarios, que son los que tiene intereses, especialmente económicos, con el animal; y si respondiéramos que son sujetos, entonces sí la preocupación debería ser nuestra, porque todo sujeto, por el solo hecho de serlo, debe tener protección del orden jurídico, como sucede, precisamente, con los sujetos humanos.

De acuerdo a nuestro régimen jurídico, algunos animales (al igual que algunos objetos, por ejemplo una piedra o una hoja de un árbol en el césped de un parque), son cosas sin dueño -pese a ser animales, esto es, seres vivos-, como los animales salvajes o los animales domésticos abandonados o vagabundos, o los animales domesticados cuando no son perseguidos por sus dueños.

Entonces, frente a esta condición que tienen algunos animales, nos preguntamos de nuevo ¿puede un animal ser una cosa (sin dueño)?; esta pregunta ¿no implica una contradicción en sus propios términos?; el vocablo «animal» ¿no impacta contra el vocablo «cosa», entendida ésta como un objeto material, iinanimado? Recordemos que según nuestro Código civil y comercial, el concepto «cosa» está definido en el artículo 16, con el siguiente texto: «... *los bienes materiales se llaman cosas*», de modo que, el animal sería, en principio, un bien material, salvo que lo consideremos una cosa, sí, pero animada (como lo que es para la ley), vale decir, algo que se mueve por si mismo, como establece el artículo 227 del CCyCN, entonces necesariamente tendremos que concluir que los animales, a diferencia de las cosas, son seres vivos, que sienten, que pueden moverse y trasladarse de un lugar a otro en forma autónoma, que comen, respiran, en definitiva, que viven (que tienen una vida biológica), a diferencia de los sujetos humanos que, además de una vida biológica también tienen -como dice Julián Marías- una vida biográfica, es decir, una vida que se puede contar. Si el animal es todo esto, entonces no puede ser, al mismo tiempo, una cosa.

Los animales no son iguales que cualquier objeto inanimado, como un vaso, una piedra o un cepillo de dientes. Son seres vivos, que se manifiestan no sólo por el hecho de existir, sino que, además, tienen emociones que los hacen susceptibles de sentirse alegres, enojados, con hambre, con sed, con miedos, etc.

Dicho esto, entonces, ¿qué es el animal?

El animal es un sujeto, y por ser un sujeto, el orden jurídico le debe reconocer derechos, como hace con los sujetos humanos. Si son sujetos no humanos, entonces ¿qué los diferencia de los sujetos humanos?; creemos que la diferencia reside en que los animales tienen derechos, pero en forma limitada, reducidos a los más importantes o esenciales y que tienen relación con lo que ellos son en sí mismos, naturalmente.

Los derechos son limitados, precisamente, porque, por un lado, los animales no pueden tener ni ejercer todos los derechos que el ordenamiento concede a los sujetos humanos (porque no son humanos) y, por otro lado, porque no todo el ordenamiento jurídico le reconoce derechos, sino sólo una parte de él. Si el ordenamiento jurídico le reconoce derechos -aunque fuera limitadamente-, entonces son «sujetos de derechos».

Si son seres vivos, el orden jurídico les debe reconocer el derecho a la vida y a la salud.

Si son seres sintientes, el orden jurídico les debe reconocer el derecho a no sufrir interferencias en sus existencias, que les provoquen sufrimientos.

Si pueden comer, y tener hambre, entonces el orden jurídico les debe reconocer el derecho a la alimentación, entre otros tantos derechos.

Sin perjuicio de lo expuesto, nos parece que una lectura muy ligera y superficial del Código civil y comercial daría toda la sensación de que no otorga ningún derecho a los animales o, al menos, no muchos, pero si lo hacemos más detenidamente se puede observar lo contrario, aunque no exista una normativa que haga un reconocimiento expreso en tal sentido.

Es verdad que el Código civil y comercial argentino -como muchos otros de nuestra región y de Europa-, califica a los animales como cosas muebles (animadas) en propiedad, también lo es que se está viendo una tendencia al cambio, esto es, una tendencia que empuja al dictado de leyes a favor de los animales, amparados sobre todo en su calidad de seres sensibles distintos de los bienes desprovistos de vida, como se observa en varios Estados europeos (Austria, Suiza, Alemania, Francia, Portugal, España, etc.), países que han modificado sus Constituciones y Códigos civiles, calificando a los animales como sujetos sensibles.

Algunos sostienen la idea de que, como la ley vigente otorga a los animales no humanos el estatuto de cosas, para ser titulares de derechos tendrían que ser reconocidos como personas[30]. La tesis no es correcta.

Como vimos, para nuestro ordenamiento civil los animales con considerados cosas muebles, semovientes, esto es, que pueden trasladarse de un lugar a otro por sí mismos, en forma autónoma, categorización que impide que, al mismo tiempo, sean reconocidos como personas.

Los animales, aun como sujetos titulares de derechos, no pueden ser personas, porque, por un lado, son cosas, y las cosas no pueden ser, al mismo tiempo, personas y, por otro lado, porque el Código civil y comercial, cuando establece en el artículo 19 que «La existencia de la persona humana tiene comienzo con la concepción», está haciendo referencia, claramente, al ser humano. Dicho de otro modo: «persona es todo ser humano», aun cuando la ley civil subordina el concepto de persona a la determinación de una condición: se es persona humana «desde la concepción», circunstancia que nos deriva, desde luego, a otro tema no menos importante -el aborto- pero que escapa a la temática que nos ocupa en esta oportunidad[31].

---

30 Véase, con mayor profundidad y extensión MAÑALICH R. Juan Pablo, Derechos para los animales (no humanos): una defensa, Revista chilena de derecho animal, No. 2, pags.32 y sig., 2021, disponible en repositorio.uchile.cl, de cuyo trabajo hemos tomado la idea. Del mismo, Animales y subjetividad. Los animales (no humanos) como sujetos-de-derechos, Revista Pensamiento Penal, 29/3/2021, disponible en pensamiento.penal.com.ar

31 Sobre esta temática, véase BUOMPADRE Jorge Eduardo, Tratado de derecho penal, parte especial, T.1, 3ra. edición, pags. 191 y sig., Editorial Astrea, Buenos Aires, 2009; idem, Manual de Derecho penal, parte especial, 3ra. edición, pags. 97 y sig., Editorial ConTexto, Resistencia, Chaco, 2021; Soler Sebastian, Tratado de derecho penal (actualización a cargo de Jorge E. Buompadre), parte especial, T. 2, pags. ..., Editorial Astrea, Buenos Aires, 2022.

En síntesis, se podría decir -como una solución, desde luego, relativa- que, según nuestro ordenamiento jurídico en vigor, todo se resuelve acudiendo a la siguiente dicotomía: todo lo que no es persona es cosa.

Ahora bien, dicho esto, es verdad que se podría afirmar, a nuestro juicio erróneamente, que los animales no son cosas, pero sí son personas, en la medida que utilicemos dicho sustantivo en el sentido de sujetos de derechos, no en el sentido que tiene en el Código civil y comercial. El concepto de persona es un concepto normativo, que no puede adjudicarse a los animales o a las cosas, pero ello no significa, desde luego, que no puedan ser considerados sujetos de derechos.

Del hecho que los animales no humanos no sean considerados personas (en el sentido del CCyCN), ello no presupone, por una parte, un impedimento para atribuirles el estatus jurídico de sujetos de derechos y, por otra, inversamente, el reconocimiento de determinados derechos a animales no humanos no necesariamente supone atribuirles el estatus de persona.

Por otra parte, reconocer a los animales no humanos como sujetos de derechos no implica que estos vayan a ser titulares de los mismos derechos que las personas, sino reconocerles derechos que derivan de la condición de seres sintientes, es decir, **reconocerles un estatus que les permita recibir protección jurídica por lo que son en sí mismos**, esto es, como seres vivos en libertad.

Los animales son sujetos de derechos porque tienen derechos (si bien limitadamente) reconocidos por el ordenamiento jurídico, tanto -como veremos más adelante- por el propio Código civil y comercial, por la Ley 14.346 de Maltrato Animal y por el Código penal.

Volviendo a nuestro interrogante inicial. Si los animales no humanos no son, ni cosas (inanimadas) ni personas, entonces ¿qué son?, pues, deberíamos responder categóricamente que son sujetos de derechos, seres sintientes, seres vivos dotados de sensibilidad, aun cuando no haya, como dijimos, un reconocimiento expreso por el ordenamiento jurídico en tal sentido. De modo tal que la dicotomía antes señalada, debería convertirse en tricotomía, esto es, segmentar la clasificación en tres partes: persona (sujeto humano), cosa (objeto inanimado) y animal (sujeto no humano).

Veamos con mayor detenimiento estas conclusiones.

Es cierto que, cuando el Código civil y comercial hace referencia a los animales calificándolos de cosas muebles, no surge en modo alguno que de tal categorización se tenga que derivar, necesariamente, el reconocimiento de algún derecho. Al contrario, parecería que el propio ordenamiento les está negando toda posibilidad de ostentar derechos.

Y esto ¿porqué?

Porque, por un lado, en el artículo 227, el CCyCN establece que «son cosas muebles» las que pueden desplazarse por sí mismas y por una fuerza externa, entre las que podemos incluir, desde luego, a los animales, y en el artículo 1947 dispone que estas cosas están sujetas a apropiación (por los sujetos humanos) mientras que, por otro lado, en el artículo 1948 reconoce, a ciertas categorías de animales, que tienen «libertad natural».

Digámoslo de otra manera:

1. El artículo 227 dice que los animales son cosas muebles.
2. El artículo 1947 dice que estas cosas muebles, son cosas sin dueño sujetas a apropiación, entre las que menciona:
   a) Las *cosas abandonadas*. Si los animales son cosas muebles y estas cosas, cuando han sido abandonadas, adquieren el carácter de *res nullius* sujetas a apropiación, entonces, los animales abandonados deberían estar dentro de esta categoría.
   b) Los *animales que son objeto de caza.*
   c) Los *animales domesticados*, cuando el dueño desista de perseguirlos.
3. El artículo 1948 establece que «...*el animal salvaje o los animales domesticados, que han recuperado su «libertad natural», pertenecen al cazador cuando los toma o caen en su trampa*», normativa que reconoce que, cuando estos animales no están dentro del dominio del cazador (sujeto humano), tienen libertad natural. Dicho de otro modo: el estado primario (natural) de los animales salvajes y los domesticados -en ciertas circunstancias- es vivir en libertad natural, esto es, en la naturaleza, que es su hábitat natural.

Como se puede ver, el Código civil y comercial reconoce en ciertos animales que viven en libertad natural, y sólo pueden vivir en libertad natural quienes ostentan la calidad de sujetos no humanos, no las cosas. Las cosas inanimadas no viven en libertad natural.

Vale decir que, si los animales viven y tienen libertad natural no pueden ser, al mismo tiempo, cosas, sino sujetos no humanos dotados de vida y, por ello, dotados de capacidad de sentir y de sufrir.

También en el propio Código penal encontramos una respuesta a la pregunta de si los animales tiene derechos, específicamente en el artículo 183, que tipifica el delito de daño puesto que, mas allá del déficit de técnica legislativa que luce su texto, castigando con pena de prisión el *daño a una cosa mueble, inmueble y a un animal*, surge claramente que el legislador penal ha diferenciado a la cosa mueble del animal, puesto que -de lo contrario- no podría entenderse con un mínimo de razonabilidad y coherencia, que haya insertado en un mismo artículo dos conceptos que tienen un mismo significado (cosa mueble y animal). Si los diferenció es porque entendió que son conceptos distintos; de lo contrario, hubiera bastado con decir «cosas muebles».

Alguna doctrina ha entendido -en una postura que no se puede compartir, por supuesto-que «Los animales no tienen derechos análogos a los derechos humanos, pero sí tienen un valor que obliga a los seres humanos a no dañarles y a tratarles con cuidado. Se trata de un valor interno, pero no absoluto. Y si conservarlos entra en conflicto con valores que consideramos superiores, como puede ser la vida y la integridad de los seres humanos, entonces los valores superiores tienen prioridad»[32].

[32] Conf. CORTINA ORTS Adela, La cuestión de los animales..., cit., pag. 490; ibidem en El valor de los animales, la dignidad de los humanos, Revista Clave de Razón Práctica, No. 251, pag.14 y sig., disponible en elboomeran.com). Al respecto de esta conclusión la autora se apresura a aclarar -por cuanto entiende que los animales tienen un valor (pero no derechos), los seres humanos tienen dignidad y, por tanto, derechos-que «Naturalmente, los animalistas calificaran esta posición de «especista», de privilegiar a la especie humana frente a las demás en el trato moral que hay que

Nosotros creemos, a diferencia del pensamiento de la autora citada anteriormente que, si bien es verdad que los animales no tienen derechos «análogos» a los derechos humanos (por ejemplo, no pueden votar, formar una sociedad comercial o derecho a opinar, etc.), no lo es menos que «algunos derechos tienen» (limitados, pero los tienen), vale decir, que no sólo tienen derechos sino que también tienen un valor en sí mismos, por lo que son como tales. Así como tienen derecho a la vida, la vida animal es un valor en sí mismo, razón por la cual el ordenamiento jurídico la protege prioritariamente, tanto en los sujetos humanos como en los sujetos no humanos. Si así no fuera, carecería de sentido castigar el maltrato animal.

Los animales, por el sólo hecho de ser seres vivos, seres sintientes, con emociones y goces, dotados de sensibilidad, deben ser reconocidos, en forma expresa, sujetos de derechos por el ordenamiento jurídico.

El hecho de que no puedan exigir a las autoridades públicas o privadas, o a sus dueños, el cumplimiento de ciertos derechos, ni tampoco reclamarlos judicialmente, no quiere significar que no tienen derechos. Existen humanos (por ejemplo, niños de corta edad, incapaces, etc.) que tampoco puede ejercer por sí mismos sus derechos, y nadie negaría que no los tienen por padecer tales incapacidades; nadie podría negar que estos sujetos humanos, son sujetos de derechos.

Que los animales tienen derechos surge, también, de la propia Ley 14.346, al castigarse diversas conductas que tienen relación con un mismo bien jurídico: el animal, el que es categorizado normativamente como «víctima» de los actos de maltrato y de crueldad que pudieren ocasionarles los sujetos humanos, circunstancia que permite deducir un expreso reconocimiento de la ley de que el animal tiene el derecho a no ser víctima de estas conductas maltratadoras.

Si así no se entendiera, entonces no podría ser delito herir o matar a un animal porque, por un lado se trataría de una «cosa mueble» y, por otro lado, porque no se podría derivar de una cosa mueble (inanimada) un hipotético derecho a la vida o a la integridad física y psíquica.

Si no tuvieran derecho a una alimentación en cantidad y calidad suficiente, no podría ser delito no alimentarlos.

Si no tuvieran el derecho al descanso, no podría ser delito hacerlos trabajar en jornadas excesivas, y así podríamos seguir con las demás figuras, no sólo de la Ley 14.346 sino también con las de la Ley 22.421 de Protección de la Fauna Silvestre.

Sin perjuicio de ello, se debe insistir en que -como ya expusiéramos en otras oportunidades[33]-, en el mundo de hace unas décadas atrás, no se percibía demasiado interés por el bienestar de los animales, y ni qué decir de sus derechos. Eran objetos ignorados por la mayoría de los humanos, como una cosa valiosa económicamente o simplemente instrumental. El derecho se elaboraba por humanos y para huma-

---

dispensarle. Pero, a mi juicio, reconocer que hay una diversidad de seres y que esa diversidad requiere un diferente trato moral, de forma que debemos proteger los derechos de los que los tienen y cuidar a los que no los tienen, pero son valiosos, no supone incurrir en ningún tipo de «ismo», sino tener capacidad de discernir» (op.cit., pag. 491).

[33] Véase BUOMPADRE Jorge Eduardo, Los animales y el derecho penal. Una mirada del presente hacia el futuro, Ed. Astrea, Buenos Aires, 2022; igualmente en Derechos de los animales, medio ambiente y derecho penal. Reflexiones para las futuras generaciones, Ed. ConTexto, Resistencia (Chaco), 2021.

nos, pensando en sus propios intereses (aunque hoy, mucho no ha cambiado). Se los podía cazar o matar por diversión o por motivos económicos, explotarlos en trabajos pesados, hacerlos sufrir con tratos abusivos y crueles, exhibirlos en alguna pared, convertirlos en cosméticos u otros productos para el comercio, etc.

Ciertamente que mucho no ha cambiado en estos años, pero, desde hace un tiempo a esta parte y merced a la injerencia de importantes círculos científicos, de organizaciones no gubernamentales, de movimientos sociales y de algunos países que han empezado a reformar sus leyes avanzando hacia una protección mas efectiva y más humana del animal, se comenzó a avizorar, y a sentir, una relación más estrecha y más intensa entre el hombre y el animal, una preocupación real y constante por su bienestar -particularmente en algunos sectores de opinión más apasionados-, dando origen a movimientos animalistas y de otro signo para luchar por los derechos de los animales.

En la actualidad -si bien en Argentina es un debate de muy escasa intensidad en las instancias legislativas-, se comienza a observar, desde hace unos años a esta parte, -fundamentalmente por ciertas reformas legales que se están realizando en varios países, como por ejemplo las de Austria, Suiza, Alemania, España y Francia en Europa y Colombia, Perú y Ecuador en América Latina-, una tendencia a reconocer a los animales como sujetos de derecho susceptibles de ser protegidos por el orden jurídico, especialmente por el derecho penal.

El viejo Código civil de Vélez Sarsfield -como vimos- decía, en aquellos tiempos, que los animales salvajes -acudiendo a una concepción proveniente del derecho romano- eran *res nullius*, esto es, cosas muebles sin dueño y que podían ser apropiados por cualquiera, inclusive mediante la actividad de caza, regulación que había hecho playa fácilmente en la jurisprudencia de la CSJN ya en unos de sus primeros fallos sobre la materia (in re «César y Antonio Karam SCICA», 4/02/1987).

Hoy por hoy tenemos un nuevo Código civil y, sin embargo, la situación jurídica de los animales mucho no ha cambiado, salvo leves modificaciones pero que no han implicado cambios significativos: los animales siguen siendo una cosa que puede ser apropiada por los humanos.

Aún un así, creemos que, por la importancia de los intereses en juego, debemos debatir y repensar ciertas categorías que tienen relación con los animales y dimensionar el alcance que deberíamos dar a la protección jurídica de los mismos en una futura reforma del Código civil y comercial.

Si partimos de la idea de que los animales son seres vivos, tienen que ser -desde lo biológico o natural y desde lo normativo- diferentes a las cosas. No pueden ser cosas, como antes se dijo, porque las cosas son objetos inertes o sin vida, inanimados, inanes.

Dicho de otro modo, no pueden ser seres vivos y cosas muebles no registrables al mismo tiempo.

Por lo tanto, si son seres vivos y no pueden ser equiparados a las cosas, entonces hay que entender que tienen un estatus especial y diverso de las cosas, que debe ser reconocido y protegido por el Derecho.

No son seres humanos, desde luego, pero son seres vivos, son «sujetos» y si son sujetos (no humanos), entonces, se debe reconocer en forma expresa por el ordenamiento jurídico que tienen derechos, precisamente porque son sujetos.

Si se puede hacer sufrir o matar a un animal -porque así lo entendió el legislador-, entonces hay que admitir que los animales no pueden ser cosas, tienen que ser algo diferente a las cosas.

Se podría interpretar o entender que cuando el CCyC establece que los animales son cosas muebles no registrables, lo que se quiere decir es, en realidad, que no son cosas inanimadas sino cosas *equiparables* o asimilables a las cosas inanimadas. Pero, si esto fuera así, entonces hay que admitir que son algo distinto a las cosas inanimadas, pues son equiparables a ellas, no son ellas. Aun así, la tesis no es convincente.

Recordemos las cinco libertades creadas en Gran Bretaña en 1965, reivindicativas del bienestar animal como premisa fundamental, orientadas a desarrollar normas que tiendan a ese objetivo: 1) Libertad de pararse; 2) Libertad de sentarse; 3) Libertad de darse vuelta; 4) Libertad de asearse, y 5) Libertad para estirar sus miembros; posteriormente modificadas por la Unites Kingdom Animal Welfare Council, en 1993, por las siguientes: 1) Ser libre del hambre y de la sed por medio de acceso a agua fresca y una dieta diseñada para mantener la salud y vigor; 2) Ser libre de la incomodidad por medio de la creación de un ambiente apropiado que incluya refugio y un área de descanso cómoda; 3) Ser libre del dolor, del daño o de la enfermedad por medio de la prevención o diagnóstico y tratamiento rápido; 4) Ser libre para expresar su comportamiento normal por medio de la entrega de espacio suficiente, instalaciones adecuadas y la compañía de otros seres de su propia especie, y 5) Ser libre del miedo y la angustia por medio de la garantía de condiciones que eviten el sufrimiento mental.

Si no protegemos a los animales otorgándoles «derechos en serio» y no meras declaraciones de principios y si, al mismo tiempo, no se implementan políticas públicas responsables y serias en la protección de la vida animal, haciendo las inversiones suficientes, corremos el riesgo de que la vida silvestre (la vida animal) alguna vez desaparezca de la faz de la tierra, y con ello, la supervivencia de los humanos, puesto que la experiencia ha demostrado que de poco sirven las leyes frente a un Estado ausente[34].

---

[34] Citamos textualmente jurisprudencia expuesta en la monografía de Christian CHARETTE «Maltrato animal. Indicador de violencia temprana", que entendemos podrían ser de mucha utilidad para el lector: "Es vasta la jurisprudencia al respecto -dice este autor- así en la causa «B.J.L. s/ Infracción a la Ley 14346» se ha dicho «Las normas de la ley 14.346 protegen a los animales de los actos de crueldad y maltrato, no ya en un superado «sentimiento de piedad» propio de la burguesía etnocentrista del siglo XIX, sino como reconocimiento normativo de una esfera o marco de derechos para otras especies que deben ser preservadas, no solo de la depredación sino también de un trato incompatible con la mínima racionalidad. El concepto de «persona» incluye en nuestras sociedades pluralistas y anonimizadas también un modo racional de contacto con los animales que excluye los tratos crueles o degradantes» («B.J.L. s/infracción a la Ley 14346». Paranái. Entre Ríos. Cámara de Apelaciones en lo Criminal. Sala 1. 1 de octubre de 2003, Interlocutorio. En el mismo sentido,» T., J. A. s/ infracción Ley 14.346", Santa Rosa, La Pampa. Juzgado Correccional N° 2. 24 De abril De 2012. Sentencia). En idéntico sentido se han pronunciado tribunales en distintas jurisdicciones a lo largo de nuestro país, Tribunal de Juicio de Salta, "las normas de la ley 14346 protegen a los animales de los actos de crueldad y maltrato, no ya en un superado sentimiento de piedad sino como un reconocimiento normativo de una esfera o marco de derechos para otras especies que deben ser preservadas, no solo de la depredación sino también de un trato incompatible con la mínima racionalidad" (Expte. JUI N° 148.910/18, "G., Ariel E. por DanÞos, Malos Tratos a los Animales y Desobediencia Judicial en perjuicio de C., R. I.». Juicio Abreviado. Salta, Salta. Tribunal De Juicio. Sala IV. 12 de Marzo de 2018. Sentencia); Juzgado Correccional 1° de Mendoza, «La ley

14.346 de malos tratos y actos de crueldad a los animales no protege el sentimiento de piedad o humanidad para con los animales, sino a los animales como «sujetos de derechos», de modo que la conducta del imputado -arrastre de la perra a tiro de un vehículo- no ha recaído sobre un objeto o cosa, sino sobre un sujeto digno de protección»(F. c/ Sieli Ricci, Mauricio Rafael p/ maltrato y crueldad animal». Loc. Cit.); Cámara De Apelaciones en lo Penal, Contravencional Y De Faltas de la Ciudad de Buenos Aires, «los animales no son objetos inmateriales sino seres vivientes susceptibles de derechos, sin que esto signifique que son titulares de los mismos derechos que los seres humanos, sino que se trata de reconocerles sus propios derechos como parte de la obligación de respeto a la vida y de su dignidad de ser sintiente» (Causa No 17001-06-00/13, «G. B., R. s/ incidente de apelación s/inf. ley 14346». Ciudad Autónoma de Buenos Aires. Cámara de Apelaciones en lo Penal Contravencional y de Faltas. Ciudad Autónoma de Buenos Aires. Sala 01. 25 de noviembre de 2015. Sentencia); en este aspecto resulta imposible no traer a colación el insigne caso popularmente conocido como el «Caso de la Orangutana Sandra» donde la Cámara Federal de Casación Penal. Sala II, dijo «que a partir de una interpretación jurídica dinámica y no estática, menester es reconocerle al animal el carácter de sujeto de derechos, pues los sujetos no humanos (animales) son titulares de derechos, por lo que se impone su protección en el ámbito competencial correspondiente (Zaffaroni E Raúl y et. Al., «Derecho Penal, Parte General», Ediar, Buenos Aires, 2002, pag. 493; Derecho Animal en Argentina 81 también Zaffaroni E. Raúl, «La Pachamama y el Ser Humano», Ediciones Colihue, Buenos Aires, 2011, p. 54 y ss)» (Causa Nro CCC 68831/2014/ CFC1. «Orangutana Sandra s/recurso de casación s/Habeas Corpus». Cámara Federal de Casación Penal. Sala II. Registro Nro 2603/14. Lex Nro. CCC 68831/2014/290001") y, por último, el caso de la Chimpancé Cecilia donde, frente a la acción de habeas corpus incoada por A.F.A.D.A., el Tercer Juzgado de Garantías del Poder judicial de Mendoza resolvióì declarar a la Chimpancé sujeto de derecho no humano, y disponer su traslado al Santuario de Sorocaba considerando para resolver de este modo que el bien jurídico del delito de maltrato animal es el derecho del animal a no ser objeto de crueldad humana. Asimismo, sostuvo que «en el delito de maltrato regulado por la Ley nro. 14346 el bien jurídico protegido es el derecho del animal a no ser objeto de la crueldad humana. La interpretación del fin perseguido por el legislador implica que el animal no es una cosa, no es un semoviente sino un ser vivo sintiente. La conclusión entonces, no es otra que los animales son sujetos de derecho, que poseen derechos fundamentales que no deben ser vulnerados, por cuanto detentan habilidades metacognitivas y emociones...» (Tercer Juzgado de Garantías del Poder Judicial de Mendoza. «Presentación efectuada por A.F.A.D.A. respecto del chimpancé Cecilia - sujeto no humano». sentencia del 3 de noviembre de 2016).

4. LOS ANIMALES Y EL DERECHO PENAL

I. El bien jurídico

Más allá de las cuestiones con las que se relaciona el bien jurídico en la teoría del delito, especialmente las que tienen relación con las funciones propias que tiene el derecho penal en ciertas manifestaciones de la criminalidad -sea como criterio clasificador de las infracciones o como límite al poder punitivo del Estado-, lo cierto es que, en los delitos de maltrato animal, la discusión acerca del bien jurídico -como ha puesto de relieve Zaffaroni- encierra, en definitiva, una cuestión relativa a la existencia de derechos de los animales o, más ampliamente, si hay sujeto de derechos no humanos[35].

---

[35] Conf. ZAFFARONI Eugenio R., La Pachamama y el humano, disponible en pensamientopenal.com.ar. Debido a la excelente síntesis que hace este autor en esta monografía, sobre el bien jurídico protegido en estos delitos, y sin perjuicio de la existencia de otras respetables opiniones sobre la misma cuestión -según veremos más adelante-, nos pareció oportuno transcribirla en su totalidad. Dado que no podemos seguir la discusión en todo su detalle -escribe Zaffaroni- entre otras cosas porque no hace el objeto central aquí tratado, digamos que en la más escueta -y quizá por ello inexacta- síntesis, se puede observar que para entenderlo como un delito contra los humanos se ensayaron tres respuestas diferentes: (a) el bien jurídico es la moral pública o las buenas costumbres (no lesionar el sentimiento de piedad ajeno), (b) es un interés moral de la comunidad (es un indicio de tendencia a la crueldad con los humanos) y (c) se trata de una lesión al medio ambiente. La primera tiene el inconveniente de dejar atípicos los actos de crueldad realizados en privado. Recordemos que la Ley Grammont francesa y el StGB alemán de 1871 exigían la publicidad del acto. No creemos que hoy pueda sostenerse que sea voluntad de la mayor parte -sino de todas- las leyes vigentes dejar impunes los más crueles actos contra animales por el mero hecho de que se realicen a puertas cerradas. Ante esta objeción, por cierto, que no faltan penalistas que para reafirmar el dogma de que sólo el humano puede ser titular de los bienes jurídicos afectados por un delito, prefieren de lege ferenda que estos actos se degraden a faltas administrativas. Por cierto que esa propuesta -que no es receptada de lege lata- no resuelve el problema, porque si se los considerasen meros actos contra la moral o la ética, no dejarían de importar una intromisión estatal en la moral privada, lo que es una regresión que borra la diferencia entre pecado y delito, sea que el estado se entrometa por vía penal o administrativa. Ningún estado de derecho puede interferir en la moral privada. La administrativización del maltratamiento de animales nos parece un recurso simplista de penalistas en apuros para sacarse de encima un problema expulsándolo del campo jurídico penal, sin reparar en que incurre en una complicación mucho mayor. La segunda -que estaría cerca de la opinión de Hommel citada por von Hippel- lo convierte en definitiva en un tipo de sospecha, porque en realidad no lesiona ningún bien jurídico, sino que crea la sospecha de que puede lesionarlo. Se trataría de la tutela a una pedagogía piadosa, algo así como la pretensión de fomentar un modelo de humano piadoso, un interés de la moral pública en ese sentido, para no correr el riesgo de que el humano extienda su crueldad a otros humanos. La tercera, que lo considera un delito contra el medio ambiente, tiene el inconveniente de que no resulta fácil considerar a la fauna urbana -especialmente de companÞía- como parte del medio ambiente. Podría tener una variable, que sería la imagen del humano como administrador del medio ambiente, lesionada por conductas crueles para las que no estaría habilitado, lo que en cierta forma conduce

Si así no fuera, ¿qué sentido tendría, entonces, debatir sobre el bien jurídico en estos delitos si los animales fueran concebidos como cosas muebles?.

El bien jurídico en derecho penal es esencial, en tanto representa aquellos valores e intereses -como lo pone de relieve el profesor Polaino Navarrete- que son consustanciales a la convivencia humana y se consideran imprescindibles para la vida social, frente a agresiones que comportan su propia lesión o inminente puesta en peligro[36]. Destacar el valor del bien jurídico en el derecho penal -dice el catedrático de Sevilla- constituye tarea tan superflua como innecesaria: el reconocimiento del bien jurídico es un presupuesto básico para la justificación del ordenamiento penal[37].

Lo cierto es que el bien jurídico -sin perjuicio de las dificultades que acarrea su definición en el campo de la dogmática penal- no lo crea el derecho penal, sino que, o viene dado por el ordenamiento jurídico en su totalidad o, de otro modo, está por fuera del ordenamiento jurídico y el derecho penal lo aprehende y al brindarle tutela, lo convierte en bien jurídico penal. Vale decir, que existen bienes que son de interés para el individuo pero que aun no son bienes jurídicos porque el derecho no los ha reconocido como tales; sólo cuando se le otorga tutela normativa, el bien adquiere el carácter de bien jurídico, y se convierte en bien jurídico penal cuando es el derecho penal el que lo reconoce y protege creando la figura de que se trate, sea en el Código penal o en una ley especial[38]. Desde esta perspectiva, se legitima la intervención del derecho penal en la vida de los individuos.

---

a la anterior. Tiene el inconveniente de colocar como bien jurídico la imagen del humano, lo que puede llevar a otros terrenos resbaladizos y peligrosos: la lesionaría también el vicioso, el vagabundo, el perezoso, el asocial, etc. y de este modo se introduciría una punición de la moral individual, lo que también importaría una catástrofe jurídica regresiva al preiluminismo (vuelta a la confusión entre pecado y delito). Todo ello sin contar con que tampoco resuelve el problema, porque lo deriva a la cuestión del medio ambiente, donde hoy se replantea con más vigor el problema de los derechos no humanos; concluyendo que el bien jurídico en el delito de maltrato de animales no es otro que el derecho del propio animal a no ser objeto de la crueldad humana, para lo cual es menester reconocerle el carácter de sujeto de derechos.

36 Conf. POLAINO NAVARRETE Miguel, Introducción al derecho penal (con la colaboración de Miguel Polaino Orts), pags. 149 y 151, Grijley, Lima (Perú), 2008. En un mismo sentido, DÍEZ RIPOLLÉS José Luis: «El bien jurídico constituye el instrumento conceptual de concreción de los presupuestos esenciales para la convivencia social a proteger por el Derecho penal»... «Es un principio irrebasable, un dogma», «será rechazable todo precepto del que no pueda decirse que pena conductas que lesionan o ponen en peligro un bien jurídico, o que castigan conductas cuya nocividad social es difícilmente verificable empírico-socialmente», Derecho penal español, parte general, 4ta. edición, pag. 24, Tirant lo Blanch, Valencia, 2016.

37 Conf. POLAINO NAVARRETE Miguel, Derecho penal, parte general, Tomo II Teoría Jurídica del Delito, Vol 1, pag. 557, Bosch, Barcelona, 2000. En otra ocasión, dijo el catedrático de Sevilla unas palabras que son una síntesis de todo lo que se puede decir acerca del bien jurídico: «destacar el valor del bien jurídico en el Derecho penal constituye tarea obvia pero en todo caso ineludible; el reconocimiento del concepto de bien jurídico representa un presupuesto básico imprescindible para la justificación normativa del sistema penal» (El injusto típico en la teoría del delito -presentación a cargo del prof. Dr. Jorge E. Buompadre, prólogo a cargo del prof. Dr Edgardo A. Donna-, Mave Ediciones, pag. 319, Corrientes, Argentina, 2000).

38 Conf. ZAFFARONI Eugenio R., ALAGIA Alejandro, SLOKAR Alejandro, Derecho penal, parte general, 2a ed., Ediar, Buenos Aires, 2002 (1a ed., 2000), ps. 98 y sig., 486 y sig.: «...la legislación penal no crea bienes jurídicos, sino que éstos son creados por la Constitución, el derecho internacional y el resto de la legislación. (...) La ley penal solo eventualmente individualiza alguna acción que lo afecta de cierto modo particular, pero nunca puede brindarle una tutela amplia o plena, dada su naturaleza fragmentaria y excepcional». En palabras de QUINTERO OLIVARES, «la discusión

El bien jurídico ha sido siempre objeto de discusión en el campo del derecho penal, pero mucho más se ha presentado esta controversia en todo lo que tiene relación con la protección jurídica del animal desde la visión que se tiene en la pena listica contemporánea sobre el bien jurídico protegido en estas infracciones, en la que se aprecia, además de las dificultades que se presentan por tratarse, en nuestro caso, de una ley especial regulatoria del maltrato animal -que no contribuye, ciertamente, a determinar, con cierto grado precisión, el interés que se debe tutelar en estos casos-, existen opiniones tan diversas que dificultan aun más tener la certeza de cuál debiera de ser el bien jurídico que siente las bases dogmáticas de lo que, en un futuro, permita la edificación de los derechos del animal y su protección desde la cobertura que puede brindar el derecho penal.

En esta temática, existen dos grupos antagónicos, con sus respectivas peculiaridades: quienes se oponen a la existencia de un bien jurídico proponiendo la atipicidad de los actos de maltrato, por cuanto -como veremos más adelante- se trataría de una situación contraria a los más caros principios de un derecho penal garantista, como son los principios de mínima intervención, subsidiariedad y taxatividad. Según esta postura, por un lado, las normas del derecho administrativo serían suficientes para sancionar el maltrato animal, mientas que por otro lado, la intervención del derecho penal implicaría una equiparación de los derechos de los animales con los derechos de las personas. En la otra vereda, encontramos a quienes entienden que el derecho penal, frente al fracaso del derecho administrativo sancionador, es la herramienta más adecuada para castigar estas infracciones pero, a la hora de determinar cuál es el bien jurídico protegido, se observa un profundo desacuerdo, en el sentido de si se trata de un bien jurídico colectivo, difuso, cuya característica surgiría de considerar a este delito como pluriofensivo, o bien entender que estamos frente a una infracción que ofende un bien jurídico individual, con sus respectivos matices[39].

---

sobre el bien jurídico ha dejado de ser hoy una pura polémica jurídica y se ha transformado en primordial cuestión de política criminal y ello esencialmente por tres razones: a) en cuanto se percibe la trascendencia política del Derecho Penal y, por ende, la necesidad de que este sea funcional a una determinada política criminal, resulta obvio que la precisión de los bienes jurídicos se convierte simultáneamente en una opción político criminal que, por lo mismo, no puede reconducirse a la búsqueda del telos de las normas positivas, sino que procede realizar una inversión del orden, colocando primero la decisión sobre cuales son los bienes que va a proteger el Derecho penal, y frente a qué clase de ataques, para luego describir en el Código penal las figuras del delito que a esa finalidad convienen (...) b) en segundo lugar, el concepto de bien jurídico permite denunciar, en su caso, la existencia de delitos que no protejan bien jurídico alguno, a no ser que se quiera llamar bien jurídico a cualquier interés perseguido por la norma aunque tal interés sea coyuntural y demagógico, o minoritario, en ambos casos no necesitado de tutela penal (...) y c) Puede suceder, por último, que los bienes jurídicos no necesiten ser protegidos en todo caso recurriendo al Derecho penal si, con los medios propios de otras ramas del Derecho, puede lograrse suficiente protección» (QUINTERO OLIVARES Gonzalo, Parte general del derecho penal, pags. 285 y sig., 4ta. ed., Pamplona, 2010, cit. por Cristina GARCIA ARROYO, Sobre el concepto de bien jurídico. Especial consideración de los bienes jurídicos supraindividuales-institucionales, Revista Electrónica de Ciencia Penal y Criminología, No. 24-12, 2022).

39 Tal vez en este último grupo de opiniones -aunque con sus propios matices- se pueda incluir la de Muñoz Conde, cuando analiza los Capítulos III -De los delitos contra los recursos naturales y el medio ambiente- y IV -De los delitos relativos a la protección de lo flora, fauna y animales domésticos-, del Título XVI ..., del Código penal español, expresando que, «...todos los sectores a que se refieren estos capítulos pueden reconducirse a un mismo bien jurídico, en la medida en que por tal se entienda el mantenimiento de las propiedades del suelo, el aire y el agua así como de la fauna y la flora y las condiciones ambientales del desarrollo de estas especies», aunque aclarando

Anticipando opinión, para nosotros el bien jurídico en el marco de estas infracciones es el *animal en sí mismo*, como estructura natural viviente -estructura en la que está comprendida su vida y su integridad física y psíquica, independientemente de otros intereses que puedan verse comprometidos con la conducta de maltrato (por ej. los sentimientos de la sociedad frente al sufrimiento del animal, la relación del animal con el ser humano, la biodiversidad, etc.), por cuanto, por un lado, surge de la propia normativa el bien que pretende tutelar al calificar al animal, en el artículo 1°, de «víctima» de los actos de crueldad (convirtiéndolo en titular del bien jurídico en cuestión) y, por otro lado, no parece que los malos tratos a un animal doméstico tengan mucho que ver con los otros intereses que, en opinión de alguna doctrina, se incardinan alrededor de los bienes mencionados más arriba, en especial con el medio ambiente, contrariamente a lo que podría ocurrir con los delitos de fauna, en los que la destrucción del animal salvaje podría poner en peligro el equilibrio de un cierto sector del subsistema que constituye el medio ambiente, el biótico.

Aun cuando la norma no es muy clara, el que sólo haga referencia a la víctima cuando se trata de «actos de crueldad», ello no quiere decir que no lo sea si la conducta es de «maltrato», pues la crueldad no es más que una modalidad de maltrato intensificada por diversas circunstancias previstas en la propia normativa.

Es verdad que los animales no podrían ser titulares de derechos al igual que los seres humanos, pues no podrían ejercer muchos de ellos (por ej. no podrían votar, manifestarse públicamente, ejercer el derecho de huelga, etc.), pero ello no resulta óbice -como se vio en páginas precedentes- a que se le reconozcan derechos por lo que ellos mismos representan o son en la vida de las personas, seres vivientes y sintientes, que merecen una protección jurídica autónoma, como ha sucedido en otros países en los que se ha reconocido a los animales como seres sintientes, como sujetos de derechos no humanos (Alemania, Francia, Suiza, Austria, Nueva Zelandia, República Checa, Colombia, España, etc.)[40].

En la actualidad, no se puede poner en duda que existe un marcado consenso en torno del castigo -fundamentalmente en los casos más graves- del maltrato animal, sean domésticos (perros, gatos, etc.) o de otro tipo (caballos, vacas, corderos, etc.) que, si bien -como se ha puesto de relieve- carecen del carácter de domésticos, están ligados de una u otra manera a la vida cotidiana, los que aun estando destinados al sacrificio para el consumo humano, no deben ser objeto de maltrato innecesario o usados en espectáculos crueles en los que el animal evidentemente sufre[41].

Pocos en nuestra doctrina se han ocupado de la protección jurídica de los animales; no ha sido un tema que haya despertado mucho interés en el campo de la

mas adelante las dificultades existentes para determinar cuál es el bien jurídico en los delitos de malos tratos y abandono de animales previstos en los artículos 337 y 337 bis del Código penal, preguntándose si sería la sensibilidad del animal, los buenos sentimientos de la mayor parte de la población hacia ellos, la vida y la salud del animal, etc. (MUÑOZ CONDE Francisco, Derecho penal, parte especial, 23ª edición, pags. 564 y 585, Tirant lo Blanch, Valencia, 2021). Véase sobre esta controversia, JAURRIETA ORTEGA Ignacio, El bien jurídico protegido en el delito de maltrato animal, Revista de Derecho UNED, No. 24, 2019, quien afirma, como conclusión desde la mirada de las doctrinas positivas y negativas en torno al bien jurídico, que lo común de todas ellas se resume en una sola idea: el fracaso del derecho administrativo en la materia.

40 En fecha 16 de diciembre de 2021, en España entró en vigencia una reforma del Código civil, promovida por la LO 17, de 15 de diciembre, por medio de la cual se califica a los animales como seres vivos dotados de sensibilidad.

41 Conf. MUÑOZ CONDE Francisco, *Derecho penal, parte especial*, 18 edición, pag. 609 y sig., Tirant lo Blanch Libros, Valencia, 2010.

dogmática penal, tal vez arrastrada por la concepción civilista que ha calificado a los animales -acogiendo la tradicional concepción del derecho romano- como cosas muebles no registrables.

Nosotros creemos que los animales, en general, deben ser reconocidos por el Derecho como sujetos no humanos, no como cosas. Los animales deben ser titulares de derechos subjetivos, con lo que adquirirían la condición de «sujetos pasivos» frente a los delitos de maltrato, lo cual implicaría que, en consecuencia, debieran ser titulares de bienes jurídicos penalmente relevantes, especialmente importantes como *la vida, la integridad física* y, como otros añaden, también *la dignidad* del animal como ser viviente[42].

Con una mirada distinta, otros han llegado a decir que los animales no pueden ser sujetos pasivos (del delito de maltrato animal) porque no son titulares de derechos, al igual que los muertos y que la protección sólo se dispensa en interés de la sociedad[43], opinión que, desde luego, no podemos acompañar, por dos razones principales, en primer lugar porque se trata de una tesis que olvida algo que es fundamental: los muertos no son nada para el Derecho, ni siquiera cosas, pero los animales sí tienen interés para el Derecho, pues son «seres vivos», realidad vital que los convierte en «algo más» que una simple cosa (o que un muerto). Si el animal es un ser vivo, entonces calificarlo como cosa rompe con el más común de los sentidos, la lógica. Y, más aun, si se los equipara a los muertos. En segundo lugar, ¿qué interés podría tener un individuo porque el vecino del barrio castigue a su perro o no le alimenta suficientemente?, ¿qué es más importante, los sentimientos del vecino del barrio o la integridad física o el sufrimiento del animal?. Si el «interés de la sociedad» tuviera algo ver aquí, entonces la regla debiera ser la contraria porque, precisamente es la sociedad la que tiene interés en que no se maltrate a los animales y no se los someta a actos de crueldad.

Sin embargo, hay quienes en sentido crítico -a nuestro ver, equivocadamente- entienden que si se reconoce al animal como sujeto pasivo, también debería reconocérsele la calidad de «sujeto activo» de otros delitos, algo que se considera inaceptable, pues los animales no pueden actuar dolosa o imprudentemente, sino sólo instintivamente[44]. A esta postura se puede oponer la siguiente argumentación: que, si fuera cierta la tesis, tampoco deberían tipificarse los delitos que atentan contra bienes jurídicos universales o colectivos (por ej., administración pública, fe pública, orden público, etc.) porque el sujeto pasivo, en múltiples ocasiones, es la sociedad o el Estado, no un individuo en particular, y -como se habrá de suponer- la sociedad, ni el Estado, no pueden cometer delitos dolosos ni culposos. A ello habría que sumar otra objeción, orientada hacia los casos de bienes jurídicos individuales (por ej. la vida en el delito de aborto), por el que se protege la vida del nasciturus, quien por el sólo hecho de ser un ser humano -y más allá de las diversas cuestiones que se discuten en torno a su incriminación y a su calificación como persona- tiene derecho a su tutela normativa[45].

---

42 Conf. RÍOS CORBACHO José Manuel, *Nuevos tiempos para el delito de maltrato de animales a la luz de la reforma del código penal español (LO 1/2015)*, Revista Electrónica de Ciencia Penal y Criminología, 18-17, 2016.

43 NOVOA MONREAL Eduardo, *Curso de derecho Penal Chileno*, Tomo I, Parte General, 2° edición, pag. 250, Editorial Cono Sur, Santiago, Chile.

44 Así, GUZMÁN DALBORA, J. L., El delito de maltrato de animales, La ciencia del derecho penal ante el nuevo siglo. Libro homenaje al profesor Dr. D. José Cerezo Mir, pag. 1332, Tecnos, Madrid, 2002.

45 Confr. HAVA GARCÍA Esther, La protección del bienestar animal a través del derecho penal, cit.

La determinación del bien jurídico en estos delitos relacionados con los animales, especialmente el delito de maltrato animal, ha sido -y sigue siendo- una cuestión sumamente controvertida en la doctrina, oscilando entre posiciones que van desde calificarlo como un delito ambiental o contra la naturaleza, como un delito contra la vida o la integridad física del animal, contra la moral o las buenas costumbres, el valor patrimonial del animal, hasta considerarlo desde la perspectiva sentimental de las personas; inclusive, un sector minoritario de la doctrina ha llegado a sostener que se trata de un delito carente de un bien jurídico, porque los animales no son sujetos de derecho y, por lo tanto, se trataría de una norma incompatible con el principio de exclusiva protección de bienes jurídicos[46].

En esta dirección, Martínez-Buján Pérez, considera que se trata de un ejemplo de legislación simbólica, pero que, no obstante, debería relegarse la protección al derecho administrativo[47] añadiendo, en otro lugar, que «es muy discutible que el bien jurídico de la vida o la salud del animal (como tradicionalmente se ha venido señalando, o el del bienestar animal vinculado a la ausencia de sufrimiento innecesario, como modernamente se aduce), pueda merecer el rango de bien jurídico penal. Asimismo, otros bienes jurídicos que pudieran ser invocados y que pudiesen

---

46 Confr. REQUEJO CONDE Cármen, El delito de maltrato a los animales tras la reforma del código penal por la ley orgánica 1/2015, de 30 de marzo, disponible en revistes.uab.cat.

47 MARTÍNEZ-BUJÁN PÉREZ Carlos, *Derecho Penal económico y de la empresa. Parte Especial*, 5a ed.,pag. 981, Tirant lo Blanch, Valencia, 2015. También son críticos de la incriminación de estas conductas, entre otros, DELGADO GIL, LLP, núm. 50, 2008, 69, que, a pesar de que la necesidad de proteger a los animales es incuestionable desde varios puntos de vista, desde la perspectiva del Derecho Penal esta intervención resulta discutible, concluyendo que no es conveniente la intervención penal en tanto no es posible en la actualidad localizar el bien jurídico protegido, recomendando de *lege ferenda* la exclusión de este tipo penal; TORRES FERNÁNDEZ, LL, núm. 7534, 2010, versión *on line*, entiende que la protección debería permanecer de manera prioritaria en el marco del Derecho Administrativo; DOMÍNGUEZ CUENCA, LL, núm. 8775, 2016, versión *on line*, considera que los problemas no se solucionan legislativamente sino mediante programas de concienciación y educación ciudadana, siendo el derecho la última herramienta que ha de utilizarse, aunque contradictoriamente añade que en ciertos casos no le parece ni suficiente ni proporcional la pena que ha de cumplirse en relación a la gravedad de las acciones; QUERALT JIMÉNEZ, Derecho penal español. Parte Especial, 7.a ed., 2015, 1001 s., califica el maltrato animal como unas infracciones sorprendentes ya en su penalidad al castigarse con penas de prisión, lo que comporta que en la escala penal el ser humano tenga una protección en buena parte coincidente con la del animal doméstico. En su opinión lo que se quiere proteger de forma pareja debe ser parejo y los animales no son parejos a los hombres. Con anterioridad en: Tres ejemplos de reciente política legislativa del olvido del Derecho penal liberal al amasijo de letras, en: CARBONELL MATEU/DEL ROSAL BLASCO/ MORILLAS CUEVA/ORTS BERENGUER/QUINTANAR DÍEZ, (Coords.), Estudios penales en Homenaje al Profesor Cobo del Rosal, 2005, 749-762; CORCOY BIDASOLO, en: CORCOY BIDASOLO/MIR PUIG (Dirs.)/VERA SÁNCHEZ (Coord.), Comentarios al Código Penal, 2015, 1203, señala que, a pesar de que el delito de maltrato de animales domésticos está previsto entre los delitos contra la ora y la fauna, el bien jurídico protegido, si existe, es diferente; cita textual de DURÁN SECO Isabel, El maltrato y el abandono de animales desde el punto de vista del derecho penal (LO 1/2015 de 30 de marzo), Libro-Homenaje a Claus Roxin (Dir. Diego-M. Luzón Peña), Universidad Inca Garcilaso de la Vega, pags. 587 y sig., Lima, 2018. De otra opinión Roxín, para quien «se debe considerar admisible la punición de los malos tratos a animales. Pero ello no significa -dice el profesor de Múnich- que en este caso se proteja una mera concepción moral, sino que hay que partir de la base de que el legislador, en una especie de solidaridad entre las criaturas, también considera a los animales superiores como nuestros semejantes, como «hermanos distintos», y los protege como tales. Según esto, en la protección de la convivencia humana se incluye también, aunque con diferente atenuación, junto a la vida humana en formación la vida de los animales superiores. Su sentimiento de dolor se equipara hasta un cierto grado al del hombre» (destacado del autor) (ROXIN CLAUS, Derecho penal, parte general, Tomo I, pag. 59, Civitas, Madrid, 1997).

ir vinculados de algún modo a bienes jurídicos de las personas (que pueden llegar a sentirse heridas en su sensibilidad) no encuentran respaldo en la letra del precepto, en la que se omite toda referencia a un ámbito público en la realización de la conducta. Con todo -finaliza- la jurisprudencia ha reconocido como un bien jurídico merecedor de protección penal la «dignidad» del animal como ser vivo»[48].

Precisamente, estas posturas negacionistas -entre las que cuentan aquellas extremas que consideran que el delito de maltrato animal no debiera estar tipificado como tal-, se fundan en los principios garantistas del derecho penal y que tienen íntima relación con el derecho de punir que tiene el Estado (*ius puniendi*), que son los principios de subsidiariedad, taxatividad y última *ratio*.

Desde esta perspectiva doctrinal, se entiende que es suficiente con la protección que brinda el derecho administrativo sancionador, aun reconociendo que tal protección no tiene la eficacia que se desearía que tuviera. En síntesis, estas posturas niegan la existencia de un bien jurídico merecedor de protección penal en el sector de estas infracciones[49], pero -según nuestro ver- se trata de posiciones doctrinales contradictorias, pues no se puede afirmar que en estos delitos no existe un bien jurídico que proteger y, al mismo tiempo, proponer que la tutela normativa debe trasladarse al derecho administrativo, lo cual requiere, para lograr tal objetivo, necesariamente, la existencia de un bien jurídico, salvo que se diga que «existe un bien jurídico» pero que el derecho penal no es la herramienta más adecuada para su protección sino el derecho administrativo sancionador, la cual también sería una solución discutible.

Como se puede apreciar, todo se discute en el mundo animal. Mientras algunos entienden que la problemática que plantea la determinación del bien jurídico en este ámbito, debe zanjarse a partir de un reconocimiento constitucional, omisión que implicaría un obstáculo para su tutela jurídico penal, otros -en una posición contraria- opinan que una referencia expresa en la Constitución no sería necesaria para justificar la imposición de límites a ciertos derechos fundamentales, como la libertad científica o empresarial, por cuanto, si bien no se contempla en la Constitución una cláusula a favor del bienestar de los animales, tampoco prohíbe su tutela ni existe una disposición que indique su rechazo[50].

---

48 Conf. MARTÍNEZ-BUJÁN PÉREZ Carlos, *Derecho penal, parte especial*, (Coordinador J.L. González Cussac), Tirant lo Blanch Manuales, 5ta. Edición revisada y actualizada a la ley orgánica 1/2015), pag. 564, Valencia, 2016; idem, MARQUÉS I. BANQUÉ, quien sostiene que la protección del maltrato animal se trataría de una instrumentalización política del derecho penal (Conf. Marqués I Banqué, M. en Quintero Olivares, G. (Dir.), *Comentario a la reforma penal de 2015*, Cizur Menor, pág. 1352, Navarra), 2015.

49 Confr. JAURRIETA ORTEGA Ignacio, *El bien jurídico protegido en el delito de maltrato animal*, UNED, Revista de Derecho, No. 24, 2019; igualmente, QUERALT JIMÉNEZ J.J., «*La reincidencia en la falta de robo y en las apropiaciones indebidas, el acceso ilícito a servicios de telecomunicaciones y el maltrato de animales domésticos: tres ejemplos de nuevos delitos contra el patrimonio*, en Mir Puig-Corcoy Bidasolo (Dir.), Gómez Martín (Coord.), Nuevas tendencias en Política criminal. Una auditoría al código penal español de 1995, pags. 306 y sig., Madrid/Buenos Aires, 2006.

50 Conf. HAVA GARCÍA Esther, *La protección del bienestar animal a través del derecho penal, Estudios Penales y Criminológicos*, vol. XXXI, 2011. En este sentido, DOMENECH Pascual G., *La posibilidad de limitar los derecho fundamentales en aras del bienestar animal*, Rev. Interdisciplinar de Gestión Ambiental, No.74, pag. 127, Atelier, Barcelona, 2005, cit. por HAVA GARCÍA, quien señala que «el hecho de que el texto constitucional no mencione algunos intereses considerados hoy dignods de protección no debe interpretarse en el sentido de que ha querido proscribirlos. Esta interpretación presupone que el constituyente de 1978, en un momento de omnisciencia, fue capaz de avistar todos

El medio ambiente

Un sector de la doctrina entiende que estas infracciones atentan contra el *medio ambiente*, el que pasaría a ser el bien jurídico protegido, postura que surge, sobre todo, a partir de la reforma al código penal español por la Ley Orgánica 15/2003, que, por un lado, agregó a la rúbrica del Capítulo IV -Delitos relativos a la protección de la fauna y flora-, del Título XVI, a los animales domésticos y, por otro lado, introdujo un nuevo tipo delictivo relacionado con el maltrato de animales domésticos. Esta reforma hizo decir a alguna doctrina que los animales domésticos forman parte del medio ambiente[51], pero no fue una postura que tuvo mayor aceptación, por el contrario, fue fuertemente criticada, por cuanto el nuevo delito incorporado por la reforma no tenía nada en común con el resto de las infracciones previstas en el Capítulo y, por lo tanto, con el medio ambiente, que era el bien jurídico protegido en los preceptos allí recogidos, circunstancia que ponía también de relieve, la errónea ubicación que el legislador le había dado al delito entre aquellos relativos al medio ambiente[52].

En síntesis, se niega que en las infracciones relativas al maltrato de animales el bien jurídico protegido sea el medio ambiente, por cuanto los animales domésticos no forman parte del mismo. La sistemática empleada por el legislador español en estas infracciones mezclaba, dentro del concepto de medio ambiente, a los animales silvestres y a los domésticos, siendo que estos últimos ninguna vinculación tienen con la biodiversidad.

La moral y las buenas costumbres

Otra corriente de opinión sostiene que el bien jurídico en estos casos de maltrato animal es la *moral y las buenes costumbres,* un bien jurídico que se incluiría entre los bienes jurídicos universales y de carácter marcadamente antropocéntrico, pues lo que en definitiva está detrás de la moral y las buenes costumbres, es el ser humano como ser social, como miembro de una comunidad.

Pero, a esta posición doctrinaria se puede oponer, entre otras, la siguiente objeción, que nos parece fundamental: el derecho penal no ha sido pensado para

---

los intereses humanos, presentes y futuros, para luego juzgarlos y acoger en su seno a la mayoría de ellos, condenando para siempre a los restantes al infierno de la inconstitucionalidad. La experiencia nos dice que hay que presuponer justamente lo contrario: que el constituyente, consciente de su limitada capacidad, simplemente no quiso efectuar semejante juicio universal-final».

51 Conf. SERRANO TÁRRAGA Ma. D., *El maltrato de animales en el código penal,* La Ley, No. 6274, pag. 3, 14/6/2005, cit. por Muñoz Lorente José, *Los delitos relativos a la flora, fauna y animales domésticos (o de cómo no legislar en derecho penal y cómo no incurrir en despropósitos jurídicos)*, en Revista de Derecho Penal y Criminología, 2da. Época, UNED, No. 19, pags. 311 y sig., 2007. MESTRE DELGADO E., *La ecología como bien jurídico protegido,* La Ley Penal, Revista de Derecho penal, procesal y penitenciario, No. 42, pag. 2, 2007, cit. por Brage Cendán Santiago B., *Los delitos de maltrato y abandono de animales,* Tirant lo Blanch Delitos, No 125, pag. 50, Valencia, 2017.

52 Conf. MARTÍNEZ-BUJÁN PÉREZ Carlos, *Derecho penal, parte especial,* (Coordinador J.L. González Cussac), Tirant lo Blanch Manuales, 5ta. Edición revisada y actulizada a la ley orgánica 1/2015), pag. 564, Valencia, 2016. Con igual opinión, MUÑOZ LORENTE José, *Los delitos relativos a la flora, fauna y animales doméseticos (o de cómo no legislar en derecho penal y cómo no incurrir en despropósitos jurídicos),* Revista de Derecho Penal y Criminología, UNED, 2da. epoca, No. 19, 2007, con cita de GUZMÁN DALBORA, quien dice que «parece una verdad forzado admitir que el maltrato de uno doméstico perjudique las condiciones del entorno, salvo que dejemos correr libremente nuestra fantasía y atribuyamos a gatos, perros o canarios una función ecológica.

proteger una cierta moral o una costumbre específica de un colectivo de personas, en beneficio de una concepción moral determinada en perjuicio de otra, por cuanto se atentaría, precisamente, contra el principio de exclusiva protección de bienes jurídicos. El derecho penal protege bienes jurídicos no actitudes o conductas que sólo pueden ser reprochables moralmente.

Además, se ha objetado que esta postura sería propia de un derecho penal de autor, dado que el reproche punitivo no recaería sobre el hecho del maltrato a los animales, sino sobre el propio maltratador que, concurriendo determinadas características de su personalidad, lo señalarían como potencialmente peligroso para sus semejantes, a lo que habría que sumar que estos delitos sólo alcanzarían la consumación cuando efectivamente la moral y las buenas costumbres resultaran afectadas, lo que sólo podría acontecer cuando el hecho fuere cometido en público y no en privado[53].

Entre nosotros y en una misma dirección, Zaffaroni expresó sobre esta postura, que tiene el inconveniente de dejar atípicos los actos de crueldad realizados en privado. Recordemos -destacaba este autor- que la Ley Grammont francesa y el StGB alemán de 1871 exigían la publicidad del acto. No creemos que hoy pueda sostenerse que sea voluntad de la mayor parte -sino de todas- las leyes vigentes dejar impunes los más crueles actos contra animales por el mero hecho de que se realicen a puertas cerradas. Ante esta objeción, por cierto, que no faltan penalistas que para reafirmar el dogma de que solo el humano puede ser titular de los bienes jurídicos afectados por un delito, prefieren de *lege ferenda* que estos actos se degraden a faltas administrativas. Por cierto que esa propuesta -que no es receptada de *lege lata*- no resuelve el problema, porque si se los considerasen meros actos contra la moral o la ética, no dejarían de importar una intromisión estatal en la moral privada, lo que es una regresión que borra la diferencia entre pecado y delito, sea que el estado se entrometa por vía penal o administrativa. Ningún Estado de derecho puede interferir en la moral privada. La administrativización del maltratamiento de animales nos parece un recurso simplista de penalistas en apuros para sacarse de encima un problema expulsándolo del campo jurídico penal, sin reparar en que incurren en una complicación mucho mayor[54].

El valor económico del animal

Tampoco podría configurar un bien jurídico en este ámbito, el animal como *objeto de valor económico* para su dueño, por cuanto no se estaría protegiendo al animal, en forma autónoma, como un recurso natural en sí mismo, sino que el objeto de protección estaría enfocado, bajo una mirada claramente antropocéntrica y personalistica, hacia el patrimonio del dueño, tal como se consagra en el derecho penal italiano, cuyo código penal castiga con penas de prisión de hasta un año y con multa, a quien, sin necesidad, mata, deja inservible o daña animales que pertenecen a otros (art. 638 -Uccisione o danneggiamento di animali altrui-Título XIII, *Dei delitti contro il patrimonio*, Capitulo I, *Dei delitti contro il patrimonio mediante violenza alle cose o alle persone; Ley 159 de 6/9/2011).*

---

53 Conf. BRAGE CENDÁN Santiago B., *Los delitos de maltrato y abandono de animales*, Tirant lo Blanch Delitos, No 125, pag. 52, Valencia, 2017.

54 Conf. ZAFFARONI Eugenio R., *La Pachamama y el humano*, disponible en pensamientopenal.com.ar.

El sentimiento de la sociedad hacia los animales

Finalmente, otros fijan el bien jurídico en el *sentimiento que las personas tienen hacia los animales*, que la doctrina ha traducido como «bienestar animal», con lo cual -si bien es verdad que estos sentimientos de compasión y amor hacia los animales tienen un marcado consenso social- no lo es menos que esta tesis produce, por un lado, una confusión con las conductas autorreferentes teñidas de principios morales, que sólo interesan a la propia persona y sin ninguna relación con terceros, circunstancia que impediría a estos sentimientos convertirse en un bien jurídico relevante, necesitado y merecedor de protección jurídico penal y, por otro lado, la tesis tiene un sesgo discriminatorio hacia ciertos animales que no despiertan en las personas -o no lo hacen suficientemente o en un grado aceptable- un sentimiento semejante al que se siente por otros de la misma especie o de especies diferentes, circunstancia que el bien jurídico en cuestión (el sentimiento o el bienestar animal) se le reconocería a algunos animales y a otros no, por cuanto no todos los animales despiertan el mismo interés o sentimiento en las personas.

Calificando a esta tesis como una concepción antropocéntrica, en tanto conecta la protección del animal a intereses humanos, se la ha objetado por cuanto configuraría a estos delitos como tipos de infracción de un deber, arrastrando las críticas que reciben este tipo de infracciones con arreglo a una supuesta carencia de injusto material real[55].

Sin perjuicio de lo dicho, creemos que esta tesis tiene algo de lógica pues de lo que se trata, en definitiva, es de la protección del animal en sí mismo, respecto del cual los humanos tienen sentimientos muy particulares, pero aun así, nos parece que no alcanza a proveer de tutela a «todos los animales por igual», sino que implica -como ya apuntáramos- una expresión de un sentimiento que se dispensa hacia ciertos animales en desmedro de otros, puesto que, es sabido que para los humanos no es lo mismo un perro o un gato que un cerdo pero, si bien miramos, veremos que el cerdo es un animal tanto como el perro o el gato, de manera que si los sentimientos también fueren dirigidos hacia el cerdo, entonces debería tener igual protección jurídica que el perro o el gato.

---

[55] Conf. HAVA GARCÍA E., *La Protección del bienestar animal...*, cit. por Brage Cendán Santiago B., *Los delitos de maltrato y abandono de animales*, Tirant lo Blanch Delitos, No 125, pag. 53, Valencia, 2017. En la jurisprudencia nacional, se ha observado esta postura doctrinal expresando que "Si bien históricamente se consideró el bien jurídico tutelado por la Ley 14.346 era el sentimiento de piedad o humanitario para con los animales, esa concepción debe descartarse pues todo acto de maltrato o de crueldad a un animal realizado fuera de la percepción de terceros resultaría atípico porque no afectaría los sentimientos piadosos o humanitarios de persona alguna. De seguir aplicando esa antigua concepción, la acción de torturar a un perro, gato o caballo (sólo cito ejemplos) en un ámbito privado y romper un plato o un vaso en la misma situación tendrían las mismas consecuencias jurídicamente penales. O sea, ninguna. Pero también debo senÞalar que esa opinión tradicional no era unánime pues "ya en el siglo XVIII Jeremy Bentham expresaba que "*En vez de preguntar si un ser viviente puede razonar, o hablar, hay que preguntar si un ser viviente puede sufrir. Si estos animales, lo mismo que los seres humanos, pueden sufrir, y si se considera que el sufrimiento debe ser evitado, todos estos seres vivientes tienen, por virtud de semejante característica común, el derecho de que no se les inflijan sufrimientos porque sí, esto es, el derecho a no ser tratados con crueldad*" (Bentham, Jeremy, "The Principles of Morals and Legislation", cap. XVII, sec. 1, nota al párrafo 4, citado por Ferrater Mora, en D'alessio, Andrés José (Director) *Código Penal de la Nación comentado y anotado*, Tomo III, La Ley, Buenos Aires, 2010, p. 253. Bastardilla en original) (Juzg.Correccional 1, Quilmes, Bs.As., 4/7/ 2019, disponible en pensamientopenal.com.ar).

Pero, más allá del intenso debate que se observa en la sociedad actual acerca de la tutela que se debe prestar a los animales en general, en el que se descubren o emergen movimientos de distinto signo en apoyo del reconocimiento de los derechos de los animales (agrupaciones de sesgo animalista), lo cierto es que, entre nosotros, este reconocimiento -como ya dijimos repetidas veces- parece estar bastante lejos de concretarse, o cuanto menos discutirse, en las instancias legislativas.

Sin perjuicio de ello, se debe reivindicar la idea de que, si lo que se pretende es la penalización del maltrato animal, en sus diversas modalidades, entonces necesariamente debemos debatir, no sólo sobre la técnica de tipificación de las figuras -que sea superadora de la que se exhibe en la legislación vigente en Argentina- sino también acerca de cuál debería ser el bien jurídico específicamente tutelado en los delitos que se cometen en este ámbito, pues -como es sabido- no se podría hablar de «delito de maltrato animal» sin la existencia de un bien jurídico que lo presuponga, ni siquiera -como entienden algunos- desde el sector del derecho administrativo sancionador.

De aquí que, si hablamos de delito contra un animal, entonces necesariamente debemos reconocer la existencia de un bien jurídico que ese delito ofende y, a partir de allí, bucear en una ubicación sistemática lo más exacta posible y cercana a los tipos penales en cuestión, a fin de evitar el error de situar estos delitos entre otros que tienen relación con la fauna y la flora, la ordenación del territorio y el urbanismo o el patrimonio histórico y el medio ambiente, como ocurriera en su día, por ejemplo, con la reforma de 2003 del código penal español.

Nosotros entendemos que el bien jurídico protegido a partir de las figuras descriptas en la Ley 14.346 de Maltrato Animal es, precisamente, el «animal en sí mismo», como estructura biológica integral, que abarca la protección de su vida y su integridad corporal (comprensiva de la integridad física y psíquica del animal).

Si bien es verdad que esta posición podría llevar a pensar que contrasta con la penalidad que prevé la normativa, por cuanto no hace ninguna diferencia punitiva -vale decir que la respuesta penal es idéntica en uno u otro caso- entre lo que considera maltrato y actos de crueldad (que, ciertamente, estas últimas son conductas de mayor entidad lesiva que los actos de maltrato, pero que tendría solución a partir de una política criminal más seria y responsable en materia animal), circunstancia que podría llegar a afectar el principio de proporcionalidad penal pues -como está a la vista- no tienen la misma capacidad lesiva un acto de simple maltrato que un acto de crueldad que puede conducir a la muerte del animal-, no lo es menos que el artículo 1ro. de la ley prevé una escala penal (si bien de muy poca entidad) mediante la cual se podría salvar la objeción, a través de una graduación de la pena según cuál fuera la conducta del maltratador. Sin perjuicio de ello, consideramos que la escala penal no responde a los distintos niveles de intensidad que se presentan en las conductas de cada tipo de injusto, según la modalidad de que se trate y, por consiguiente, debe ser incrementada, tipificándose una figura básica para cada modalidad (maltrato y crueldad), con sus propias circunstancias agravantes conforme con la intensidad de afectación al bien jurídico protegido.

II. Los sujetos del delito

a) Sujeto activo

La figura prevista en el artículo 1° de la Ley no hace una mención especial en torno de esta cuestión, sólo se expresa a la manera tradicional mediante el empleo del pronombre «*El que...*», expresión indicativa de que cualquier persona, en principio, puede ser *sujeto activo* del delito, pues se trata -a estar a dicho texto- de un tipo penal común de titularidad indiferenciada, vale decir que cualquier persona podría ser el maltratador. No se requiere, en principio, de ninguna cualificación ni condición de autoría, de manera que también podrían ser sujetos activos, no sólo el dueño del animal sino también el poseedor, el tenedor, el cuidador, o un tercero, condición (o situación) que debería analizarse en cada figura en particular, por ej. la persona responsable del cuidado y alimentación del animal en una perrera, en un zoológico o en una casa familiar, no tiene las mismas obligaciones que un tercero sin ninguna relación con el animal.

Claro que en estos casos -como anticipamos- debemos analizar con mayor detenimiento la condición del autor del delito en las distintas modalidades previstas en los artículos 2° y 3° de la ley, por cuando, si bien es cierto que en el artículo 1° nada se indica al respecto, en el sentido de exigir alguna condición especial de autoría, no lo es menos que la situación puede cambiar según el tipo de injusto de que se trate.

En síntesis y en sentido general, el sujeto activo es el que maltrata al animal, sea que lo haga de primera mano (directamente sobre el cuerpo del animal) o en forma indirecta, utilizando a un tercero como instrumento (persona física o animal, por ejemplo azuzar a un perro para que lastime a otro o para que en lucha se lastimen entre ellos). Pueden presentarse casos de coautoría en ciertas situaciones, por ejemplo en aquellos casos en los que se interviene quirúrgicamente animales sin anestesia y sin poseer el título de médico o veterinario (art. 3.3) o realizar actos públicos o privados de riñas de animales, corridas de toros, novilladas y parodias (art. 3.8).

b) Sujeto pasivo

No se presenta tan fácil la cuestión vinculada con el *sujeto pasivo*, pues todo se debe hacer depender de cómo se entienda la situación del animal frente al Derecho, vale decir, si se considera que es una cosa mueble -como se establece en el CCyCN-, situación que convertiría al propietario del animal en sujeto pasivo, o bien si se entiende que es un sujeto no humano, con derechos subjetivos -como nosotros entendemos-, postura que convertiría al animal en sujeto pasivo del delito.

La ley 14.346, según nos parece, ha seguido esta postura, pues no sólo coloca al animal como centro de imputación en el radio de acción de la conducta típica sino que lo dice expresamente al castigar a quien «hiciere víctima» al animal de un acto de crueldad. De manera que, más allá de la controversia doctrinal que esta cuestión ha suscitado, la casuística recogida en nuestra legislación -que abarca un número variado de conductas atentatorias contra la vida y la integridad del animal-, despeja toda duda que pudiere caber al respecto. Para nuestro ordenamiento penal, el animal es tanto objeto de la acción como sujeto pasivo del delito de maltrato.

III. OBJETO DEL DELITO

Cualquiera sea la modalidad de conducta que se presente en la vida real, de las descriptas en la ley, lo cierto es que el *objeto material* del delito siempre es el mismo: el *animal doméstico*. Sin embargo, esta afirmación -como veremos seguidamente- tiene sus matices que deben ser explicados. Aun así, según se desprende claramente de la ley 14.346, el animal es, al mismo tiempo, objeto (sobre el que recae la acción típica) y sujeto pasivo del delito, pues es, fáctica y normativamente, la víctima del hecho criminal.

Qué se debe entender por *animal doméstico*, es algo que es materia de controversia, pues la ley no aporta ninguna pista en este sentido, salvo que, acortando el camino, hagamos una interpretación sistemática, y obtuviéramos el concepto de animal doméstico por descarte o inferencia negativa: «animales domésticos son aquellos que no son animales salvajes». Sin embargo, esta solución tampoco sería totalmente satisfactoria, pues existen otras especies que son «animales salvajes domesticados» (por ejemplo, se puede domesticar un ejemplar de un felino, un puma, un gato montés, de otras especies como el lobito de río o nutria, un ciervo, un carpincho, etc.), que son aquellas especies que viven libremente en los bosques o montes, pero que se han acostumbrado a convivir con un ser humano de quien, inclusive, en muchos casos, depende su subsistencia. No debemos olvidar que en muchas provincias argentinas, especialmente en las del nordeste (por ej. Corrientes, Formosa, Chaco, Misiones), mucha gente de campo tiene como mascotas a carpinchos u otras especies de animales, por ejemplo yacarés, tatues, osos hormigueros, coaties, pequeños venados, el aguará guazú, etc.

Sin perjuicio de lo expuesto, el concepto de «animal doméstico», puede ser entendido en dos sentidos, amplio y restringido. En sentido amplio, el concepto abarca tanto a los animales que conviven con el hombre, con su dueño, que son -por lo general- aquellos que sirven de compañía, como aquellos que dependen del hombre para su subsistencia o que se poseen para actividades laborales (para obtener ganancias, por ejemplo, el animal de granja) u otras finalidades. En sentido estricto, por el contrario, el concepto comprende sólo a los animales que conviven con el hombre, como son, ciertamente los perros y gatos, quedando excluidos los animales que se tienen para actividades laborales, los de granja o los que se poseen con una finalidad lucrativa.

Un sector de la doctrina sostiene que, teniendo en cuenta la dificultad de individualizar en estos casos el bien jurídico protegido, el objeto material del delito (de maltrato animal doméstico o amansado) debería limitarse a los animales domésticos, y dentro de ellos a los animales de compañía, que son los que las personas mantienen generalmente en el hogar con la finalidad de obtener compañía del mismo, por ej. los perros y gatos, especialmente porque es el maltrato de estos animales, los que están más cercanos al ser humano, lo que conmueve en mayor medida la sensibilidad de la ciudadanía. Respecto de los demás animales -entiende esta opinión- sería suficiente la protección que les otorga la normativa administrativa[56].

---

[56] Conf. FARALDO CABANA Patricia, Flora y fauna (arts. 333, 334, 336, 337, 339 y 631), en Comentarios a la reforma penal de 2010 (Dirs. Francisco Javier Álvarez García y José Luis González Cussac), pag. 407, Tirant lo Blanch Reformas, Valencia, 2010. Sin embargo, aclara esta autora que no es esta la opinión del Consejo General del Poder Judicial que, en el Informe de 23/11/1995, sostuvo que «el reproche social por la especial sensibilidad que hoy se tiene hacia los animales en cuanto seres sintientes justifica una igualdad de trato entre los animales domésticos en sentido estricto, los domesticados o incluso los mantenidos en cautividad», destacando que este ha sido el camino elegido por el legislador. Con similar opinión a la del CGPJ, Eduardo Ramón RIBAS, El maltrato de animales y la custodia de animales, en La Reforma Penal de 2010: Análisis y Comentarios (Dir. Gonzalo Quintero Olivares), pag. 299, Thomson Reuters-Aranzadi, Navarra, 2010. Entre nosotros, entendemos que este también ha sido el rumbo elegido por la Ley 14.346.

Del texto de la Ley surge claramente, que el concepto de «animal doméstico» está tomado en sentido amplio, pues abarca no sólo a los animales domésticos propiamente dichos, esto es, aquéllos que viven con el hombre (animales de compañía), sino también a los domesticados o amansados (categoría esta última incluida en el código penal español en 2015), que son aquellos animales salvajes que están bajo control humano para servir de compañía (por ejemplo, animales exóticos, serpientes, iguanas o lagartos, tortugas, etc.), comprendiendo también a los abandonados y vagabundos, y a los animales «cautivos», que son aquellos animales salvajes que se tienen en cautiverio (en jaulas o cotos demarcados) o bajo el dominio o control del hombre y se han acostumbrado a vivir con él (salvajes domesticados)[57].

Respecto de los «animales abandonados», que son los que el hombre ha decidido desampararlos liberándose de ellos (por ejemplo, dejarlos solos e indefensos en un lugar inhóspito), también deben seguir siendo considerados animales domésticos, aun cuando el dueño se haya desprendido voluntariamente de ellos; en una situación similar se encuentran los «animales vagabundos», que salen y recorren la vía pública, que se han extraviado de sus dueños o que han sido capturados por la autoridad y encerrados en una perrera o en otro lugar para cuidado o seguridad de los mismos. También estos sujetos no humanos quedan comprendidos en el concepto de animales domésticos.

---

[57] Este criterio amplio ha sido demarcado en España, aunque con matices distintos a los de nuestra legislación, por la Circular 7 de 2011 de la Fiscalía General del Estado «sobre criterios para la actuación especializada del Ministerio Fiscal en materia de medio ambiente y urbanismo», señalando que «animales domésticos» son los que *viven en compañía de las personas, lo que incluye a las mascotas, los animales de granja y los destinados a la carga*. En las mascotas no se da ninguna actividad lucrativa, pues se convive con ellos por placer; los de granja o renta conviven y son criados para la producción de alimentos u otros beneficios económicos; y los destinados a carga son los que se utilizan para el trabajo, razones todas ellas que justifican una especial protección (cit. por CERVELLÓ DONDERIS Vicenta, *El derecho penal ante el maltrato de animales*, disponible en core.ac.uk).. A su turno -según pone de relieve MESÍAS RODRÍGUEZ- la Circular 7/2011 de la Fiscalía General del Estado español, ha considerado "animales amansados» a «*aquellos animales que aun siendo silvestres o salvajes han sido dominados por el hombre hasta el punto de habituarse a su compañía, dependiendo del mismo para su subsistencia y habiendo llegado a coexistir pacíficamente con el y con otros animales*», añadiendo que la jurisprudencia pasó a incluir en el precepto a todos los animales de compañía, independientemente de que sean domésticos (perros, pájaros, peces...) o domesticados (reptiles, arácnidos, pájaros exóticos...), los animales de renta, esto es, los criados por el hombre para la producción de algún producto o servicio, y los animales salvajes domesticados (un tigre enjaulado, una piraña en un acuario...) (conf. MESÍAS RODRÍGUEZ Jacobo, *Los delitos del maltrato y abandono de animales en el código penal español*, disponible en revistes.uab.cat). Entre nosotros, a diferencia del código penal español, la ley 14.346 incluye a los animales salvajes en «cautividad», cualificación que comprendería a los animales amansados. Todos tienen igualdad de trato conforme a esta normativa. Los animales silvestres que viven en estado de libertad natural, por el contrario, están comprendidos en la ley 22.421. De otra opinión Nadia ESPINA, quien sostiene que, en los supuestos previstos en el artículo 3 de la Ley 14.346, la norma no distingue entre las distintas clases de animales no humanos, por lo que se entienden comprendidos los animales domésticos, domesticados y silvestres (Derecho animal. El bien jurídico en los delitos de maltrato, pag. 58, Ediar, Buenos Aires, 2020). Respecto de la opinión de esta autora, entendemos que sería correcta si la expresión «animales silvestres» a que hace referencia, debe entenderse como lo hace cuando se refiere al artículo 1ro. de la Ley, en el que dice que la norma comprende, también, a los animales «silvestres en cautiverio» (pag. 56), algo que no aclara en el texto que estamos comentando, habida cuenta que los animales silvestres (en libertad) no están comprendidos en esta Ley sino en la Ley 22.421 de Conservación de la fauna.

Al no tener una cláusula de cierre -como en el Código penal español, en el que se excluye en forma expresa a los «animales que viven en estado salvaje»-, entre nosotros se podría plantear la duda de si esta especie de animales está o no comprendida por la ley 14.346.

Anticipando opinión, entendemos que -como antes se dijo- el criterio de interpretación del concepto «animal doméstico» debe ser amplio, no sólo por tratarse de una modalidad de interpretación conceptual que se orienta hacia la protección de los derechos de todos los animales por igual, sino, fundamentalmente, porque se trata de un criterio que surge de la propia normativa, al considerar, por un lado, víctima de actos de crueldad también a los animales «cautivos» (art. 1.1), que son aquellos animales salvajes que, como explicamos, viven en cautiverio y se han acostumbrado al ser humano como así la prohibición de «experimentar con animales de grado superior en la escala zoológica», que son, por lo general, aquellos animales con mayor grado de inteligencia que otros, por ejemplo, el chimpancé, el elefante, el cerdo, etc., y, por otro lado, como fórmula específica la utilización de animales en espectáculos públicos («parodias», dice la ley, en el art. 3.8), de manera que, por ejemplo, la utilización de animales salvajes en zoológicos o circos, o en algunos cotos cerrados, debe quedar comprendida en el ámbito de la ley que estamos analizando.

En este marco -similar el derecho español, que con la reforma de 2015 se amplió notablemente el alcance del objeto material[58]- quedan incluidos todos los animales, con la salvedad de los animales silvestres o salvajes que viven en libertad natural, los que, desde luego, no están comprendidos en la Ley 14.346, sino en la Ley 22.421 de Conservación y protección de la fauna silvestre[59].

---

[58] Sobre esta reforma, véase OLMEDO CARDENETE Miguel, en Sistema de derecho penal, parte especial (Dir. Lorenzo Morillas Cueva), 4ta. ed., pag. 1051, Dykinson SL, Madrid, 2021. Igualmente, MUÑOZ CONDE Francisco, Derecho penal, parte especial, 23 ed., pag. 585, Tirant lo Blanch, Valencia, 2021.

[59] De otra opinión, DESPOUY SANTORO Pedro Eugenio y RINALDONI María Celeste, *Protección penal de los animales*, pag. 95, Ed. Lerner, Códoba, 2017. En un mismo sentido, RINALDONI María Celeste, *Ley Benítez No. 14.346*, en Protección jurídica de los animales no humanos (Dir. Lorena Bilicic), Ediciones dyd, pag. 35, Buenos Aires, 2020.

5. LOS DELITOS CONTRA LOS ANIMALES EN LA LEY 14.346/54 DE MALTRATO Y ACTOS DE CRUELDAD

Esta normativa -promovida en aquellos años por el entonces diputado Antonio J. Benítez- tiene su antecedente en la Ley 2786 Nacional de Protección de los Animales, sancionada el 25 de julio de 1891 y conocida como «Ley Sarmiento», cuyos escasos cuatro artículos sancionaban una variada gama de conductas de maltrato animal, sin mencionarlas en forma expresa, declarando el reenvío a la normativa que pudiese dictarse en protección de los animales en la Capital Federal y en los Territorios Nacionales, marcando -pese a su notorio defecto de técnica legislativa- un hito en la protección del animal en Argentina[60].

En la actualidad se encuentra en vigencia la Ley 14.346/54, cuyo articulado establece:

> ***Articulo 1°*** - *Será reprimido con prisión de quince días a un año, el que infligiere malos tratos o hiciere víctima de actos de crueldad a los animales.*
>
> ***Artículo 2°*** - *Serán considerados actos de maltrato:*
>
> 1° *No alimentar en cantidad y calidad suficiente a los animales domésticos o cautivos.*
>
> 2° *Azuzarlos para el trabajo mediante instrumentos que, no siendo de simple estímulo, les provoquen innecesarios castigos o sensaciones dolorosas.*
>
> 3° *Hacerlos trabajar en jornadas excesivas sin proporcionarles descanso adecuado, según las estaciones climáticas.*
>
> 4° *Emplearlos en el trabajo cuando no se hallen en estado físico adecuado.*
>
> 5° *Estimularlos con drogas sin perseguir fines terapéuticos.*
>
> 6° *Emplear animales en el tiro de vehículos que excedan notoriamente sus fuerzas.*

---

60 **LEY 2786/1891**. ART.1.- Declárase actos punibles los malos tratamientos ejercitados con los animales, y las personas que los ejerciten sufrirán una multa de dos a cinco pesos, o en su defecto arresto, computándose dos pesos por cada día.
ART. 2.- En la capital de la República y Territorios Nacionales, las autoridades policiales prestarán a la Sociedad Argentina Protectora de los Animales, la cooperación necesaria para hacer cumplir las Leyes, reglamentos y ordenanzas dictadas o que se dicten en protección de los animales, siendo de la competencia de las mismas, el juicio y aplicación de las penas en la forma en que lo hacen para las contravenciones policiales.
ARTICULO 3. - El importe de las multas a que se refiere el artículo primero será destinado a las sociedades de beneficencia de cada localidad.
ARTICULO 4.- La Municipalidad de la capital de la República y las de los Territorios Nacionales dictarán ordenanzas de conformidad a la presente Ley.

Artículo 3º *- Serán considerados actos de crueldad:*

1° *Practicar la vivisección con fines que no sean científicamente demostrables y en lugares o por personas que no estén debidamente autorizados para ello.*

2° *Mutilar cualquier parte del cuerpo de un animal, salvo que el acto tenga fines de mejoramiento, marcación o higiene de la respectiva especie animal o se realice por motivos de piedad.*

3° *Intervenir quirúrgicamente animales sin anestesia y sin poseer el título de médico o veterinario, con fines que no sean terapéuticos o de perfeccionamiento técnico operatorio, salvo el caso de urgencia debidamente comprobada.*

4° *Experimentar con animales de grado superior en la escala zoológica al indispensable según la naturaleza de la experiencia.*

5° *Abandonar a sus propios medios a los animales utilizados en experimentaciones.*

6° *Causar la muerte de animales grávidos cuando tal estado es patente en el animal y salvo el caso de las industrias legalmente establecidas que se fundan sobre la explotación del nonato.*

7° *Lastimar y arrollar animales intencionalmente, causarles torturas o sufrimientos innecesarios o matarlos por sólo espíritu de perversidad.*

8° *Realizar actos públicos o privados de riñas de animales, corridas de toros, novilladas y parodias, en que se mate, hiera u hostilice a los animales.*

I. Las conductas punibles

El artículo 1° de la ley 14.346 establece dos conductas diferentes:

1. *infligir malos tratos* a los animales y,
2. *hacerlos víctima de actos de crueldad.*

Estas conductas tienen la particularidad de que son las mismas para todas las modalidades previstas en la normativa, por cuanto, si bien el artículo 1° de la ley parece regular acciones diferentes (pues podría pensarse que «infligir» no es lo mismo que «hacer víctima»), lo cierto es que ambas modalidades se complementan entre sí, toda vez que, para hacer víctima a un animal de un acto de crueldad, se torna necesario «inflingirle» algún castigo o maltrato, cuya intensidad deberá medirse en cada caso en particular para discernir, si se está frente a una hipótesis de maltrato o a una de crueldad.

Como antes se dijo, son dos las conductas prohibidas por el artículo 1° de la ley y que están referidas a dos modalidades de afectación del bien jurídico protegido: *actos de maltrato* y *actos de crueldad,* aunque ambas formas se encuentran orientadas a contemplar situaciones fácticas que perjudican, alteran o destruyen la salud o la integridad, física o psíquica, de los animales.

Se trata de conductas independientes, es decir, que no están asociadas entre ellas (pero que se complementan entre sí), de modo que, no siempre debe entenderse, necesariamente, que un acto de maltrato (por ej. gritar al animal), por su escasa entidad, deba siempre presuponer, por lo general, también un acto de crueldad; la ley, en este sentido -más allá de lo cuestionable que pudiere representar un sistema casuístico de conductas- es lo suficientemente clara al especificar cuáles son actos de maltrato y cuáles actos de crueldad, aun cuando, en los hechos, muchas veces se puede presentar una confusión entre ambas modalidades, pues -si analizamos la cuestión desde otra perspectiva-, todo acto de crueldad implica, en el fondo, un acto de maltrato (si hacemos víctima al animal de un acto de crueldad, estamos infringiéndole un maltrato), pero, como vimos, no siempre es así al revés (por ejemplo, en los actos justificados o autorizados por el orden jurídico y por la misma ley 14.346).

Sin embargo, la autonomía de cada una de estas conductas surge de la propia normativa, al ser tratadas en forma independiente cada una de ellas; si así no fuera entendido, entonces las circunstancias previstas en el artículo 3° deberían ser consideradas agravantes de los tipos comprendidos en el artículo 2°, circunstancia que no surge de la ley, por dos motivos: primero, porque ambas modalidades están conminadas con una misma escala penal y, segundo, porqué es la propia ley la que establece, como se dijo, qué debe considerarse un acto de maltrato y qué un acto de crueldad. Desde luego que las conductas previstas en el artículo 3° son conductas intensificadas, más graves que las previstas en el artículo 2°, pero la escala penal, como dijimos, es la misma, de manera que la cuantía de la sanción habrá de ser cuantificada por el juez en cada caso en particular, aunque siempre dentro de la escala establecida en el artículo 1°. Que esta escala penal sea mínima o muy leve en proporción a la gravedad de las infracciones previstas (un caso de crueldad se supone más grave que un simple maltrato, razón más que suficiente para conminarlo con una pena más severa), pero es un tema para otra discusión y de exclusiva competencia de la instancia legislativa, de la que anhelamos, en una probable reforma penal que se concrete en el futuro, respete el principio de proporcionalidad al establecer, razonablemente, el marco punitivo que corresponda en cada caso.

Es verdad, como se ha puesto de relieve en la doctrina, que «el maltrato, como menoscabo a la salud, es la conducta más compleja de determinar teniendo en cuenta los usos y costumbres tradicionales que surgen de la convivencia de los seres humanos con los animales; por ello, a la hora de delimitar la tipicidad de una conducta delictiva -según esta opinión- hay que valorar, en virtud de la adecuación social, la posibilidad de excluir aquellas conductas socialmente aceptadas por estar inmersas en los usos sociales habituales y, en las restantes, valorar si la entidad de los hechos justifica su penalización o si basta con la educación y la prevención como instrumentos para erradicar ciertas prácticas humanas con los animales. Con esta indeterminación -sigue diciendo la autora- el termino maltratar abre un amplio abanico de conductas socialmente aceptadas que pueden presentar cierta gravedad en algunos casos, p. ej., el mantenimiento de animales en instalaciones inadecuadas por sus condiciones higiénico-sanitarias, someterlos a trabajos que les causen una fatiga excesiva, limitarles la libertad atándolos de forma permanente, suministrarles sustancias que alteren gravemente su salud, utilizar determinadas técnicas cinegéticas o gastronómicas que implican torturas o sufrimientos, la experimentación animal para ensayos de productos cosméticos y la realización de operaciones de comercio ilegal. Todas las anteriores deben ser interpretadas judicialmente para determinar si son maltratos con relevancia penal, teniendo en cuenta que, en muchas ocasiones, el debate es sobre la necesidad o no del maltrato para los usos esenciales humanos. Otras conductas -se concluye- empero, entran sin ninguna duda dentro del concepto de maltrato por su mayor gravedad; tal es el caso de castigar, agredir, golpear, mutilar, quemar o producir cualquier tipo de sufrimiento físico o psíquico manifestado en magulladuras, heridas, hematomas o contusiones»[61].

Sin embargo, estas consideraciones ponen de manifiesto una verdad relativa, puesto que algunas de las situaciones mencionadas como ejemplo (consideradas como usos sociales habituales tolerados o prácticas socialmente aceptadas), implican claramente un acto de maltrato que no puede ser «tolerado como uso social habitual» (de los humanos). Aun siendo de escasa entidad lesiva, si la conducta produce en el animal dolor o sufrimiento, cansancio, fatiga u otras situaciones extremas -las que muchas veces se pueden percibir a simple vista, sin la ayuda de expertos-, estaremos ante un caso de maltrato animal, salvo que estas conductas estén justificadas o autorizadas -como ya se dijo- por diferentes circunstancias específicamente contempladas en la propia ley 14.346. Los artículos 2° y 3° de la Ley despejan toda duda al respecto en la protección del animal, aun cuando su casuística sea insuficiente o inconveniente como técnica legislativa, pues -por derivación del principio de legalidad- lo que no figura mencionado en la norma, queda fuera de la tipicidad.

Se debe aclarar -eso sí- que las acciones típicas descriptas en el artículo 1° de la Ley, se manifiestan, en el primer supuesto, como una conducta acumulativa («*infligir actos*» de...), caracterización que podría cuestionarse aduciendo que implica el empleo de una técnica legislativa no muy convincente, pues hubiera bastado con que la acción típica sea descripta como «infligir malos tratos» (o actos de crueldad), para evitar repeticiones que muchas veces impactan en el idioma inútilmente. Algo similar podría decirse de la segunda modalidad («*hacer víctima*» de...) pues, en cualquier caso, siempre habrá de materializarse una conducta maltratadora del animal, la cual, por definición, implica una manifestación de la violencia de los humanos en perjuicio de los sujetos no humanos.

El artículo 1° castiga al que *infligiere* malos tratos o *hiciere víctima* de actos de crueldad a los animales. Las acciones típicas, como vimos, son dos: «infligir» (provocar, ocasionar, producir, etc.) maltrato o «hacer víctima» a un animal, en algunas de las modalidades previstas en los artículos 2° y 3°, respectivamente -consecuencia que siempre tiene su origen en una acción maltratadora-, que son los preceptos en los que se describen dichas conductas, con sus propias particularidades. De aquí que no nos parece correcta la idea de simplificar los tipos de injusto previstos en la ley como un único «delito de maltrato» -como algunos entienden[62]- porque, por un lado, ello implicaría como consecuencia inevitable calificar a estos delitos como delitos de resultado material (lo cual es verdad en algunas situaciones, pero no en todas las que están previstas en la ley) y, por otro lado, es notorio que la normativa específica las conductas punibles en cada caso en particular, tipificando, en algunos casos, delitos de resultado y en otros delitos de peligro. Por otra parte, como veremos más adelante, no todo acto de maltrato implica la comisión de un delito contra el animal.

---

61 Conf. CERVELLÓ DONDERIS Vicenta, *El derecho penal ante el maltrato animal*, Cuadernos de Derecho Penal, enero/junio 2016, disponible en core.ac.uk.

62 Conf. SÁNCHEZ María Natalia, Los malos tratos o actos de crueldad contra animales Ley No. 14.346, disponible en saij.gob.ar. La tesis de esta autora sería correcta si hiciera referencia a una normativa como la del art. 337.1 del Código penal español, que castiga a «*el que por cualquier medio o procedimiento maltrate injustificadamente* (un animal) *causándole lesiones que menoscaben gravemente su salud...*, en el que se tipifica un delito de resultado material.

Los aspectos que interesan esclarecer en estas infracciones, residen en determinar con cierto grado de certeza, qué debe entenderse por «maltrato» y qué por «hacer víctima» (de actos de crueldad), a un animal, por cuanto la crueldad -como ya dijéramos- no es más que una forma intensificada del maltrato.

Maltrato es toda forma de violencia que se ejerce, recae o impacta en un animal, la cual puede manifestarse como violencia física, sobre el cuerpo, (golpes, castigos físicos, encierros prolongados, trabajos excesivos, etc.) o psíquica (gritos, reprimendas con gestos violentos, ademanes de castigos, etc.), sin que sea necesario al tipo penal que produzca dolor o sufrimiento, aunque las consecuencias de la violencia dejen rastros (heridas, por ejemplo, las que, a su vez, producen dolor) en el animal[63]. Desde luego que estos resultados (por ejemplo, lesiones, heridas, padecimientos, etc.) pueden derivar en actos de crueldad, según el grado de intensidad de la violencia empleada contra el animal, aunque siempre el castigo habrá de principiar con una acción de maltrato. Sin perjuicio de ello, se debe reconocer que todo acto de maltrato implica la provocación de un sufrimiento injustificado e innecesario, por consiguiente ilegítimo.

63 Un sector de la doctrina entiende que el maltrato implica la irrogación de un sufrimiento innecesario, careciendo de toda finalidad ilegítima (BRAGUE CENDÁN, HIGUERA GUIMERÁ, REQUEJO CONDE). Esta última autora define la acción de maltrato prevista en el art. 337 del Código penal español, como la realización de actos de violencia física que causen al animal dolor o sufrimiento considerables perjudicando gravemente su salud, o le causen la muerte. Se trata pues de un delito de resultado material contra la vida o la salud del animal, y de un delito común, omisible por cualquiera, incluso por omisión siempre que exista una posición de garantía, poseedor o cuidador del animal. Las distintas formas de maltrato pueden reconducirse a lo denominado maltrato por diversión, por odio o venganza, o hacer sufrir al animal por el solo placer de comprobar sus reacciones, o bien maltrato por desinterés, manifestado en diferentes formas de graves abandonos. El maltrato por abandono comprendería omisiones graves en el mantenimiento del animal, al dejarlos indefensos, sin alimento, sin cuidado, sin alojamiento, sea en el lugar donde habitualmente se encuentra o durante su transporte, más que la acción de desprenderse de ellos dejándolos en lugares donde pueda peligrar su vida o integridad (REQUEJO CONDE Cármen, Maltrato de animales: Comentario a la Sentencia 135/10 del Juzgado de lo Penal no 4 de Bilbao (Bizkaia) de 25 de marzo de 2010, disponible en www.ddd.uab.cat).
Pero, si bien estas opiniones podrían tener cierta lógica en el derecho español, en el que la figura del delito se estructura sobre la base de un «maltrato injustificado» con consecuencias para la salud del sujeto pasivo, entre nosotros, por una parte, el art. 1ro. de la Ley 14.346 sólo hace referencia, con mayor acierto, a la conducta de infligir malos tratos al animal, desligándose de considerar al maltrato como una conducta «injustificada» o que necesariamente deba provocar un sufrimiento al sujeto pasivo, aun cuando esta consecuencia, por lo general, siempre se produzca y, por otra parte, el régimen legal en Argentina, a diferencia del español, distingue los actos de maltrato de los actos de crueldad, por lo que la definición aportada por la doctrina de aquél país sobre «maltrato», implica una definición muy amplia que mezcla diversas conductas (y resultados) que no podría sostenerse entre nosotros, porque siempre un acto de crueldad involucrará un acto de maltrato, pero no siempre será así al revés. Por otro lado, la técnica legislativa española es equívoca, toda vez que no se puede concebir, como regla general, un maltrato «justificado» ni un sufrimiento «necesario», salvo situaciones de excepción que obliguen a recurrir al estado de necesidad justificante o a situaciones específicamente contempladas en la propia Ley 14.346 o en otras normativas locales o nacionales sobre experimentación con animales. En opinión de HAVA GARCIA la única manera de dar validez jurídica (justificar penalmente) a un maltrato es precisamente determinar cuál es el objetivo del maltrato, de forma que sólo si se maltrata al animal para evitar lesiones o peligro graves e inminentes para bienes jurídicos protegidos penalmente con una intensidad igual o mayor podrá entenderse que el comportamiento está justificado, poniendo el siguiente ejemplo: dar una paliza a un perro después de haber atacado a una persona carece completamente de justificación, mientras que hacerlo en el momento del ataque o de forma inmediatamente anterior podría ser válido para el ordenamiento penal (La protección del bienestar animal a través del derecho penal, Estudios Penales y Criminológicos, vol. XXXI, 2011).

La no especificación en la ley respecto del alcance del maltrato (como por ejemplo, ocurrió con la reforma de 2003 del Código penal español, que sólo contempló el maltrato físico), permite inferir que están comprendidos tanto el maltrato físico como el psíquico del animal, más allá de las dificultades probatorias que podrían presentarse con ésta última forma de violencia. El acto de maltrato puede ser habitual (pluralidad de actos) o único, por lo que un solo acto es suficiente para perfeccionar el delito.

Dicho esto, se debe subrayar que no toda conducta violenta propinada a un animal debe constituir, por esa sola circunstancia, una acción punible de maltrato (no existe el delito de maltrato en sí mismo, sino en función de distintas circunstancias que están previstas en la ley), por ej. gritar con potencia a un perro o dejar al sol, por breve tiempo, a un equino en una siesta de verano, porque de ese modo estaríamos haciendo una interpretación extensiva del concepto contraria al principio de mínima intervención penal, aun cuando este tipo de conductas puedan quedar abarcadas por el derecho administrativo sancionador[64].

En definitiva, la polisemia del vocablo «maltrato», puede conducir a situaciones muy difíciles de resolver en la práctica, algunas veces por las diferentes interpretaciones que permite el idioma y otras veces por la indeterminación o ambigüedad propia de algunos preceptos contenidos en la normativa, por ejemplo, «no alimentar suficientemente al animal», expresión que se presenta como un concepto muy abierto que dificulta determinar con certeza cuando se está ante una alimentación suficiente para distinguirla de una insuficiente.

La *crueldad* es la forma más grave del maltrato, siendo ejemplos los resultados o modalidades que se describen en el artículo 3° de la Ley; presupone siempre el despliegue de una forma de violencia que recae sobre el cuerpo del animal, produciendo graves consecuencias, inclusive su muerte. La crueldad es, en suma, una forma extrema de violencia.

Sin perjuicio de ello, existen ciertos actos de maltrato físico que, si bien por su gravedad quedan comprendidos, formalmente, en el artículo 3°, son conductas que están justificadas y permitidas, que quedan al márgen del tipo penal, como veremos más adelante cuando analicemos cada caso en particular.

La ley 14.346 se ha inclinado por un sistema de enumeración taxativa de los actos de maltrato y de crueldad, el cual, si bien, por un lado simplificaría las dificultades que se pueden presentar en materia probatoria del acto de maltrato o de crueldad en el caso judicial, por otro lado quedarían fuera del listado otras conductas no previstas, las cuales no podrían ser equiparadas a las que están descriptas en la norma ni incriminadas sin afectarse el principio de legalidad, por ejemplo, la conducta sexual sin consecuencias perjudiciales para el animal.

Si bien el tipo penal está redactado en plural («Será reprimido... el que infligiere...*a los animales*»), es suficiente para la perfección del delito el maltrato o acto de crueldad contra un animal, de manera que si las conductas recayeren sobre varios animales, o sobre uno sólo pero en forma repetida en el tiempo, estaríamos ante un concurso delictivo, real en el primer caso y como delito continuado en el último.

[64] Conf. BRAGE CENDÁN Santiago B., *Los delitos de maltrato y abandono de animales*, Tiran lo Blanch No. 26, pag. 71, Valencia, 2017.

II. LOS TIPOS DELICTIVOS

a) Actos de maltrato

1° No alimentar en cantidad y calidad suficiente a los animales domésticos o cautivos.

El precepto regula una conducta omisiva (no alimentar al animal). Pareciera que la norma impone una condición (elemento positivo) para que la conducta sea punible, esto es, que se «alimente» al animal pero «en cantidad y calidad insuficiente», interpretación que podría presentar algunos problemas en aquellos casos en los que no se le suministra alimento alguno (que provoque como consecuencia un desmejoramiento en la salud o la muerte del animal), situación en la que, según nuestra opinión, igualmente se cometería el delito, toda vez que la acción de «no alimentar» implica lo mismo que «alimentar insuficientemente» o «no alimentar suficientemente», aunque no se derive de ella consecuencias adicionales perjudiciales para la integridad del animal.

Este tipo de conductas son similares a un «abandono omisivo» del cumplimiento de los deberes básicos que todo tenedor de un animal tiene con él (alimentarlo, brindarle protección y cuidados, etc.). Si de la omisión alimentaria se produce daños en la salud o la muerte del animal, la cuestión se presenta como muy compleja de determinar qué figura correspondería aplicar, porque ninguna de las que están previstas en la ley -contrariamente a otros ordenamientos, como el Código penal español- tiene su consecuente agravante por los resultados producidos. Por lo tanto, estos resultados sólo podrían desplazarse a alguna de las figuras previstas como actos de crueldad en el art. 3 de la ley, si concurrieren algunas de las circunstancias que condicionan el tipo de injusto de que se trate, por ejemplo, «causar la muerte de animales grávidos...» (inc. 6), «...matarlos por sólo espíritu de perversidad» (inc. 7), «...actos públicos o privados...en que se mate o hiera...» (inc. 8). De lo contrario, la lesión o muerte del animal sólo debería tenerse en cuenta a los fines de la graduación de la penalidad.

Se trata de un delito de omisión, de peligro concreto, por cuanto no alimentar al animal o alimentarlo insuficientemente, pone en riesgo de daño la salud del mismo, independientemente que de la conducta derive un resultado más grave.

Sin perjuicio de lo dicho, está discutido si el delito es de omisión propia, simple o pura, o impropia (de comisión por omisión). Un importante sector docrinario entiende que es un delito de omisión propia (Basílico, Despouy Santoro, Rinaldoni) mientras que otro sector de opinión piensa que este tipo de delitos se construyen como una omisión impropia (parece ser la idea de Boiso Cuenca). Pero, más allá de estas discusiones -y de otras posturas distintas, que realizan otros aportes, como las de Jackob, Silva Sánchez y Roxin -entendemos que en la figura que se está analizando se dan todos los presupuestos de los delitos de omisión impropia o de comisión por omisión: a) la «*situación típica*», que se presenta con un cuadro que revela la existencia de un «animal en peligro», porque necesita alimentarse; b) la «*no realización de la acción evitadora del riesgo*», que se concreta con la no realización de la alimentación suficiente y de buena calidad; c) la «*posición de garantía*» o capacidad de actuar o de evitar el resultado, que asume el sujeto obligado a alimentar al animal que lo tiene bajo su tenencia, propiedad, guarda o custodia y d) la «*producción de un resultado*», el que se realiza en la concreta posibilidad del peligro de que la lesión del bien jurídico se produzca, esto es, la lesión a la vida o a la salud del animal, toda vez que el peligro de lesión del bien jurídico se genera, precisamente, por una alimentación «en cantidad y calidad insuficientes»[65].

En síntesis y dicho de otro modo, el delito consiste en privar de alimentos («no alimentar) al animal, por quien tiene la obligación o la responsabilidad jurídica de hacerlo (si compro o acepto la tenencia de un perro, asumo la obligación de alimentarlo).

El sujeto se encuentra frente a la situación típica (un animal en peligro al que debe suministrar alimentos) que lo obliga a actuar (alimentarlo), pero no lo hace, estando obligado a hacerlo, situación que podría causar un resultado (padecimiento del animal, que el autor debe evitar, pues el animal está imposibilitado de proveerse el alimento por sí mismo) o el peligro real de que ello ocurra; con otros términos, el agente no hace lo que debió hacer, pudiendo hacerlo, para evitar un probable resultado, de lesión o de peligro (deterioro en la salud del animal, que es la consecuencia obligada de la conducta omisiva)[66]; pero -con arreglo al texto legal- el tipo no se perfecciona con la acción de no alimentar únicamente, sino que requiere, además, que esa omisión vaya conectada a una alimentación del animal «en cantidad y calidad insuficientes», de manera que el autor pudo haber proporcionado algún nutrimento (escasa cantidad y calidad) al animal y cometer igualmente el

[65] Si bien el peligro real de afectación del bien jurídico no surge explícitamente del precepto en comentario, como por ej. se observa en el Código español, que en el art. 337 bis se castiga el abandono del animal «en condiciones en que pueda peligrar su vida o integridad», entre nosotros el peligro concreto surge de la falta de alimentación suficiente (en cantidad) y de calidad del alimento, debido a una conducta que implica la infracción de un mandato de acción. Para ROXÍN, por ej. bastaría con que el incumplimiento del mandato de acción haya incrementado la posibilidad de producción del resultado, para que estemos ante un delito de omisión impropia (Conf. GONZÁLEZ Ramón Luis, Derecho penal, parte general, pag. 269 y sig., Ed. Astrea, 2018). Con referencia al delito de maltrato, tipificado en el art. 337 del código penal español, y que castiga a los que *«maltrataren con ensañamiento e injustificadamente a animales domésticos causándoles la muerte o provocándoles lesiones que produzcan un grave menoscabo físico»*, escribe REQUEJO CONDE que puede cometerse por acción pero también través de una conducta omisiva (en comisión por omisión según el art. 11 del código penal), incluyendo en este último caso como indica la sentencia conductas como *«descuidar dolosamente las condiciones de movilidad e higiene del animal»* causándole sed, hambre, frío, insolación, o dolor considerable. Por tanto también las personas propietarias o poseedoras del animal que tengan una posición de garantía pueden responder del delito cuando *«la no evitación del resultado (lesiones o muerte) equivalga a su causación (por ejemplo no alimentando al animal y dejándolo morir de hambre)»* (REQUEJO CONDE Carmen, Maltrato de animales: Comentario a la Sentencia 135/10 del Juzgado de lo Penal no 4 de Bilbao (Bizkaia) de 25 de marzo de 2010-05-13, disponible en www.ddd.uab.cat). CERVELLÓ DONDERIS cita un fallo de un juzgado de Palma de Mallorca, que condenó por maltrato animal en comisión por omisión el propietario de un perro que desatendió totalmente sus cuidados, provocándole una severa desnutrición y grave deficiencia sensomotora, hasta el punto de producirle la muerte; otro de un juzgado de Santander, que condenó a los propietarios de un animal, por la muerte por inanición derivada de la falta más absoluta de cuidados, omitiéndose los más elementales deberes de alimentación y cuidados sanitarios (CERVELLÓ DONDERIS Vicenta, La tutela penal de los animales ante el maltrato: un proceso en transformación, REDPC, 3ra. época, No. 22, pags. 13 y sig., 22/07/2019).

[66] Lo que realmente importa, subraya TERRAGNI, es que debe existir una estrecha relación entre el obligado y el bien jurídico que debe proteger, de manera tal que en sus manos esté el control de la situación (TERRAGNI Marco A., *Omisión impropia y posición de garante*, disponible en saij.gob.ar). Un ejemplo de comisión por omisión destaca Boiso Cuenca, podría ser el dueño que no alimenta a su perro, dejando que se muera de hambre, o aquel que pudiendo refugiar a su caballo, deja que se muera de frío a la intemperie (BOISO CUENCA Miguel, Análisis del delito de maltrato animal (art. 337 CP), Universidad de Alcalá, España, disponible ddd.uab.cat).

delito, si se determina en el caso particular que el alimento suministrado ha sido de mala calidad y por debajo de la cantidad que correspondería normalmente para «ese» animal.

La autoría se fundamenta en el hecho de que aquél que ha asumido una función de cuidado y protección del objeto de tutela (posición de garantía respecto del bien jurídico), omite la realización de una acción debida (alimentar al animal), pudiendo hacerlo.

Como consecuencia de lo dicho, se trata de un delito especial propio, pues sólo podría cometerlo quien tiene la propiedad del animal (el dueño) o quien lo tiene bajo su guarda o cuidado. La obligación de alimentar a los animales no implica un deber general para todos los ciudadanos, sino un deber específico que recae en cabeza de un individuo específico: quien lo tiene bajo su propiedad, cuidado o custodia[67].

Se trata de un delito doloso, de dolo directo, de pura actividad y de peligro concreto pues, aun cuando no surja en forma explícita de la norma, la omisión de alimentar al animal en cantidad y calidad suficientes produce un peligro real de menoscabo en la salud física del animal, por lo que se consuma con la sola omisión de alimentar al animal, en cantidad y calidad suficientes, generando el peligro real de lesión del bien jurídico, aunque tiene efectos permanentes (el estado consumativo se mantiene mientras no se cumpla con la obligación de alimentar). La tentativa no parece posible, porque, por ejemplo, suministrar un alimento en mal estado, igualmente consuma el delito.

2° *Azuzarlos para el trabajo mediante instrumentos que, no siendo de simple estímulo, les provoquen innecesarios castigos o sensaciones dolorosas.*

Esta figura requiere, por su estructura abierta, que sus elementos sean analizados con especial cuidado, empezando por la acción empleada por el legislador: «*azuzarlos*»[68], cuya interpretación admite un gran número de acepciones semánticas de las que puede brindar el idioma.

En este caso, la conducta -que tiene carácter objetivo- debe ir asociada, por un lado, a una finalidad perseguida por el autor -que tiene carácter subjetivo-: «*para el trabajo*» y, por otro lado, debe también estar vinculada a ciertos «*instrumentos que, no siendo de simple estímulo, provoquen al animal castigos innecesarios o sensaciones dolorosas*», situación típica que nos presenta un complejo cuadro estructural que exige, en primer lugar, no sólo descartar todo instrumento que no sea de simple estímulo

---

67 La Organización Mundial de Sanidad Animal (OMSA) ha elaborado lo que dio en denominar «las cinco libertades básicas»: a) que estén libres de hambre o sed; b) que estén libres de miedo o angustia; c) libres de incomodidades térmicas o físicas; d) libres de dolor, lesiones o enfermedades; e) libres para expresar las pautas propias de su comportamiento.

68 En el orden local, algunas provincias o ciudades de nuestro país regulan disposiciones (algunas veces bastantes extrañas), que tienen referencia a este tipo de conductas, por ejemplo, el art. 68 del Código de Faltas de Corrientes (Dec.Ley 124/2001), que castiga, con multa o arresto, a quien «azuzare o espantare animales con peligro para la seguridad de las personas», o el Código contravencional de CABA (Ley 1472/2004), cuyo art. 58 - Espantar o azuzar animales -. sanciona a «Quien deliberadamente espanta o azuza un animal con peligro para terceros es sancionado/a con uno (1) a tres (3) días de trabajo de utilidad pública o multa de doscientos ($ 200) a seiscientos ($ 600) pesos... la sanción se eleva al doble cuando por esa conducta se pone en peligro a una persona menor de dieciocho (18) años o mayor de setenta (70) años o con discapacidad».

(que no se puede llegar a saber con certeza cuál habrá de ser este tipo de instrumento) sino también determinar conceptualmente con cierto grado de precisión cuál es el instrumento adecuado para estímulo del animal y, en segundo lugar, que se trate de un instrumento que, no siendo de simple estímulo, provoque castigos innecesarios o sensaciones dolorosas al animal.

«Azuzar» quiere decir, entre otras acepciones posibles, impeler, provocar, incitar, etc., al animal. ¿Cómo se realiza esta conducta?, ¡pues vaya uno a saber cómo!. Lo cierto es que el tipo requiere que el sujeto activo provoque (incite, empuje, apremie) de algún modo al animal pero usando un instrumento (cualquiera), con la finalidad de que realice un trabajo (no para que haga otra cosa diferente). La finalidad del agente es esa: imponer una suerte de castigo (azuzar, no es otra cosa que una modalidad de castigo, leve, pero castigo) «para» que el animal trabaje. Por alguna razón el legislador ha calificado esta conducta como una forma de maltrato al animal.

El «instrumento» a que hace referencia el precepto, puede ser un aparato, un elemento, un dispositivo, un artefacto, etc., de cualquier material y dimensión (romo, duro, blando, elástico, largo, corto, de madera, plástico, etc.), que posea capacidad para provocar dolores y su uso implique innecesariamente un castigo al animal mientras está realizando un trabajo. El hecho presupone un uso excesivo de violencia en el control y manejo del animal mientras está trabajando.

Ahora bien, la figura no deja de ser discutible desde el principio de legalidad, por cuanto se sanciona el hecho de infligir en el animal «*castigos innecesarios*», un resultado que puede hacer pensar que podría propinarse al animal «castigos necesarios» sin caer en el delito, pues, en virtud del citado principio, sería una conducta atípica. Ahora bien, ¿quién tiene la vara que marque el límite del castigo, para que pudiere interpretarse que el castigo es necesario?, sobre todo porque en la misma norma se pune también, como vimos, el hecho de «azuzarlos para el trabajo mediante instrumentos que, no siendo de simple estímulo, les provoquen … *sensaciones dolorosas*», con lo que podría ocurrir que -a juicio del autor de la violencia-, el castigo sea necesario, pero que provoca en el animal «sensaciones dolorosas», circunstancia que, igualmente, configuraría el delito previsto en este artículo.

Algo similar se presenta en otros ordenamientos, por ejemplo el Código penal español, cuyo artículo 337 recoge un tipo penal mediante el cual se castiga el maltrato «injustificado» del animal, circunstancia que -como elemento delimitador de la tipicidad-puede hacer pensar en la existencia de un maltrato «justificado» que quedaría al margen del Código penal. Pero, lo cierto es que ningun «maltrato» puede estar justificado; en todo caso, lo justificable sería una determinada conducta (en el fondo, configurativa de maltrato), pero socialmente aceptada y tolerada o autorizada por el ordenamiento jurídico, por ejemplo, la experimentación con animales, la vivisección con fines que sean científicamente demostrables, la mutilación de cualquier parte del cuerpo del animal con fines de mejoramiento, marcación o higiene, la intervención quirúrgica con anestesia y por un médico, con fines que sean terapéuticos o de perfeccionamiento técnico operatorio; etc., o en situaciones especiales de legítima defensa de la vida propia o de la de terceros (art. 34.6 CP) o de situaciones justificantes excepcionales (art. 34.3 CP)[69].

[69] Confr. MUÑOZ CONDE Francisco, *Derecho penal. Parte Especial*, 21 ed., pag. 530, Valencia, 2017. RIOS CORBACHO José Manuel, *Animales en el deporte: una proximación desde la óptica del derecho penal*, RECPC, disponible en criminet.ugr.es

Debido a los usos sociales de ciertos instrumentos (por ejemplo, el chicote, látigo o fusta o el palo con punta, usados en algunas provincias del norte, por los llamados carreros), demanda que se deba analizar en cada caso en particular si en estas situaciones se configura o no el delito que se está analizando, especialmente en su aspecto subjetivo, que exige su comisión sólo con dolo directo, pues el sujeto activo debe saber de la capacidad para hacer daño del instrumento que utiliza, como así del uso excesivo que hace del mismo causando al animal castigos y dolores innecesarios.

En nuestra opinión, el tipo subjetivo no requiere de un elemento subjetivo distinto del dolo propio del delito, porque la acción de azuzar al animal para que trabaje es, en principio, una conducta normal, por consiguiente, atípica, sólo que deja de ser normal -y atípica- si el sujeto, con idéntica finalidad, emplea un instrumento que implica un castigo innecesario, provocador de sensaciones dolorosas. Distinta hubiera sido la situación si la intención del sujeto hubiera estado dirigida, haciendo trabajar al animal mediante el uso de tales instrumentos, a obtener, por ejemplo, un beneficio económico, pero tal finalidad no integra el tipo de injusto.

Se trata de un delito de resultado material, que se consuma con la causación de dolores o sufrimiento al animal como consecuencia del castigo a que está siendo objeto. Subjetivamente, admite sólo el dolo directo.

3° Hacerlos trabajar en jornadas excesivas sin proporcionarles descanso adecuado, según las estaciones climáticas.

El delito consiste en «hacer trabajar al animal en jornadas excesivas», que suelen ser largas, extenuantes y desproporcionadas respecto de lo que se supone debería ser una jornada normal de trabajo, sin procurarle el descanso adecuado en relación con las estaciones climáticas.

Estamos frente a una infracción compleja de muy difícil configuración, por cuanto se compone de una acción positiva (hacer trabajar al animal, conducta hasta aquí impune) y una omisión que integra el tipo (no proporcionarle un descanso adecuado estando obligado a hacerlo), completándose con un elemento ambiguo e indeterminado (según las estaciones climáticas), respecto de las cuales no se puede saber a ciencia cierta cuál podría ser la que pudiere influir negativamente en la jornada de trabajo o que resulte apropiada para el descanso del animal.

Se trata de un delito de pura actividad y de peligro concreto pues, por un lado, basta con la jornada excesiva de trabajo más la falta de descanso del animal, para que se materialice la consumación típica, sin que se requiera de resultado alguno que afecte la integridad física del sujeto pasivo pero, por otro lado, la conducta sí genera una situación de peligro de que dicha afectación ocurra. Ahora, un problema se presentaría si, dados estos elementos (jornada excesiva y falta de descanso adecuado), la estación climática no ha tenido ninguna incidencia en la causación del peligro para el bien jurídico, circunstancia que pone de manifiesto la inutilidad de este elemento en la integración del tipo de injusto o, al menos, las dificultades para su configuración, toda vez que, el animal puede quedar agotado por un trabajo excesivo y extenuante, en cualquier estación del año, todo lo cual pone manifiesto que lo que importa, no son las estaciones climáticas sino -como claramente surge del texto del precepto legal-, hacer trabajar al animal en jornadas excesivas sin proporcionarle un descanso adecuado.

Si perjuicio de lo dicho, si nos preguntáramos, la expresión «según las estaciones climáticas» ¿condiciona la tipicidad?, la respuesta debería ser afirmativa, pero ¿cómo se resolvería este aparente juego de abalorios, sin que tuviéramos que recurrir a Hermann Hesse?, pues (repitiendo algo ya hemos dicho más arriba) ¡vaya uno a saber cómo!

4° Emplearlos en el trabajo cuando no se hallen en estado físico adecuado.

Esta figura se relaciona muy estrechamente con la que acabamos de analizar, por cuanto se podría superponer con ella en aquellos casos en los que se emplea un animal en una jornada excesiva de trabajo sin proporcionarle un descanso adecuado, pero su estado físico es excelente para soportar las horas de trabajo en un medio ambiente apropiado, circunstancia que implicaría la atipicidad de una y otra figura, toda vez que, por un lado, dados los elementos requeridos en el inc. 3, el clima no tendría ninguna, o muy escasa, incidencia negativa en la resistencia física del animal y, por otro lado, el buen estado físico del animal descartaría toda posibilidad de configuración del tipo previsto en el inc. 4 que estamos analizando.

El problema que podría presentarse con esta figura reside en determinar el «estado físico adecuado» del animal y su relación con el trabajo a que fue sometido, porque se trata de un tipo activo acumulativo, que exige no solamente una acción (emplear en el trabajo al animal), sino que esa acción debe estar vinculada a un sujeto pasivo que reúne una determinada condición, un animal con un estado físico inadecuado, que es el elemento que condiciona la tipicidad.

Al igual que en el caso anterior, se trata de un delito de pura conducta que no requiere para su consumación de resultado alguno. Basta con poner a trabajar un animal que no se encuentra con un estado físico adecuado para esa actividad. Es de peligro concreto por cuanto, el empleo en un trabajo de un animal con un estado físico inadecuado, deficiente o deteriorado (por ej. enfermo o débil por deficiente alimentación), representa en sí mismo, una real fuente de peligro para el bien jurídico protegido. Tanto en este caso como en el anterior, son figuras dolosas que admiten sólo el dolo directo.

5° Estimularlos con drogas sin perseguir fines terapéuticos.

El delito consiste en «estimular» al animal con drogas (con cualquier finalidad, juego, placer, deportes, perversidad, etc.)[70], sin perseguir fines terapéuticos, es decir, sin que la ingestión del fármaco haya sido propinada para la curación de animal o aliviar sus dolencias (fines paliativos).

El término «drogas» es un elemento normativo que hace alusión -según la definición de la Organización Mundial de la Salud- a aquellas «sustancias, terapéuticas o no que, introducidas en el organismo por cualquier vía de administración (inhalación, ingestión, fricción, administración parenteral, endovenosa), producen una alteración, de algún modo, del natural funcionamiento del sistema nervioso central del individuo y son, además, susceptibles de crear dependencia, ya sea psicológica, física o ambas, de acuerdo con el tipo de sustancia, la frecuencia del consu-

---

[70] Si se tratare de un caso de doping del animal (administración de sustancias prohibidas, inclusive estupefacientes) con el fin de modificar su rendimiento en una competencia deportiva, resulta aplicable la Ley 24819 y su modificatoria 25387, que sanciona en el art. 12 este tipo de situaciones, por tratarse de una ley especial respecto de la ley 14346 de maltrato animal.

mo y la permanencia en el tiempo». También se puede acudir a la definición prevista en el art. 77 del Código penal, cuyo texto dice que «El término estupefacientes comprende los estupefacientes, psicotrópicos y demás sustancias susceptibles de producir dependencia física o psíquica, que se incluyan en las listas que se elaboren y actualizasen periódicamente por decreto del Poder Ejecutivo nacional».

Se trata de un delito de pura actividad y de peligro abstracto, que se consuma con el suministro de la droga al animal sin la finalidad de propender a la curación de una enfermedad o mitigación del dolor. La tentativa no parece admisible. Es doloso de dolo directo, y el dolo comprende, además del conocimiento sobre la calidad de la sustancia que suministra (que es una droga), la finalidad de «estimular» al animal, esto es, para que realice algo que supera su actividad normal, pero sin fines terapéuticos. En consecuencia, no basta con el mero suministro de una droga (que puede tener por finalidad, por ejemplo, que el animal pueda descansar en mejores condiciones o mejorar su condición física, etc.), sino que se debe propinar la sustancia «para» estimular al animal, pero sin que ello signifique un elemento subjetivo del tipo de injusto distinto del dolo propio del delito. El estímulo como fin no es más que una ratificación del dolo directo y la imposibilidad de que se admita el dolo eventual o alguna forma de imprudencia.

6° Emplear animales en el tiro de vehículos que excedan notoriamente sus fuerzas.

El delito consiste en «emplear» (utilizar, servirse de...) «animales en el tiro de vehículos» (por lo general, animales domésticos que se utilizan para el arrastre de carros, carruajes, sulkys, etc, destinados al transporte de personas, mercancías, etc.), que «excedan notoriamente sus fuerzas».

La aparente sencillez del tenor de la fórmula en análisis, esconde una indeterminación contextual que torna muy difícil establecer el alcance de la frase «exceso notorio» de la fuerza del animal respecto del vehículo que es objeto de arrastre, ¿quién está capacitado para establecer la proporción de fuerzas con el peso del vehículo que el animal remolca o empuja, por cuanto la ley exige que esa desproporción sea «notoria», esto es, que esté a la vista de terceros?. En muchas provincias argentinas, especialmente en las del norte, se sigue utilizando por ciertos sectores de la población el «carro de tiro» para transporte de cosas y personas, en muchos casos con una evidente desproporción entre la fuerza del animal y el peso y volumen de la cosa transportada, presentándose en otros casos serias dificultades para determinar, a simple vista -salvo excepciones[71]-, la señalada desproporción.

Sin perjuicio de esa cuestión -que deberá resolverse en cada caso en particular-, si bien el tipo penal hace referencia a «animales de tiro», sin ningún aditamento, queda comprendido cualquier animal que el sujeto utilice para arrastrar el vehículo de entre aquellos que están en condiciones naturales para hacerlo (caballos, burros, bueyes, perros, etc.).

---

[71] Como fue el caso juzgado por mal trato a una yegua, que estaba preñada, a la que su dueño hacia trabajar sin descanso y no alimentaba, todo lo cual causó que se desplomara en la vía publica (Superior Tribunal de Córdoba, Sala Penal, 12/11/2015, Doc. Jud, n° 6, 2016, pág. 42). Las dudas sobre esta figura se pueden ver en el caso «Arce», de la Cámara Penal y Contravencional, Sala 3ra., 1/11/2015, en ROMERO VILLANUEVA Horacio J., Código penal de la Nación y legislación complementaria, 9na. edición, pag. 1002, Abeledo Perrot, Buenos Aires, 2022.

Si bien el texto de norma no es de mucha ayuda en su interpretación, por cuanto castiga el empleo de animales *en el tiro de vehículos*, sin otra especificación, exhibe una redacción que conduce a pensar que lo que importa para la buena inteligencia del tipo penal es el «vehículo» que el animal arrastra -como el objeto que debe ser el catalizador en la comparación de peso del objeto y la fuerza del animal-, y no lo que se transporta en él. Pero, como el precepto nada aporta en este sentido, la figura se perfecciona en cualquiera de los dos sentidos mencionados, esto es, tanto en aquellos casos en los que el peso del vehículo excede la fuerza de arrastre del animal, como también cuando el exceso reside en la cosa que es transportada.

Se trata de un delito de pura actividad, de peligro abstracto, que no requiere para su consumación de resultado alguno ni de la producción de una situación de peligro para el sujeto pasivo. La tentativa no nos parece admisible. El delito es doloso, de dolo directo, que demanda en el agente activo el conocimiento de que el animal que emplea carece de la fuerza necesaria para el arrastre del vehículo que utiliza para el transporte y la voluntad de usarlo en dicha actividad, por lo que no existen posibilidades de su comisión por dolo eventual o por imprudencia.

b) Actos de crueldad

1° Practicar la vivisección con fines que no sean científicamente demostrables y en lugares o por personas que no estén debidamente autorizados para ello.

Según el Diccionario de la lengua española, la *vivisección* es la disección (corte, operación, desmembramiento) de los animales vivos, con el fin de hacer estudios fisiológicos e investigaciones patológicas. Por lo general, se trata de una experimentación con animales.

El delito consiste en realizar esta conducta («practicar la vivisección») con finalidades que no implican una actividad científica demostrable, que no está reglada o permitida, «en lugares o por personas que no están debidamente autorizadas» para el ejercicio de tal actividad. Vale decir, que estamos frente a una acción acumulativa, que requiere de otros elementos que se añaden al tipo objetivo, esto es, que la vivisección sea practicada no solamente con finalidades que científicamente no puedan demostrarse, sino que ello debe ocurrir en lugares no autorizados para la realización de estas prácticas o bien por personas no autorizadas para ello. Dicho de otro modo: el tipo exige a) la práctica de la vivisección, b) con fines científicamente indemostrables y c) en lugares o por personas no autorizadas para la realización de dichas prácticas. De manera que, la experimentación en ciertos animales, por más reprobable que fuere, en principio está permitida -salvo que concurran otras circunstancias que pudieren encuadrar en otras figuras-, siempre que se la practique en lugares y por personas autorizadas. Ahora bien, que se trate de una actividad que deba estar prohibida totalmente, es una cuestión que merecería otro nivel de discusión, tanto en el ámbito de la opinión pública, como de organizaciones científicas acreditadas, ONGs, especialistas en la materia y esferas de gobierno vinculadas a la medicina veterinaria.

Teniendo en cuenta que el tipo penal previsto en este apartado, tiene estrecha relación con los otros dos siguientes, a saber: (4) *Experimentar con animales de grado superior en la escala zoológica al indispensable, según la naturaleza de la experiencia* y (5) *Abandonar a sus propios medios a los animales utilizados en la experimentación*, la conexión entre sí permite inferir que no comete delito quien realiza experiencias con animales vivos, de grado inferior, con finalidades científicamente demostrables, en lugares y por personas debidamente autorizadas, y en la medida que no se abandone a sus propios medios a los animales que han sido utilizados en la experimentación. De todas maneras, más adelante veremos con mayor detenimiento estas figuras.

Sujeto activo puede ser cualquiera, inclusive un especialista o profesional habilitado para el ejercicio de estas prácticas. La vivisección implica siempre una lesión en el cuerpo del animal; por consiguiente, es un delito de resultado que se consuma cuando se practica esta experiencia, causando un daño en el cuerpo del animal. Subjetivamente, es un delito doloso que admite sólo el dolo directo.

2° Mutilar cualquier parte del cuerpo de un animal, salvo que el acto tenga fines de mejoramiento, marcación o higiene de la respectiva especie animal o se realice por motivos de piedad.

La acción típica consiste en «mutilar» (cortar, cercenar, amputar, etc.) -esto es, causar una lesión- en «cualquier parte del cuerpo de un animal» (patas, orejas, cola, etc.), «salvo que se persigan fines de mejoramiento, marcación o higiene, o concurran motivos de piedad». El tipo no prevé los fines curativos, pero pueden quedar comprendidos en los fines de mejoramiento o en los motivos de piedad[72].

Existen casos de maltrato físico del animal que, formalmente y por su gravedad, pueden quedar comprendidos en algunos de los tipos previstos en el art. 3 de la ley, pero que también, por la concurrencia de ciertas circunstancias pueden estar justificados y permitidos por el ordenamiento, como por ejemplo «practicar la eutanasia cuando ella sea estrictamente necesaria en un animal moribundo (la ley habla de «motivos de piedad») o extirpar algún miembro como consecuencia de un accidente».

---

[72] El Convenio Europeo sobre protección de animales de compañía, elaborado en Estrasburgo el 13 de noviembre de 1987, en lo que respecta a nuestro tema, establece las siguientes disposiciones en el art. 3: 1) Nadie deberá infligir innecesariamente dolor, sufrimiento o angustia a un animal de compañía. 2) Nadie deberá abandonar a un animal de compañía. En el art.10 se dispone: *Intervenciones quirúrgicas*. 1. Se prohibirán las intervenciones quirúrgicas cuyo objeto sea modificar la apariencia de un animal de compañía o conseguir otros fines no curativos y, en particular: a. el corte de la cola; b. el corte de las orejas; c. la sección de las cuerdas vocales; d. la extirpación de uñas y dientes. 2. Sólo se permitirán excepciones a estas prohibiciones: a. si un veterinario considera necesarias las intervenciones no curativas, bien por razones de medicina veterinaria, o bien en beneficio de un animal determinado; b. para impedir la reproducción. 3.a. Las intervenciones en las cuales el animal vaya a sufrir o pueda sufrir dolores intensos sólo podrán efectuarse con anestesia y por un veterinario o bajo su supervisión. b. Las intervenciones que no requieran anestesia podrán ser efectuadas por una persona competente con arreglo a la legislación nacional. En el art. 11 se establece: *Sacrificio*. 1. Un animal de compañía sólo podrá ser sacrificado por un veterinario u otra persona competente, salvo para poner fin a los sufrimientos del animal en casos de urgencia en los que no pueda obtenerse rápidamente la asistencia de un veterinario o de otra persona competente, o en cualquier otro caso de urgencia previsto por la legislación nacional. Todo sacrificio deberá efectuarse con los menores sufrimientos físicos y psíquicos posibles, habida cuenta de las circunstancias. El método elegido, excepto en caso de urgencia, deberá: a. provocar la pérdida inmediata del conocimiento y la muerte o b. iniciarse con la aplicación de una anestesia general profunda seguida de un procedimiento que cause la muerte de manera cierta. La persona responsable del sacrificio deberá asegurarse de que el animal está muerto antes de que se disponga de su cuerpo. 2. Se prohibirán los siguientes métodos de sacrificio: a. el ahogamiento y otros métodos de asfixia si no producen los efectos a que se refiere la letra b del apartado l; b. la utilización de cualquier sustancia venenosa o droga cuya dosificación y aplicación no puedan controlarse con el fin de obtener los efectos mencionados en el apartado 1; c. la electrocución, a menos que vaya precedida por la pérdida inmediata de conocimiento.

En rigor de verdad, el tipo penal no describe en caso de eutanasia, por cuanto no hace referencia a la provocación de la muerte del animal, por motivos de piedad, sino simplemente a la causación dolosa de una lesión en el cuerpo de la víctima. Si se tratara de un caso de eutanasia (activa), el hecho sería atípico, como también si lo fuera una lesión por motivos de piedad.

El tipo penal en examen se perfecciona, como se ve, con la sola «mutilación» de alguna parte del cuerpo del animal, sin que sea necesario ocasionar su muerte en situaciones excepcionales como las que se presentarían en casos en los que deban practicarse la eutanasia. Basta con la mutilación o lesión del cuerpo del sujeto pasivo, sin que concurra alguna de las finalidades que prevé el precepto legal.

En estas situaciones extremas como las que se presentarían en un supuesto de eutanasia, desde luego, el consentimiento para su práctica o la intervención quirúrgica de urgencia, lo debiera suministrar el propietario del animal; el problema se presentaría en aquellos casos de animales que no tienen dueño o que son vagabundos y no se pueda establecer la identidad de su propietario. Sin perjuicio de esta disposición, -que plantea cuestiones ciertamente espinosas- algunas legislaciones locales, por ejemplo, la ley 13.383/2013 de la provincia de Santa Fe, «prohíbe la práctica del sacrificio y la eutanasia de perros y gatos como método de control poblacional...», aunque autoriza, excepcionalmente, la práctica de «esterilización quirúrgica» en tales circunstancias.

En nuestra opinión, se puede practicar la eutanasia siempre que se esté frente a un animal próximo a morir o con un cuadro sanitario que lo llevará, necesariamente y en corto plazo, a la muerte, siempre que el deterioro de su salud le produzca dolores y sufrimientos intolerables y no existan otras alternativas terapéuticas para mantener con vida al animal o medidas paliativas para control del dolor. Si bien estos efectos de la enfermedad no están previstos en la ley, son consecuencias que integran el concepto de eutanasia que sostenemos[73]. Sin perjuicio de ello, el tipo se perfecciona con la sola «mutilación» de una parte del cuerpo del animal -sin que sea necesaria su muerte-, que podría estar justificada por «motivos de piedad», esto es, por compasión, altruismo o misericordia frente a un animal que está sufriendo dolores insoportables.

Recordemos el artículo 3° de la Declaración Universal sobre los Derechos del Animal, cuyo texto dice que «Ninguno será sometido a malos tratos ni a actos crueles», y que «si la muerte de un animal es necesaria, debe ser instantánea, indolora y no generadora de angustia», resultado al que se puede llegar con la práctica de la eutanasia, pero el tipo de injusto, como vimos, no exige tanto, basta con la mutilación del cuerpo del animal.

Se trata de un delito de resultado, de titularidad indiferenciada porque cualquiera puede cometerlo, aunque por lo general habrá de ser un especialista o un profesional en la materia, por ej. un médico veterinario. Se consuma cuando el agente activo practica la mutilación, causando un daño en una parte del cuerpo del animal. Puede darse la tentativa. Subjetivamente, el delito es doloso, de dolo directo.

3° Intervenir quirúrgicamente animales sin anestesia y sin poseer el título de médico o veterinario, con fines que no sean terapéuticos o de perfeccionamiento técnico operatorio, salvo el caso de urgencia debidamente comprobada.

[73] Véase Buompadre Jorge Eduardo, *Tratado de derecho penal, parte especial*, 3ra. edición, T. 1, pags. 171 y sig., Editorial Astrea, Buenos Aires.

Se trata de un tipo penal acumulativo que se integra por varias acciones, por cuanto el sujeto activo debe «intervenir quirúrgicamente» un animal, hacerlo «sin anestesia» y «sin poseer un título habilitante» (médico o veterinario), de manera que si no concurren todos estos elementos, no se perfecciona el tipo objetivo, al que hay que añadir, subjetivamente, una finalidad cualquiera pero que no sea ni terapéutica ni de perfeccionamiento técnico operatorio.

El problema se podría presentar si el sujeto interviene quirúrgicamente un animal herido, con el fin de curarlo o paliar su dolor (fin altruista), aplicándole anestesia, pero sin que posea título habilitante de médico o de veterinario; o bien, se trate de un profesional habilitado, que interviene con idénticos fines, pero lo hace sin anestesia. En estos casos, la solución debería venir de la mano del último párrafo de la disposición: «salvo el caso de urgencia debidamente comprobada», que no sería más que una situación justificante de la prevista en el inc.3 del art. 34 del Código penal.

Al igual que en el caso anterior, podría presentarse un caso de mutilación de una parte del cuerpo del animal, sin el suministro de anestesia y sin que el agente activo posea título habilitante de los que exige el precepto y, sin embargo, no cometer el delito, siempre y cuando realizare la intervención quirúrgica amparado en un «caso de urgencia debidamente comprobado», por ejemplo, amputar una pata u otra parte del cuerpo, de un animal que ha sido arrollado por un automóvil, que esta sufriendo dolores insoportables, por la urgencia que requiere el caso o ante la imposibilidad de que alguien experto o habilitado realice la práctica o se encuentre alguno en el lugar o zona de ocurrencia del accidente[74].

El delito es de resultado material, que se consuma cuando el sujeto activo interviene quirúrgicamente al animal, causándole un daño corporal que podría derivar en consecuencias más graves, pero que no han sido previstas como un factor determinante del incremento de la pena. La tentativa se presenta como posible, en aquellos casos en los que el agente se ecuentra en los preparativos para realizar la práctica quirúrgica, pero irrumpe la policia e impide la consumación del delito.

Es un delito común, de titularidad indiferenciada, porque cualquiera puede cometerlo. Subjetivamente es doloso, admitiendo sólo el dolo directo.

4° Experimentar con animales de grado superior en la escala zoológica al indispensable según la naturaleza de la experiencia.

El delito -aun presentando una formulación muy compleja- consiste en «experimentar» (realizar ensayos, estudios, investigaciones, etc.) «con animales de grado superior en la escala zoológica», fuera de los límites razonables o indispensables que indica la naturaleza de la experiencia realizada.

Sujeto activo puede ser cualquier persona, por cuanto el tipo de injusto no exige una especial condición de autoría, aun cuando por lo general habrá de ser un profesional en la materia o un investigador. Sujeto pasivo es el animal de grado superior en la escala zoológica, que son, por lo general, los primates no humanos, prosimios, perros, gatos, ovejas, cerdos, roedores, etc., que son los mas usados en investigaciones de laboratorio.

---

[74] Confr. DESPOUY SANTORO Pedro Eugenio y RINALDONI María Celeste, Protección penal de los animales, 2da. edición, pag. 167, Lerner, Córdoba, 2017.

Se trata de un delito de resultado, que se consuma con la práctica experimental sobre el animal, causándole una lesión como consecuencia del experimento. Es doloso, de dolo directo.

La práctica o investigación con animales ha generado un debate en el campo científico, en el que intervienen factores de distinto signo, éticos, económicos, políticos, jurídicos, etc. y que aun no ha finalizado. En el marco de este debate, la investigadora de la Comisión Institucional para el Cuidado y Uso de Animales de Laboratorio (CICUAL), Marcela Rebuelto, expresó: «*Una investigación que no tiene validez científica no es ética. La potencial utilidad de los resultados es un requisito indispensable para justificar el uso de los animales en los experimentos. No se trata simplemente de usar pocos animales, se trata de usar los menos posibles, pero teniendo en cuenta que este número debe garantizar que los resultados puedan ser analizados con rigor estadístico y permitan llegar a un resultado válido. Es tan malo usar animales en exceso como que el número resulte escaso, porque si el experimento no es concluyente, entonces en este caso, todos los animales de experimentación habrán sido utilizados inútilmente*»[75].

La normativa internacional es bastante amplia y expositiva en esta temática, pudiéndose citar, entre otras, la **Declaración Universal de los Derechos de los Animales** (Londres, 1977), la cual, si bien aun no es derecho positivo sino una mera declaración de principios, por el valor pedagógico y ético que tiene, debemos siempre tener presente en materia de derecho animal. Establece en el artículo 8° que a) «La experimentación animal que implique sufrimiento físico o psicológico es incompatible con los derechos del animal, ya se trate de experimentos médicos, científicos, comerciales, o de cualquier otra forma de experimentación; b) Las técnicas alternativas de experimentación deben ser utilizadas y desarrolladas». La **Comunicación de la Comisión Europea al Parlamento Europeo y al Consejo** (Bruselas, 2013), relativa a la prohibición de la experimentación con animales y de comercialización y la situación en que se encuentran los métodos alternativos en el ámbito de los cosméticos. El **Real Decreto 53**, de 1ro. de febrero de 2013, del Ministerio de la Presidencia de España, por el que se establecen las normas básicas aplicables para la protección de los animales utilizados en experimentación y otros fines científicos, incluyendo la docencia, estableciendo en el art.1° que «El objeto del presente real decreto es establecer las normas aplicables para la protección de los animales utilizados, criados o suministrados con fines de experimentación y otros fines científicos, incluyendo la educación y docencia». La **Directiva 2010/63 UE** - derogatoria de la Directiva 86/609/CEE relativa a la Aproximación de las Disposiciones Legales, Reglamentarias y Administrativas de los Estados Miembros de la Comunidad Económica Europea respecto a la Protección de los Animales Utilizados para Experimentación y otros fines Científicos- establece en el parágrafo 1 «medidas para la protección de los animales utilizados con fines científicos o educativos», fijando normas relativas a:

a) el reemplazo y reducción de la utilización de animales en procedimientos científicos y el refinamiento de la cría, el alojamiento, los cuidados y la utilización de animales en tales procedimientos;

---

[75] Bienestar animal y el uso de animales de laboratorio en la experimentación científica, Revista Argentina de Microbiología, Vol.46, No.2, Buenos Aires, 2014, disponible en elsevier.es. La CICUAL fue creada en el año 2000, por el consejo Directivo de la Facultad de Ciencias Exactas y Naturales de la Universidad de Buenos Aires (ver, para mayor información, exactas.uba.ar).

b) el origen, la cría, el marcado, los cuidados y el alojamiento y el sacrificio de los animales;

c) las operaciones de los criadores, suministradores y usuarios;

d) la evaluación y autorización de proyectos en cuyos procedimientos se utilicen animales.

2.La presente Directiva se aplicará cuando se haya previsto utilizar animales en los procedimientos o se críen animales específicamente para que sus órganos o tejidos puedan utilizarse con fines científicos.

La presente Directiva se aplicará hasta que los animales contemplados en el anterior párrafo hayan sido sacrificados, realojados o reintegrados a un hábitat o sistema zootécnico conveniente.

La eliminación del dolor, sufrimiento, angustia o daño duradero mediante la utilización satisfactoria de analgesia, anestesia u otros métodos no excluirá del ámbito de la presente Directiva la utilización de un animal en dichos procedimientos.

5° Abandonar a sus propios medios a los animales utilizados en experimentaciones.

El tipo de delito contenido en este parágrafo, se limita a castigar el abandono del animal que ha sido utilizado en un experimento, sin ninguna otra referencia -como, por el contrario, lo han hecho otros ordenamientos más modernos[76]- sin alusión a otras circunstancias, por ejemplo, de animales domésticos (mascotas), por parte de sus dueños o de personas que lo tienen a su cargo y cuidado.

El precepto plantea cuestiones difíciles de solucionar. La ley califica de maltrato -como se dijo- «*abandonar a sus propios medios a los animales utilizados en experimentaciones*», pero no regula el «abandono» en sí mismo, como circunstancia independiente de cualquier otra situación, esto es, como un caso de desamparo, sino que se castiga en la medida que el animal haya sido «utilizado en experimentaciones», de manera que si no se diera esta conducta complementaria, se trataría de un hecho impune. Dicho de otro modo, el abandono debe estar vinculado a un experimento en el que el animal fue el objeto de estudio u observación. La ausencia de esta vinculación elimina la tipicidad de la conducta. Por lo tanto, el «abandono en sí mismo» del animal (por ejemplo, abandonarlo a su suerte en la vía

---

[76] Código penal español, art. 337 bis, texto incorporado por la LO 1/2015, que castiga el «abandono de animales domésticos, amansados, domesticados, que vivan bajo control humano y cualquier otro que no viva en estado salvaje, en condiciones en que pueda peligrar su vida e integridad». Entre nosotros, este tipo de conductas está sancionada a título contravencional, aunque con diferentes matices, según el ordenamiento de cada provincia, por ej, art. 139 del Código Contravencional de CABA, Ley 1472/2004, que castiga con trabajos de utilidad pública y/o multa, el simple abandono de animales domésticos en espacios públicos o lugares privados de acceso público o durante la intervención de una entidad pública de Zoonosis. Otras normativas, pero con un texto diferente, como el Código de Convivencia de Córdoba (Ley 10326/2015), sanciona en el art.93 - Deambulación de animales- con penas de trabajo comunitario, multa o arresto, a «los propietarios o tenedores de animales que los dejen deambular por la vía pública o por lugares de uso público, con riesgo potencial de producir daños a terceros o a sus bienes», conducta que no equivale estrictamente a «abandono», sino más bien a un abandono relativo (dejar salir a vagabundear) con intenciones de recupero del animal, aunque en otros ordenamientos ambas situaciones son equiparables (ver nota 32).

pública u otros lugares desiertos o inhóspitos, aun corriendo peligro su vida e integridad), como se ha regulado en otros países[77] y pese a lo reprochable de la conducta, no es delito.

Sin duda que la acción de abandonar un animal a la buena de Dios implica una situación de desamparo -por la casi imposibilidad de recibir auxilio de terceros-, pero esta acción no es suficiente para perfeccionar el tipo de injusto, es necesario que concurra otra acción que es precedente al abandono pero que lo complementa: que el animal haya sido objeto de una experimentación, ensayo, etc., científico, de cualquier característica y con cualquier método que haya sido utilizado.

El tipo requiere como conducta que el sujeto activo «abandone» (lo deje o deposite en algún lugar librado a su suerte), al animal que fue usado en la experimentación. El abandono, en principio, puede concretarse a través de una conducta activa como omisiva -como se sostiene mayoritariamente- por ej. no recuperándolo o tomándolo cuando se sabe dónde se encuentra[78]. Sin embargo, teniendo en cuenta la

[77] En nuestra región, se puede mencionar la Ley chilena No. 21020/17, sobre Tenencia Responsable de Mascotas y Animales de Compañía, que establece en el artículo 2.2 un concepto de «animal abandonado», expresando que se entenderá por tal a «Toda mascota o animal de compañía que se encuentre sin la vigilancia de la persona responsable de él o que deambule suelto por la vía pública. También se considerará animal abandonado, todo animal que hubiese sido dejado en situación de desamparo en una propiedad privada, sin cumplir las obligaciones referidas a una adecuada tenencia responsable».
Un sector de la doctrina española, entiende por abandono «una omisión grave en el deber de cuidado del animal, consistente en una denegación de alimentos, alojamiento y atención veterinaria, o denegación de auxilio como obligación de impedirle danÞos que provengan de peligros del exterior o de auxiliarlo en caso de grave riesgo. A veces el abandono conoce de acciones de extrema crueldad cuando se dejan a los animales atados o encerrados sin posibilidad apenas de desplazarse o a merced del peligro de otros animales salvajes o de cazadores, muchas veces dentro de la esfera física del propietario, lo que indica una intención de no desprenderse de ellos en el sentido de abandonarlos o expulsarlos de su dominio» (conf. REQUEJO CONDE Carmen, Maltrato de animales: Comentario a la Sentencia 135/10 del Juzgado de lo Penal no 4 de Bilbao (Bizkaia) de 25 de marzo de 2010-05-13, disponible en www.ddd.uab.cat). A su turno, HAVA GARCIA señala que esta infracción -comentando el anterior art. 631.2 CP, introducido originariamente por la LO 15/2003-, denominada por algunos «maltrato por desinterés» (por oposición al «maltrato por diversión» previsto en los artículos 337 y 632.2 CP (Ríos Corbacho), recoge un delito de peligro para el bien jurídico protegido (que para esta autora es el bienestar del animal doméstico) y que el término abandonar debe interpretarse como sinónimo de «desamparar», esto es, dejar sin amparo ni favor alguien o algo que lo pide o necesita (La protección del bienestar animal a través del derecho penal, Estudios Penales y Criminológicos, vol. XXXI, 2011).

[78] Conf. BRAGE CENDÁN Santiago B, o.cit., pag. 112, para quien el abandono puede realizarse a través de una conducta activa por la acción directa de expulsar al animal u omisiva no acogiéndolo cuando se conoce donde se encuentra, o no cumpliendo con las obligaciones básicas de alimenetación, cuidado y alojamiento inherentes a todo propietario o poseedor en cuanto que garante del animal protegiendo su vida e integridad. En esta misma dirección, MESÍAS RODRÍGUEZ, para quien el llamado «abandono funcional» (que es aquél que se produce como consecuencia del incumplimiento de las obligaciones que como poseedor o tenedor, en definitiva garante, se tienen con el animal), puede ser realizado mediante una conducta activa, poniendo al animal en una sietuación que le provoque desamparo, o mediante una conducta omisiva, dejando de atenderle sin más (Los delitos de maltrato y abandono de animales, cit., pag. 85). De otra opinión, CORCOY BIDASOLO, para quien «el delito de abandono de animales, es un delito de omisión impropia, ya que, aun cuando nada se diga en el precepto, sólo se puede castigar el abandono cuando quien lo hace tiene el deber de cuidarlo» (cit. por Brage Cendán, op.cit., pag. 112, nota 341). Entre nosotros y teniendo en cuenta que el tipo penal, a diferencia del texto español, preve un delito que requiere de otros elementos para su consumación, podrían plantearse dudas en el tipo omisivo por cuanto exige no sólo la acción de *abandonar al animal a sus propios medios, sino que debe tratarse de un animal que haya sido utilizado en*

redacción del precepto que estamos analizando -diferente, por ejemplo, al texto español, que castiga el mero abandono-, el tipo exige, además del abandono, que el animal haya sido objeto de alguna experimentación (que es una conducta anterior a aquélla), que convierte al agente en garante de los deberes de protección del bien jurídico en juego (el animal), por lo que el delito sería de omisión impropia, siempre que se entienda que la conducta de abandonar al animal implica siempre una conducta omisiva. Dicho de otro modo, el sujeto activo no realiza la acción que se espera de él -pudiendo realizarla-, no abandonar al animal que fue objeto de la experimentación, en razón de que es garante de evitación de un resultado, de realizar una acción (que no realiza) para evitar una lesión o un peligro de lesión del bien jurídico en cuestión.

El sujeto pasivo es el animal que ha sido objeto de la investigación científica, que puede o no ser de grado superior en la escala zoológica. Cualquier animal puede ser objeto del delito.

Nos ha parecido de singular interés el fallo de un tribunal español sobre esta cuestión y que bien podría tener aplicación entre nosotros: «*El abandono puede entenderse tanto desde un punto de vista activo como omisivo, bastando con que la conducta cause desamparo del animal en este caso [...] el abandono se puede producir tanto porque se deje al animal o porque se le coloque en situación de desamparo, tanto por la acción directa de expulsarle como por la omisiva de no acogerle cuando se sabe dónde se encuentra; puesto que la obligación moral y legal de todo propietario de un animal es cuidar del mismo, y darle la asistencia precisa para permitir su vida e integridad. Y en el presente caso esa es la conducta que desarrolló la denunciada, que pese a que se le comunicó que habían visto a su perra, para que pudiese buscarla, manifiestó de forma expresa que ya no la quería sin hacer nada por recuperarla, por lo que la dejó abandonada*"[79].

Es un delito que, si bien no surge explícitamente del propio tipo de injusto, exige una especial condición de autoría (delito especial propio), exigencia que tiene su origen en la práctica misma del experimento con el animal, obligando al sujeto investigador a asumir su cuidado evitando, al mismo tiempo, los peligros que implicaría el hecho de abandonar al animal a su buena suerte.

El autor del experimento, una vez realizado, tiene el deber de no abandonar al animal que ha sido objeto de la experiencia. Si lo abandona a su suerte, implicaría un acto de crueldad caracterizado por el desinterés en la seguridad y bienestar futuro del animal, situación que podría poner en riesgo su vida o integridad[80].

---

un experimento, circunstancia que pareciera indicar dificultades en admitir una conducta omisiva pero, aun así, entendemos que tal clase de conductas son posibles, por ej. no recuperar al animal cuando ha sido abandonado despues de practicado el experimento, sabiendo en dónde se encuentras o advirtiendo su presencia y no brindarle el auxilio. Más rotundamente, BASÍLICO RICARDO A., quien afirma que estamos ante un delito de omisión, en Buompadre Jorge Eduardo y Basílico Ricardo Ángel, Los animales y el derecho penal, Una mirada del presente hacia el futuro, pag.206, Ed. Astrea, Buenos Aires, 2022.

79 Audiencia Provincial de Segovia, S. 5/3/2007, cit. por HAVA GARCÍA Esther, *La protección del bienestar animal a través del derecho penal*, Estudios Penales y Criminológicos, Vol. XXXI, 2011, disponible en revistas.usc.gal. Ibidem, RIOS CORBACHO José Manuel, *Animales en el deporte: una aproximación desde la óptica del derecho penal*, RECPC, disponible en criminet.ugr.es

80 En la doctrina española se ha calificado a este tipo de conductas como «maltrato por desinterés» (conf. HAVA GARCIA Esther, La protección del bienestar animal a través del derecho penal, Estudios Penales y Criminológicos, vol. XXXI (2011), disponible en minerva.usc.es; también en BRAGE CENDÁN Santiago B, Los delitos de maltrato..., cit., pag.111; por oposición al delito previsto en el art. 337, considerado como «maltrato por diversión» (MESÍAS RODRÍGUEZ J., Los delitos de maltrato..., cit., pag.85).

Se trata de una infracción de pura actividad, de peligro abstracto (potencial riesgo de vida e integridad para el animal, aunque no se concrete en la realidad)[81], que se consuma con el solo hecho de abandonar al animal a su suerte, después de haber sido, desde luego, sometido a una experimentación científica. La tentativa no parece admisible. Es un delito doloso, pudiendo apreciarse el dolo eventual en ciertas situaciones, en las que el autor es conciente del riesgo que implica el abandono del animal y, no obstante, lo deja abandonado a su suerte.

6° Causar la muerte de animales grávidos cuando tal estado es patente en el animal y salvo el caso de las industrias legalmente establecidas que se fundan sobre la explotación del nonato.

La muerte de un animal, causada por la conducta intencional de un humano, es siempre un acto de crueldad, cuya penalidad debiera incrementarse en aquellos casos -como el que se analiza- en los que se trata de un animal hembra en estado de preñez, por cuanto son dos vidas las que se malogran.

La conducta punible consiste en «causar la muerte de un animal grávido, cuando tal estado es patente (notorio, que se aprecia a simple vista)», estado que se puede advertir por la propia conformación del cuerpo del animal, o también por otros métodos, como la palpación o por un examen ecográfico u otros medios o instrumentos de la tecnología médica; pero, el tipo de injusto exige que la gravidez del animal sea patente, esto es, visible (evidente, perceptible) y no que dicho estado sea determinado por algún método científico. Por lo tanto, si el estado de gravidez no es notorio a la vista de terceros (o del propio agente activo), el hecho será atípico, salvo que concurra algún elemento constitutivo de otra infracción penal.

La muerte está justificada (y permitida) en los casos de industrias legalmente dedicadas a la explotación del nonato, esto es, de seres vivos que aún no han nacido y son extraídos del vientre de la madre mediante una intervención quirúrgica.

Es un delito de resultado material que se consuma con la muerte del animal, resultando admisible la tentativa. Subjetivamente es doloso, de dolo directo, porque el autor debe tener la voluntad de matar un animal que sabe que su encuentra en estado de gravidez por su notoriedad. El desconocimiento de ese estado, implica un error de tipo que elimina el accionar doloso, en cuyo caso, como dijimos, se debería analizar la posibilidad de otra calificación, por ej. la del inciso 7° de este mismo artículo.

7° Lastimar y arrollar animales intencionalmente, causarles torturas o sufrimientos innecesarios o matarlos por sólo espíritu de perversidad.

El delito consiste en *lastimar* (causar una lesión, una herida, de cualquier entidad o gravedad), *arrollar* (atropellar, pisar, aplastar) *tortura*r (aplicar procedimientos que causan un sufrimiento y un padecimiento de especial intensidad, por ej. por graves quemaduras, arrastre provocando heridas de consideración, aplicación de electricidad, enterramiento, etc.), *causar sufrimientos innecesarios* o *matar al animal por sólo espíritu de perversidad* (maldad, perfidia, placer, desprecio, etc.).

---

[81] Un sector de la doctrina española sostiene que el delito de abandono no salvaje que pueda poner en peligro su vida o integridad, previsto en el art. 337 bis del Código penal, es un delito de peligro concreto (JABATO, OLMEDO DE LA CALLE, MESÍAS RODRÍGUEZ), mientras que otro, entiende que el delito es de peligro abstracto (SERRANO TARRAGA, MANZANARES SAMANIEGO) o de omisión de resultado concreto (MARTÍNEZ BUJÁN), algunos citados por CERVELLÓ DONDERIS Vicenta, La tutela penal de los animales ante el maltrato: un proceso en transformación, REDPC, cit.

Se trata de un tipo mixto alternativo, con pluralidad de acciones, pero que es suficiente con una sola para que se configure el delito, precisamente por la relación de alternatividad que presenta el tipo de injusto.

Es un delito común, de titularidad indiferenciada, de resultado material, que se consuma con la realización de alguna o de varias de las conductas previstas, sin que por ello el delito se multiplique produciendo un incremento en la pena.

Subjetivamente, es un delito doloso de dolo directo. Si bien el tipo pareciera establecer que sólo son intencionales las conductas de lastimar y arrollar (al agregar seguidamente a ellas el adverbio «intencionalmente» y no hacerlo con las otras conductas), hay que interpretar que «todas» son conductas dolosas, debiendo descartarse tanto el dolo eventual como las conductas imprudentes.

En ciertos aspectos, el tipo se muestra muy impreciso, en tanto considera un acto de crueldad causarle al animal «sufrimientos innecesarios», conducta que podría plantear serios problemas de interpretación (y, ciertamente, de prueba), no sólo por la indeterminación y ambigüedad que presenta la expresión sino, especialmente, porque podría dar a entender que podrían presentarse «sufrimientos *necesarios*», en cuyo caso, la conducta sería lícita, aunque el animal haya experimentado un sufrimiento insoportable[82].

En rigor de verdad, tal vez no era necesario una figura tan compleja conteniendo una descripción variada de conductas que, en los hechos, pueden fácilmente confundirse entre si (o con acciones de otras infracciones), significando conceptualmente lo mismo, por cuanto resulta una obviedad que lastimar o torturar a un animal implica provocarle un sufrimiento innecesario, como que también la práctica de la tortura implica causarle lesiones o muerte al animal, pero no es el momento ni el lugar para debatir esta cuestión, pues se trata de una deficiente técnica de configuración del injusto que depende de las instancias legislativas.

8° Realizar actos públicos o privados de riñas de animales, corridas de toros, novilladas y parodias, en que se mate, hiera u hostilice a los animales.

Las conductas previstas en este inciso, consistentes en *realizar actos públicos o privados de riñas de animales* (combate entre dos o mas animales que pelean o luchan entre sí, que termina, por lo general, con la muerte de uno de ellos), *corridas de toros* (espectáculo -tauromaquia- realizado en una plaza, en el que se enfrenta el animal con un humano, por lo general concluyendo con la muerte del primero), *novilladas* (espectáculo similar a las corridas de toros, pero con animales de menor fuste y tamaño) *y parodias* (espectáculos burlescos), *en que se mate, hiera u hostilice a los animales* son, sin duda, actos de crueldad, pero que exigen un resultado específico: matar, herir u hostilizar al animal, de manera que, si se realizaren estas acciones sin que se produzcan estos resultados -si bien algo muy difícil de suceder por las características propias de este tipo de combates- estaríamos en presencia de actos permitidos,

---

[82] Los problemas que plantea este precepto no sólo son teóricos, sino que también se han presentado en la práctica, especialmente con referencia al término «perversidad», el que ha hecho afirmar a la jurisprudencia que esta circunstancia subjetiva también resulta necesaria en todas las modalidades previstas en el inc. 7 del art. 3, decisión que podría discutirse desde el plano del principio de legalidad, por cuanto dicha intencionalidad no está prescripta en este tipo de injusto (ver Cám.2da. Apel. Bahía Blanca, in re «Muñiz», 22/2/1994, en ROMERO VILLANUEVA Horacio J., Código penal de la Nación y legislación complementaria, 9na. edición, pag. 1001, Abeledo Perrot, Buenos Aires, 2022.

lícitos, pues lo que la norma prohíbe no son los espectáculos que se montan para diversión de los humanos (esta situación podría infringir una norma administrativa) sino la seguridad e incolumidad del animal, evitándole la causación de daños en su integridad física y psíquica.

Ahora bien, aun si el espectáculo, por ejemplo, estuviere autorizado por una legislación local y se produjeran actos de maltrato en el animal, el hecho igualmente sería delictivo, siempre -desde luego- que se produjeren los resultados previstos en la ley, salvo que configuren actos de maltrato de los previstos en el artículo 2°. Esta situación podría generar una doble incriminación, administrativa y penal, circunstancia que podría afectar el principio constitucional *ne bis in idem*, de manera que habría que examinar la cuestión caso por caso, a fin de determinar la aplicación prioritaria de una normativa por sobre la otra, atendiendo a que la norma penal se ocupa de las infracciones más graves y de la lesión o puesta en peligro de bienes jurídicos de mayor entidad que de los que se ocupa el derecho administrativo, fundamentalmente en aquellos casos en los que se advierta que ambas infracciones tutelan el mismo bien jurídico[83].

Se trata de un tipo activo que no requiere de un lugar específico para su realización, pudiendo llevarse a cabo el espectáculo en forma *pública o privada*, circunstancia que posibilita su realización en forma clandestina[84].

Las distintas modalidades de delitos previstas, son de resultado material, que exigen para su consumación que se mate, hiera u hostilice al animal, siendo posible la tentativa.

Subjetivamente, son modalidades dolosas, de dolo directo, descartándose toda posibilidad de su comisión por dolo eventual o por imprudencia.

c) ¿Legítima defensa de los animales?

La legítima defensa prevista en el Código penal en el artículo 34, inc. 6 y 7, ha sido tradicionalmente una herramienta ideada para justificar una conducta que, siendo ilícita, no debe ser penada por estar autorizada por el orden jurídico.

Se trata de un recurso inmunizador del derecho penal pensado, desde sus propios orígenes, para ser usada entre humanos; pero, aun así, se viene dando en las últimas décadas una discusión -ya analizada páginas atrás- acerca de los «derechos» de los animales, esto es, si los animales pueden ser considerados sujetos no humanos titulares de derechos subjetivos, o dicho de otro modo, titulares de bienes jurídicos, categorización que mudaría su estatus de cosa mueble a sujetos de derecho, en consecuencia, a sujetos «con derechos».

Dijimos más atrás que si se reconoce que los animales son seres vivos dotados de sensibilidad, entonces deben ser reconocidos como sujetos de derecho, por cuanto la sintiencia no es compatible con las cosas materiales. Los animales tienen derecho a no ser maltratados (derecho a no soportar la crueldad) porque son, precisamente, sujetos de derechos. Y, si esto es así, pueden ser defendidos de conductas maltratadoras provocadas por humanos. Dicho de otra manera, si los animales son

---

83 Para mayores detalles sobre esta cuestión, véase BUOMPADRE Jorge Eduardo y AROCENA Gustavo Alberto, Código Procesal Penal de la provincia de Corrientes, comentado, Tomo I, pags. 76 y sig. (comentario al art. 5), Editorial ConTexto, Resistencia, Chaco, 2021.

84 Así, BASÍLICO Ricardo A., en Buompadre Jorge Eduardo y Basílico Ricardo Ángel, Los animales y el derecho penal, Una mirada del presente hacia el futuro, pag.208, Ed. Astrea, Buenos Aires, 2022.

titulares de bienes jurídicos -conclusión que surge de la propia Ley 14.346 al calificar al animal como «víctima» de los actos de maltrato o de crueldad-, entonces pueden ser defendidos de agresiones ilegítimas provocadas por terceros[85].

Como vimos en páginas anteriores, a diferencia del derecho español que condiciona la penalidad a que la conducta de maltrato sea «injustificada», entre nosotros el tipo penal no exige semejante elemento «despenalizador», por cuanto carecería de toda lógica pensar en un maltrato justificado. Claro que diferente será la situación si de lo que se trata es de justificar la conducta de un humano que defiende a un animal que está siendo maltratado por otro humano, en cuyo caso serán de aplicación las reglas generales recogidas en el Código penal.

Los animales tiene derecho a tener derechos, esto es, a ser titulares de derechos subjetivos, si bien en forma rudimentaria (Greco-2019) o limitada, porque no son portadores de «todos» los mismos derechos de que gozan los humanos, sino de algunos que son básicos para su supervivencia, como por ejemplo el derecho a vivir y, en consecuencia, a no ser matados injustificadamente, como así a estar libres de todo tipo de violencia o maltrato, pues -como se dijo- son titulares de bienes jurídicos protegidos por el derecho penal, que son los recogidos en los artículos 2 y 3 de la Ley 14346, de manera que sus derechos pueden ser defendidos legítimamente cuando esos derechos (o bienes jurídicos) son atacados por un humano, aunque -como se ha puesto de relieve-, en los casos en los que se pretenda esgrimir la legitima defensa de animales no humanos deberán exigirse los mismos requisitos de la legitima defensa de terceros, cuales son, la agresión ilegitima, la racionalidad del medio empleado y la falta de provocación suficiente por parte de quien defienda al animal no humano[86].

Ciertamente que se podrá sostener que los animales no humanos carecen de capacidad de realizar conductas pero, en rigor de verdad, si esta opinión fuera correcta, estaría contradiciendo principios o conclusiones de la etología, según la cual los animales no humanos también desarrollan -como los humanos y a su modo- ciertas conductas y procesos comunicativos que los caracterizan en el marco de su propio entorno.

Aún así, hay que reconocer que si bien pueden realizar ciertos comportamientos -inclusive agresivos- carecen de una voluntad de realizar una «conducta (agresiva) antijurídica» (ausencia de capacidad de actuar antijurídicamente), vale decir - dicho de otro modo- no pueden cometer delitos o violar el orden jurídico, circunstancia que impide invocar la legítima defensa frente a una agresión de un animal no humano, en cuyo caso sólo cabría la aplicación del estado de necesidad justificante (Espina, Zaffaroni). Distinta sería la situación (y la solución) frente a una agresión de un humano contra un animal no humano, caso que admitiría la legítima defensa, siempre que se presenten los requisitos establecidos en el inciso 6to. del artículo 34 del Código penal.

d) Breve referencia a la conducta sexual con animales (zoofilia)

La atracción sexual de ciertos individuos por los animales –conocida como *zoofilia* (del griego *zoon*: animal y *philia*, afinidad, bestialismo), viene mostrando,

---

[85] Véase en este tema, ESPINA Nadia, La legítima defensa de animales no humanos: un análisis a propósito de una reciente jurisprudencia alemana, en Revista Nueva Crítica Penal, Año 2, No. 4, Julio-Diciembre 2020, disponible en revista.criticapenal.com.ar

progresivamente, una tendencia hacia su incriminación, algo que no muchos años atrás era impensable[87].

El problema que se presenta con esta clase de prácticas, reside en determinar si el derecho penal debe intervenir en corregir algo que no perjudica a ningún individuo de la raza humana y si no resulta más conveniente que la prevención provenga de otras disciplinas científicas.

Recordamos palabras de Gimbernat con motivo de la introducción del delito en el Código penal español, a través de la reforma de la LO N° 1/2015: «El lobby del partido animalista -decía el profesor de Alcalá-, ha conseguido introducir en el Código penal como nuevo delito, el de zoofilia. Ciertamente que no se puede decir de este delito que no pueda encontrar apoyos en la tradición histórica. Lo que sucede es que esa tradición es de todo menos honorable, porque en la Edad Media se quemaba en la hoguera tanto a la persona como al animal con el que aquélla había mantenido una relación sexual. Y la misma pena del fuego en la hoguera era la que se reservaba en aquellos tiempos a las brujas, precisamente porque el delito que se les imputaba era el de haber copulado con el diablo que, supuestamente, había adoptado la forma de un animal. Si no hay maltrato animal la zoofilia es un comportamiento que no produce daño alguno a la sociedad: se trata de una perversión sexual que sólo puede ser castigada por un derecho penal moralizante, que ha olvidado que su misión no es la de castigar pecados cuya represión debe quedar reservada para el Juicio Final -si es

---

86 Conf. ESPINA Nadia, op.cit. Véase, asimismo, GRECO Luis, Legítima defensa de animales, Nuevo Foro Penal 92 (2019), disponible en publicaciones.eafit.edu.co, quien dice que «Los animales son sujetos de derechos. La siguiente pregunta es qué derechos concretos les pertenecen. Sobre esto no podemos profundizar acá, tendremos que conformarnos con la constatación que tienen derechos rudimentarios o, formulado de manera positiva, que tienen los derechos que se encuentran implícitamente en la base del § 17 de la Ley de Protección Animal, a saber, el derecho a no ser matado sin una razón justa o defendible, así como el derecho a vivir libre de sufrimiento o dolores constantes. El hecho de ser sujetos de derecho no presupone que posean la capacidad (sobre todo intelectual) de percibir tales derechos. Pensemos simplemente en los nasciturus y en los comatosos. Estos sujetos de derechos precisan de alguien capaz, en todo el sentido de la palabra, que perciba esos derechos por ellos, por decirlo de alguna manera. Ya por esta razón el derecho a la defensa, que en sí correspondería al animal, se configura como una legitima defensa de tercero. A partir de ahí cualquier auxilio -también el que se presta a favor de un humano- es un derecho secundario, derivado, cuyo fundamento o limites proceden del originario derecho a la defensa del inmediatamente agredido. El auxilio al animal lo es en un doble sentido: primero porque el humano (capaz de defenderse) actual *en lugar* del animal (por regla general incapaz de defenderse); segundo porque un defensor actúa *a favor* de un agredido, que en este caso es un animal. Podemos concluir por tanto que los animales son, así sea en un sentido rudimentario, sujetos de derechos subjetivos y que, en consecuencia, pueden ser objeto de ataques antijurídicos». Pero, también se ha expresado «la legítima defensa de animales siempre estará limitada por la desproporción que existe entre los bienes jurídicos protegidos, en estos casos, se reconoce que los animales tienen derechos subjetivos propios y que están protegidos por el ordenamiento legal. En efecto, se puede incluso provocar lesiones graves a una persona para proteger estos derechos, no obstante, en ningún caso se podría exceder el límite, que es la vida del ser humano, la cual es calificada como el bien jurídico protegido con mayor significación social» (conf. VAZQUEZ RODAS Jorge, La legítima defensa en favor de animales: análisis caso ecuatoriano, disponible en revistaruptura.com).

87 Entre los países que han regulado prescripciones que prohiben toda clase de abuso o explotación sexual de los animales, sea en el Código penal o en leyes específicas de protección de los animales, se pueden citar a Holanda (2010), Suecia (2014), Dinamarca (2015), Noruega (2010), Francia (2006), Alemania (2015), Inglaterra (2003), Gales (2003), Escocia (2009), España (2015), etc. Para una mayor información sobre el abuso o explotación sexual de animales en Europa, véase Aritz Toribio, *La explotación sexual de animales y la zoofilia en el código penal español*, disponible en dialnet.unirioja.net

que éste va a tener lugar alguna vez-, pero que no debe ser para nada un asunto del que tenga que ocuparse la justicia de este mundo»[88].

---

[88] Conf. GIMBERNAT ORDEIG Enrique., Prólogo a la vigésima primera edición del Código penal de la Editorial Tecnos, Madrid, 2015. La crítica a la incorporación como delito la explotación sexual en el Código penal español no se hizo esperar. A OLMEDO CARDENETE le ha resultado dudosa la incorporación de esta figura, aclarando el profesor granadino que «desde un principio debe quedar descartada la opción consistente en utilizar a los mismos con fines meramente reproductivos, esto es, como simples sementales de cría. Seguramente, la intención del legislador camina por otra vía, esto es el uso depravado o degenerado por parte de una persona del animal objeto de explotación. Esta última, además, apunta a una actividad continuada y no meramente puntual de utilización de animales para satisfacer fines sexuales de las personas, (conf. Sistema de derecho penal, cit., pags. 1050 y sig.). Para CORCOY BIDASOLO, con similar opinión, el resultado de explotación sexual es de difícil interpretación y que atendiendo a la similitud de las agravantes con los delitos de lesiones se podría en este caso plantear la interpretación en relación con los delitos de prostitución. Así se interpretaría que no son típicas las relaciones sexuales con animales de no concurrir explotación sexual, que implica una cierta continuidad y aprovechamiento (CORCOY BIDASOLO/MIR PUIG (Dirs.)/VERA SÁNCHEZ (Coord.), Comentarios al Código Penal, 2015, 1204). En opinión de MUÑOZ CONDE, la explotación sexual prevista en el art. 337 no se castiga en sí misma, sino en cuanto suponga un maltrato injustificado, algo que debe quedar muy en claro para no convertir al Derecho penal en un instrumento de persecución de las conductas sexuales desviadas de las «normales»: no constituye delito del art. 337 el bestialismo o zoofilia en sí, sino sólo en cuanto suponga un sufrimiento importante para el animal sometido a dichas prácticas -comillas del autor- (conf. Derecho penal cit., 23 ed., pags. 587 y sig.). Para RÍOS CORBACHO, «La conducta es verdaderamente novedosa en el tipo básico: someter al animal a explotación sexual, castigándose esta por sí misma, al margen de que comporte o no sufrimiento al animal en cuestión y considerándose como un delito de mera actividad pues no es necesaria la producción de un resultado material porque la mera acción ya consuma el delito. Es importante subrayar la cuestión sobre el carácter público o privado de esta modalidad típica, de modo que la duda se plantea por la utilización del término »explotación», pudiendo interpretarse como que lo sancionado no son las prácticas privadas, sino todas aquellas que son objeto de explotación comercial, esto es, espectáculos y grabaciones para ser difundidas, aunque quizá, de forma no muy clarificada esta situación, el aspecto privado de la zoofilia podría reconducirse al maltrato directo de la primera conducta tipificada (RIOS CORBACHO José Manuel, Nuevos tiempos para el delito de maltrato de animales a la luz de la reforma del Código penal español (LO 1/2015), RECPC, No.18, 2016). En opinión de MANZANARES SAMANIEGO J.L., en La reforma del Código penal de 2015. Conforme a las Leyes Orgánicas 1 y 2/ 2015, cit por Corbacho en Nuevos tiempos..., cit.), esta reforma ha sido innecesaria. Otros, como Rosario MONTER, preocupados por el término «explotación» empleado por el legislador, expresa «Esperemos que la interpretación que los jueces y tribunales hagan del término »explotación sexual» sea amplia y no quede limitada al ánimo de lucro, pues con ello se protegería solamente el proxenetismo animal y quedarían impunes las agresiones y abusos sexuales del animal o cualquier otra práctica sexual perversa contra el mismo» (conf. El delito de maltrato animal tras la reforma del Código Penal por LO 1/2015: Art 337 del Código Penal, Blog Derecho de los Animales del Consejo General de la Abogacía Española, https://www.abogacia.es, cit. por Miguel DONATE SALCEDO, El delito de explotación sexual animal del art. 337.1 del Código penal: propuesta de interpretación, disponible en abogacia.es). En opinión de Jacobo MESÍAS RODRÍGUEZ, haciendo referencia al art.337 del CP español, que castiga como maltrato la explotación sexual del animal, entiende como muy confusa la posibilidad de subsumir la zoofilia en este precepto, porque la criminalización de la zoofilia vá mucho más allá de la mera explotación económica, pues en cierto modo se estaría protegiendo la libertad e indemnidad sexual del animal y parece complicado que un animal pueda ser portador de tales derechos...por ello, dice, parece apropiado no hacer una interpretación del precepto extensiva a la zoofilia. Estas conductas, finaliza, quedarán a salvo de la prohibición sin con ellas no se persigue obtener un rédito económico, y en tanto que no provoquen lesiones al animal, en cuyo caso no sería explotación sexual, sino más bien un maltrato de animales (Los delitos de maltrato y abandono de animales en el Código penal español, de. Derecho Animal, vol. 9/2, 66-105, 2018). también propone una interpretación restrictiva del artículo, excluyendo los actos de zoofilia, MARTÍNEZ-BUJAN PÉREZ C. (Derecho penal económico y de la empresa, parte especial, 5ta. ed., pag. 983, Tirant lo Blanch, Valencia, 2015).

En nuestra opinión, creemos que este tipo de delitos -aun cuando puedan comprometer cuestiones relacionadas muy estrechamente con la moral-, no ofenden ningún bien jurídico[89] ni representan -como ha puesto de relieve Gimbernat- un peligro social ni un daño a los propios animales. En todo caso, esta perversión debería ser sometida a un estudio y tratamiento interdisciplinario, pero en el que no debe intervenir el derecho penal, pues ninguna función cumple frente a esta clase de comportamientos. Como alguna vez se dijo «la verdadera bestialidad no está en el acto sexual, sino en el contenido del artículo»[90].

Sin perjuicio de ello, tal vez la mejor opción para este tipo de conductas sea alejarlas del derecho penal y acercarlas más al derecho administrativo sancionador, pero aun así sería discutible desde la perspectiva del bien jurídico. En síntesis, estas conductas, cuando no ocasionan ningún daño al animal, deberían quedar a extramuros del derecho penal. La relación sexual mantenida con el animal en forma privada, sin resultados lesivos, pareciera más acercarse a una relación pecaminosa que delictiva.

Coincidimos con aquel sector doctrinario que opina que este tipo de conductas necesariamente deben vincularse a conductas de maltrato animal, es decir, a conductas que produzcan daño y sufrimiento en el animal. De otro modo, deberían quedar fuera del alcance del derecho penal por atipicidad[91].

Las conductas sexuales con animales -contrariamente a otros ordenamientos que las han tipificado como delito, con diferentes matices, por ejemplo España, Alemania, Suecia, Inglaterra, Gales, Bolivia, etc.-, no configuran delito en nuestro ordenamiento, siempre que de ello no derivara una lesión o daño en el animal, en cuyo caso la conducta quedaría atrapada, como acto de crueldad, en el inciso 7 del art. 3 -«causar un sufrimiento innecesario»-[92].

---

89 La inexistencia de un bien jurídico impacta de frente contra el principio de exclusiva protección de bienes jurídicos. No es menor la doctrina que se ha pronunciado en contra de la tipificación de estos comportamientos (confr. VICENTA CERVELLÓ DONDERIS, *El derecho penal ante el maltrato de animales*, Cuadernos de Derecho Penal, enero/junio 2016, pags. 43 y sig., disponible en core.uc.uk). En sentido crítico, también, DURÁN SECO Isabel, para quien «a la vista de los debates parlamentarios, que lo que se quiso introducir fue la realización de actos sexuales con animales, es decir, la conducta conocida como zoofilia o bestialismo. Y esa conducta por sí sola no puede estar recogida en el Código penal, puesto que no supone lesión a bien jurídico alguno» (El maltrato y el abandono de animales..., cit., pag.613).

90 UZCATEGUI Emilio, *Consideraciones sobre un nuevo Derecho en materia sexual*, cit. por Herrera Rios René Alexander, Tesis, Loja-Ecuador, 2011, disponible en dspace.unl.edu.ec

91 Conf. BRAGE CENDÁN Santiago, Los delitos de maltrato y abandono de animales, pags. 81 y sig., Tirant lo Blanch Delitos, No. 126, Valencia, 2017.

92 Confr. el fallo «Tovares», emitido por la justicia de Santa Rosa (La Pampa), mediante el cual se condenó al acusado a 11 meses de prisión de cumplimiento efectivo, por el delito previsto en el inc. 7 del art. 3, Ley 14346, por haber abusado sexualmente de una perra, fallo que fue confirmado por la Suprema Corte de Justicia de la Nación (conf. SERRA Juan Ignacio, *El abuso sexual de animales en Argentina*, DA Derecho Animal, Vol. 4, No.3, 2013, disponible en raco.cat).

6. CONCLUSIÓN

La ley 14.346 que ha sido objeto de análisis, como también las normas civiles y administrativas que tienen relación con la situación de los animales en Argentina, es evidente que no han satisfecho las expectativas de protección de los animales domésticos, salvajes domesticados (o cautivos), que están en ella comprendidos.

Ahora bien, el problema que se presenta frente a este panorama puede llevar a que nos preguntemos si es necesaria una reforma de la ley 14.346 o es suficiente con la protección que brinda el derecho administrativo sancionador. Nos parece que ambos sectores del ordenamiento se han mostrado, no sólo insuficientes para hacer frente a muchas situaciones de maltrato animal que, con la legislación en vigor, permanecen impunes, por ejemplo, la práctica de la sexualidad con consecuencias lesivas para el cuerpo o el organismo del animal, el abandono intencional, etc., sino que varias de las figuras previstas en dicha normativa -y en otras regulaciones locales que vimos anteriormente- adolecen de una pésima técnica legislativa que las vuelven prácticamente inaplicables, por lo general por ser violatorias del principio de máxima taxatividad (subprincipio del principio de legalidad), que exige que las leyes (penales) sean escritas en forma clara y precisa, a fin de que el ciudadano común sepa, de antemano, que conducta está prohibida y qué permitida, evitando, al mismo tiempo, que la aplicación del tipo dependa de la interpretación libre -y muchas veces arbitraria- de los jueces. De otro modo, con normativas tan abiertas e indeterminadas, se deteriora la garantía (de seguridad) que el ordenamiento jurídico debe garantizar a todos los ciudadanos.

De aquí la importancia que cobran las palabras en la construcción de un tipo penal, el cual debe estar redactado evitando la formulación de conductas imprecisas, abiertas e indeterminadas, que imposibiliten (o dificulten) al ciudadano el conocimiento de la norma que está obligado a respetar. De este modo, se garantiza un mínimo de seguridad jurídica para aquel que debe ajustar su comportamiento a un orden social preestablecido, permitiendo, con suficiente grado de certeza, las conductas que constituyen una infracción y las penas o sanciones aplicables[93].

Esto es cierto y mucho de ello se debe, no a la escasa incidencia de estas normativas en la protección del bien jurídico -especialmente por la ambigüedad e imprecisión de sus textos- sino, fundamentalmente, a que no están acompañadas de políticas públicas serias y responsables en torno de la situación fáctica y jurídica de los animales.

---

93 Conf. BUSTOS RUBIO Miguel, Exclusión social y pobreza como motivos de odio: la respuesta penal ante la delincuencia aporófoba en la circunstancia agravante del art. 22.4 CP, con cita de la SSTC 77/ 1983, o 142/1999, en Alternativas político-criminales frente al derecho penal de la aporofobia (Coord. Demelsa Benito Sánchez y María Soledad Gil Novajas), pag. 189 y sig., Tirant lo Blanch Perspectivas, vol.14, Valencia 2022.

Se debe elaborar una nueva normativa, más completa y menos ambigua, abierta e indeterminada, en la que se contemplen figuras básicas (escritas lo más sencillas y comprendibles posibles) con sus respectivas agravantes, especialmente situaciones que actualmente no están previstas, como por ejemplo el abandono del animal sin ningún aditamento o añadidura y las prácticas de explotación o abuso sexual con resultados lesivos o mortales para el animal, entre otras. Se deben actualizar las cuantías de las sanciones, tanto en lo que respecta a la pena de prisión como a la de multa, debiendo aplicarse las mismas en forma conjunta con una pena de inhabilitación para el ejercicio de la profesión, oficio o comercio, vinculados a los animales. Habría que analizar también la conveniencia de la pena de inhabilitación para la tenencia de animales, como así la creación de Fiscalías especializadas en derecho animal y con competencia para investigar estos delitos en forma exclusiva. Por último, estos delitos deberían estar en el Código penal, como en los ordenamientos más modernos (España, Alemania, Bolivia, etc.) y no en una legislación especial. Pero, debemos insistir en que muchas veces las normas -aun penales- no son suficientes, si no están asistidas por un Estado presente.

El 27 de octubre de 2005, Suiza, una chimpancé que vivía encerrada en un zoológico de Salvador (Bahía), nunca pudo disfrutar de su libertad natural; murió en circunstancias extrañas, aún no suficientemente aclaradas, pero su caso sirvió para que la justicia y los poderes públicos adviertan que, detrás del animal, no hay un objeto, sino un sujeto de derecho no humano, cuya vida e integridad debe ser motivo de preocupación por todos los sectores de opinión y, especialmente, por el orden jurídico. Norma y Estado son dos elementos insustituibles en la protección del bien jurídico. La ausencia de uno de ellos conduciría al fracaso de cualquier tentativa enderezada a la protección del animal.

7. JURISPRUDENCIA

SUMARIO. Omisión de cuidados de animales domésticos. Seres sintientes. Recurso de apelación.

CÁMARA DE APELACIONES EN LO PPJCyF - SALA II- VENTURA, DANIELA INES SOBRE 126 - OMITIR RECAUDOS DE CUIDADO ANIMAL DOMÉSTICO Y OTROS Número: DEB 12577/2020-1 CUIJ: DEB J-01-00031512-1/ 2020-1 Actuación Nro: 2561326/2022, CABA.

En la Ciudad Autónoma de Buenos Aires, a los 15 días del mes de septiembre de 2022, se reúnen en acuerdo los jueces integrantes de la Sala II de la Cámara de Apelaciones en lo Penal, Penal Juvenil, Contravencional y de Faltas, Dres. Fernando Bosch y José Sáez Capel, para resolver estos actuados.

Y VISTOS:

Motiva la intervención de este Tribunal el recurso de apelación interpuesto por la Defensoría contra la resolución adoptada por la Jueza de grado en cuanto dispuso: «*...III. RECHAZAR el pedido de restitución formulado respecto de los ocho (8) canes rescatados el día 06/08/2020 del interior del criadero canino que funcionaba en la Avda. Álvarez Jonte No 1757, Piso 4o «Depto. 15» CABA, y DISPONER la custodia definitiva de los seres sintientes en la ONG PATITAS AL RESCATE y/o en los grupos familiares que se encuentren ejerciendo actualmente su cuidado para que continúen con el proceso de adopción y/o tenencia responsable de ellos...*» (fs. 310/318).

La Dra. María Taboada Areu, interinamente a cargo de la defensoría Oficial No7, interpuso recurso de apelación en contra de dicha resolución, en el entendimiento de que: «*...no se han corroborado en autos, circunstancias que imposibiliten el regreso de los animales a su 'hábitat natural', esto es la vivienda de mi asistida y su grupo familiar. No existe normativa o reglamentación alguna en la que se determine cuál es el número de mascotas que se pueden tener en una vivienda; como así tampoco cuantas personas pueden habitar dentro de una casa...*» (fs. 310/318).

El Sr. Fiscal de Cámara, Dr. Walter Fernández, en virtud de los argumentos vertidos en su dictamen sostuvo que: «*...corresponde declarar inadmisible el recurso de apelación interpuesto por la defensa o, en su defecto, confirmar el resolutorio atacado, lo que así dictamino...*» (ver fs. 342/344).

Corrida la vista pertinente a la defensoría de Cámara, esta solicitó que: "*...se tenga por contestada la vista dada en el presente expediente, se tenga por mantenido el recurso y se resuelva en el sentido peticionado por esta defensa oficial, sirviendo lo proveído de muy atenta nota de remisión...*» (fs. 342/344).

Cumplidos los pasos y plazos pertinentes, los autos se encuentran en condiciones de ser resueltos.

Y CONSIDERANDO:

El Dr. Fernando Bosch dijo: a) De la admisibilidad.

El recurso de apelación ha sido interpuesto en las condiciones y plazo establecidos por el art. 56 del LPC, y por quien se encuentra legalmente facultado para hacerlo.

En relación con la impugnabilidad objetiva, por imperio del art. 6 de la Ley 12 resulta aplicable el art. 279 del CPPCABA, el cual dispone que las resoluciones judiciales que causen un gravamen irreparable a quien presente un interés directo pueden ser objeto de impugnación.

En consecuencia, el remedio procesal intentado resulta formalmente admisible.

b) Sobre la resolución impugnada

Ahora bien, a fin de resolver la cuestión traída a conocimiento de este Tribunal, corresponde señalar algunos hitos procesales a fin de revisar los fundamentos de hecho y derecho que han sido invocados.

Concretamente, conforme surge del requerimiento de juicio, se le atribuyó a la Sra. Ventura los hechos: "*...denunciados con fecha 29 de mayo de 2020, en el domicilio de la Av. Álvarez Jonte N° 1757, piso 4°, departamento '15' de esta Ciudad, y la responsabilidad de DANIELA INÉS VENTURA, DNI N° 26.577.222, por cuanto en dicho lugar se dedicaría a la cría clandestina de canes mezcla de maltés con caniche, a los que tendría sin las vacunas ni desparasitaciones correspondientes y faltos de alimentación adecuada, en un ambiente no apto. Que puntualmente con fecha 24 de abril de 2020, le vendióì a Antonella Macarena Riccardo a través de la plataforma Mercado Libre un cachorro hembra, quien se presentó en misma fecha para retirarlo, resultando que el animal vomitó en varias oportunidades dentro del rodado. Que en la madrugada del 25 de abril de 2020 el can continuó con vómitos y diarrea con sangre, siendo que a las 10:30 horas de ese día, fue llevado a una veterinaria del barrio, donde le colocaron inyecciones para frenar los síntomas. Que esa misma noche, siendo las 21:00 horas, tuvo convulsiones por lo que fue internado en la guardia de la clínica veterinaria De Simone, hasta el día 28 de abril de 2020 donde le dieron alta, diagnosticando una enfermedad viral. Que en virtud de ello, con fechas 12 de junio y 07 de julio del 2020, personal policial se hizo presente en el domicilio de marras junto con médicos veterinarios de la Gerencia Operativa de Sanidad de Mascotas (APRA) donde pudieron verificar una totalidad de ocho (8) canes de raza caniche enteros (sin castrar), no contando ninguno de ellos con libreta sanitaria que dé cuenta de atención veterinaria como vacunas al día. Que allí el personal veterinario recomendó bajar la población animal, llevarlos al veterinario para control y mejorar las condiciones del lugar por gran acumulación de ropa y bolsas, lo que dificultaba la circulación. Que con fecha 06 de agosto de 2020, y en el marco de un allanamiento dispuesto por el Juzgado PCyF N° 30, se pudo verificar por el propio personal policial de Investigaciones Delictivas y División Perros y personal veterinario de APRA que todo seguía en las mismas condiciones de antes, sin haber dado cumplimiento a ninguna de las recomendaciones efectuadas por los profesionales, procediendo al secuestro de la totalidad de los canes, los cuales fueron entregados en carácter de depositario judicial a la ONG 'Patitas al Rescate'...*" *(conf. req. elevación a juicio).*

El comportamiento ilícito detallado en el acápite precedente, fue calificado por la fiscalía como constitutivo de los delitos previstos y reprimidos en: *«...los arts. 128 y 128 del Código Contravencional de la CABA - actualmente arts. 138 y 140 (Conf. Ley 6347/20). Dichos artículos establecen lo siguiente: 'Art. 138: Quien omite recaudos de cuidado respecto de un animal a cargo, y siempre que la conducta no implique delito, es sancionado/a con tres (3) a cinco (5) días de trabajo de utilidad pública y/o multa de trescientas (300) a mil (1.000) Unidades Fijas' y 'Art. 140: Quien mantiene animales domésticos en instalaciones o en espacios inadecuados respecto de su bienestar, afectando su salud, higiene o esparcimiento y siempre que la conducta no encuadre delito, es sancionado con tres (3) a cinco (5) días de trabajo de utilidad pública y/o multa de quinientos (500) a mil (1000) unidades fijas'. Que estos se encuentran comprendidos dentro del nuevo capítulo de 'Protección y Cuidado de Animales Domésticos', resultando que el Legislador desde su incorporación ha entendido que todas aquellas conductas que no hacen a una tenencia responsable de mascotas merecen un reproche contravencional, siempre que no impliquen delito. Puntualmente en relación a estos dos artículos, hacen referencia a cuando un tenedor omite recaudos de cuidado, como podría ser falta de vacunación, castración por temas de salud, sin alimentación suficiente y en cuanto a mantener en espacios inadecuados, podría implicar lugares que, por su tamaño, higiene, condiciones generales, afectan el bienestar general o esparcimiento de los animales...»* (fs. 9/22).

La fiscalía de grado adujo que: *"...si bien resultó desafectada la imputada por el instituto de la prescripción, no menos cierto es que quedo comprobada la materialidad de los ilícitos investigados, por lo que a más de un año y medio de su rescate resultaría una decisión judicial injusta pretender que vuelvan al ámbito de custodia de la imputada Ventura quien quedo comprobado que además de las contravenciones investigadas, incumplióì las intimaciones previas de los veterinarios, siendo que al día de la fecha dichas cargas que hacen a los deberes de cuidado fueron asumidos por la ONG y de las familias que están al cuidado de cada uno de los seres sintientes rescatados. Manifestó con relación al hecho investigado que aquel involucraba de manera directa a los animales no humanos, que merecían ser tratados como 'seres sintientes', y en consecuencia como 'sujetos de derecho' y que dicha circunstancia obligaba a los operadores judiciales a velar por la defensa efectiva y eficiente de todos sus derechos de conformidad con lo detallado en el artículo 41 CN y artículos 26 y 27 de la CCABA...».* (ver fs. 75/76).

En este sentido, la jueza de grado al momento de resolver entendióì que:

> *«...la Constitución Nacional en su artículo 41 regula específicamente la protección a un ambiente sano, la utilización racional de los recursos naturales, y entre otras cosas a la preservación de la diversidad biológica. Por su parte, la Constitución local prescribe en su artículo 27 la implementación de políticas tendientes a la preservación de su diversidad biológica, regulando no solo la protección de la fauna urbana sino también el respeto por su vida: control de salubridad, evitar la crueldad y controlar su reproducción con métodos éticos. En relación a las consecuencias penales por realizar actos de crueldad para con los animales, la ley 14.346 prevé la aplicación de una pena de prisión a quien infringiere malos tratos o hiciere víctima de actos de crueldad, y en casos de conductas como la investigada en autos, su protección se encuentra particularmente regulada por el Código Contravencional de la Ciudad. Sentado lo expuesto, dable es concluir que los canes que fueran secuestrados en este proceso son seres vivos sintientes no humanos, y titulares de derechos...»* (ver. Fs. 300/301).

En ese norte, la decisión cuestionada tuvo su apoyatura en los precedentes emanados de la Cámara Federal de Casación Penal[1], como asíì también de esta Cámara[2].

Finalmente la sentenciante concluyó: «*...teniendo en cuenta la jurisprudencia mencionada y en virtud de la normativa aplicable vigente, considero que lo más adecuado a fin de asegurar, reitero, la alimentación, higiene, salud y habitación para que puedan desarrollarse según las características propias de su especie, de todo lo cual, dada la conclusiones informadas, no han gozado al momento en que se llevara a cabo el procedimiento que diera origen a este proceso, es que, como adelantara, corresponde rechazar el pedido de restitución formulado respecto de los ocho (8) canes rescatados el día 06/08/2020 del interior del criadero canino que funcionaba en la Avda. Álvarez Jonte No 1757, Piso 4o «Depto. 15» CABA, y disponer la custodia definitiva de dichos seres sintientes en la ONG PATITAS AL RESCATE y/o en los grupos familiares que se encuentren ejerciendo actualmente su cuidado para continúen con el proceso de adopción y/o tenencia responsable de ellos...*» (ver fs. 296/305).

Arribado a este punto, cabe adelantar que lo decidido por la *a quo* resulta ajustado a derecho y se impone su confirmación, ello por las razones que a continuación se expondrán.

Tradicionalmente, se ha entendido que el bien jurídico que resultaría afectado por las acciones previstas en la ley es el sentimiento de piedad o el sentimiento subjetivo de humanidad para los animales. Sin embargo, del propio texto legal, surge que el bien jurídico protegido son los animales. Así, cabe destacar que del análisis de la normativa aquíì comentada parece desprenderse que la voluntad legislativa habría sido la de reconocer que los animales podrían ser sujetos de derechos. Esto se condice -de algún modo- con diversos movimientos contemporáneos que pregonan dicha teoría, partiendo, principalmente, de la idea de que los animales son, al igual que los humanos, seres vivientes susceptibles de sufrimiento.

En tal sentido, ya en el siglo XVIII Jeremy Bentham expresaba que: «En vez de preguntar si un ser viviente puede razonar, o hablar, hay que preguntar si pueden sufrir. Si estos animales, lo mismo que los seres humanos, pueden sufrir, y si se considera que el sufrimiento debe ser evitado, todos estos seres vivientes tienen, por virtud de semejante característica común, el derecho de que no se les inflija sufrimientos porque sí, esto es, el derecho a no ser tratados con crueldad. En sentido similar, Peter Singer aprueba las consideraciones de Bentham y sostiene: "(...) no

---

1 «Si bien el Código Civil no recoge nuevas posturas sobre el status de los animales, y su art 16 define que `los bienes materiales se llaman cosas', lo cierto es que su condición de seres vivos sintientes, excede su carácter patrimonial en circunstancias como la configurada en autos. Sin perjuicio de lo expuesto, cabe señalar, aunque esto resulte obvio, que la categorización de los animales como sujetos de derechos, no significa que estos son titulares de los mismos derechos que poseen los seres humanos, sino que se trata de reconocerles sus propios derechos como parte de la obligación de respeto a la vida y de su dignidad de `ser sintiente' «(causa No 17001-06- 00/13 "Incidente de apelación en autos G. B., R. s/inf. ley 14346»).

2 «Si bien el Código Civil no recoge nuevas posturas sobre el status de los animales, y su art 16 define que `los bienes materiales se llaman cosas', lo cierto es que su condición de seres vivos sintientes, excede su carácter patrimonial en circunstancias como la configurada en autos. Sin perjuicio de lo expuesto, cabe señalar, aunque esto resulte obvio, que la categorización de los animales como sujetos de derechos, no significa que estos son titulares de los mismos derechos que poseen los seres humanos, sino que se trata de reconocerles sus propios derechos como parte de la obligación de respeto a la vida y de su dignidad de `ser sintiente' "(causa No 17001-06- 00/13 "Incidente de apelación en autos G. B., R. s/inf. ley 14346»).

porque el ser humano es distinto de otros seres vivientes tiene ninguna justificación tratar a estos sin tener en cuenta sus intereses y derechos" (D'Alessio Andrés José, Código Penal de la Nación comentado y anotado, 2a Edición actualizada y ampliada, La Ley, Tomo III, 2010, págs. 253/254).

En un reciente fallo de la justicia de la Ciudad, se ha afirmado que «*...el interés jurídicamente protegido por la ley no es la propiedad de una persona humana o jurídica sino de los animales en sí mismo, quienes son titulares de la tutela que establece frente a ciertas conductas humanas...*» (RC J 6780/15 «Asociación de Funcionarios y Abogados por los Derechos de los Animales y otros vs. Gobierno de la Ciudad Autónoma de Buenos Aires s. Amparo» Jdo. en lo Contencioso Administrativo y Tributario N° 4, rto. el 21/10/15).

Asimismo, Roxin refiere que «hay que partir de la base de que el legislador, en una especie de solidaridad entre las criaturas, también considera a los animales superiores como nuestros semejantes, como «hermanos distintos», y los protege como tales» (Roxin, Claus, «Derecho penal. Parte general. Tomo I. Fundamentos. La estructura de la teoría del delito», traducción de la 2a ed. alemana, pág. 59, Ed. Civitas, Madrid, 1999).

Esta postura también se ve reflejada en diversos códigos civiles de otros países. A modo de ejemplo, el Código Civil Alemán en su art. 90 reza que: «los animales no son cosas. Están protegidos por leyes especiales. Las disposiciones acerca de las cosas se les aplicaran de forma análoga siempre y cuando no esté establecido de otro modo». En igual sentido, el Código Civil Francés establece en el art. 9 de la ley que: «todo animal, por ser un ser sensible, debe ser colocado por su propietario en condiciones compatibles con los imperativos biológicos de su especie».

Si bien nuestro nuevo Código Civil no recoge las nuevas posturas sobre el status de los animales, y su art. 16 define que «los bienes materiales se llaman cosas», lo cierto es que por su condición de seres vivos sintientes, excede su carácter patrimonial en circunstancias como la configurada en autos[3].

Sin perjuicio de lo expuesto, cabe señalar, aunque esto resulte obvio, que la categorización de los animales como sujetos de derechos, no significa que estos son titulares de los mismos derechos que poseen los seres humanos, sino que se trata de reconocerles sus propios derechos como parte de la obligación de respeto a la vida y de su dignidad de «ser sintiente».

En este punto es dable indicar que, la materialidad de los hechos investigados en el marco de estos actuados se encuentra acreditada con el grado de verosimilitud propio de esta etapa procesal.

De las constancias del legajo, surgen las condiciones en las que se encontraban los canes al momento del allanamiento como asiì también el que fuese vendido a través de la plataforma «MercadoLibre» -pese a las recomendaciones recibidas con anterioridad- (ver. fs 14/17), entre los que se destacan los testimonios de veterinarios que asistieron a los animales a lo largo del proceso como asiì también, informes de la Gerencia Operativa de Sanidad de Mascotas de APRA. En virtud de ello,

3 Causa No 17001-06-00/13 «Incidente de apelación en autos G. B., R. s/inf. Ley 14346», del registro de la Sala I, rta. el 25/11/2015.

aunado a las demás constancias de la causa, consideramos que la decisión adoptada por la juez de grado resulta razonable y acertada.

Adviértase que la *a quo* refirióì al respecto que: "*...el estado de salud en el que se encontraban los canes al momento de llevarse a cabo el registro domiciliario, resultando, dicha circunstancia, en una imposición para que el Estado tome medidas tendentes a asegurar, por un lado la integridad física de los animales y, además, en lo sucesivo, se les brinde las mejores condiciones de alimentación, higiene, salud y habitación para que puedan desarrollarse según las características propias de su especie...*» (ver fs. 296/305).

Por otro lado, cabe señalar que la normativa contravencional regula el comiso (art. 35 CC) como una sanción accesoria, por ello, conforme lo estipula la propia ley de procedimiento contravencional en su art. 6, resultan aplicables las regulaciones que el código de forma penal local prevé.

En este punto, es menester mencionar que se erige como claro criterio de política criminal, no solo sancionar a las conductas antrópicas -penales y/o contravencionales y/o faltas - sino que principalmente a poner en valor la efectiva defensa de los derechos de los animales no humanos desde la sintiencia como sujetos de derechos.

Bajo ese panorama, la medida cuestionada tiene como objeto directo el resguardo definitivo de los animales no humanos víctimas, y la consecuente desvinculación definitiva del proceso penal y/o contravencional, sin necesidad de estar a la espera o a las resultas de la situación de quien de mano propia los victimizó.

De este modo, corresponde señalar que los animales secuestrados en las presentes actuaciones no se tratan de objetos inmateriales sino de seres vivientes susceptibles de derechos, tal como lo ha sostenido la Sala II de la CFCP, en cuanto que «a partir de una interpretación jurídica dinámica y no estática, menester es reconocerle al animal el carácter de sujeto de derecho, pues los sujetos no humanos son titulares de derechos, por lo que se impone su protección en el ámbito competencial correspondiente...» (Sala II CFCP, causa N° CCC 68831/2014/CFC1 «Orangutana Sandra s/recurso de casación s/habeas corpus», rta. el 18/12/14).

Bajo ningún concepto, frente a la clara protección legal de los tipos legales en vigencia, se puede admitir referirse a los seres sintientes - victimas - como «cosas» al aplicarles normas procesales diseñadas para ser aplicadas a los «objetos» del proceso penal.

Es por ello, que claramente el remedio procesal corresponde ser rechazado, tal como explica el Dr. Bomparola[4], por dos cuestiones esenciales: Primera: Cualquier intento de restitución de la persona imputada, por cuanto los animales no humanos, por todas las argumentaciones expuestas y como lo regulan los tipos legales es el objeto de protección como bien jurídico. Con ello, se evita un proceso de revictimización del ser sintiente puesto a resguardo, y de colocarlo nuevamente en situación que afecta a cualquiera de las llamadas «cinco libertades»[5] del bienes-

---

4 El nuevo cambio de paradigma para el ordenamiento jurídico para la efectiva defensa de los derechos de los animales no humanos victima en los procesos penales. Actualización Jurisprudencial de la Justicia Penal de la CABA, revista pensamiento penal, Ver en https://www.pensamientopenal.com.ar/system/files/hoy.pdf

5 En tal sentido debemos recordar que toda persona que se encuentre en posición de asumir la custodia de cualquier tipo de especie animal, como ser sintiente y como bien jurídico protegido por

tar animal, que según las normas internacionales de la OMSA, el bienestar animal designa «el estado físico y mental de un animal en relación con las condiciones en las que vive y muere». Segunda: Evitar un acto jurisdiccional que represente un verdadero acto de injusticia respecto de aquellas familias o centros de atención y cuidado -de transito- que albergan en el núcleo de sus familias a los animales no humanos y los integran como «familias multiespecies».

Se debe recordar que ese acto de injusticia lo padecen aquellas personas que ante la ausencia estatal asume la responsabilidad de hacerse cargo de la custodia de un animal no humano que les llega en muy malas condiciones, física y psicológicas, que implica una inversión elevada de dinero en gastos de medicación, tratamientos médicos veterinarios, alimentación, y de todos aquellos enceres propios para garantizar el mencionado bienestar animal al ser sintiente víctima.

Ello asíì, por cuanto significaría la utilización del ordenamiento penal para justificar el retorno al ámbito de custodia del maltratador respecto del animal no humano víctima de la vulneración a sus derechos por el propio peticionante. Lo que,-en definitiva- va a contramano del sentido de las normas penales en cualquiera de sus ámbitos - penal y/o contravencional - dado que se alejan de la cosificación de los seres sintientes, debiéndose entender que es una obligación para los organismos estatales velar por la efectiva de esos derechos respecto de quienes no pueden defenderse de mano propia.

Aunado a esto debe recordarse, la entrada vigencia del «Acuerdo Regional de Escazu»[6] emanado de la Conferencia De Las Naciones Unidas Sobre Desarrollo Sostenible (Rio+20) que en su art. 8 regula expresamente como uno de sus ejes esenciales la participación ciudadana asegurándole el acceso a la justicia en asuntos ambientales en pos de la tutela efectiva del Ambiente, en sentido general, abarcando a todos los bienes y recursos que lo integran dentro de sus componentes esenciales son los seres sintientes cualquiera sea su especie, procurando evitar cualquier otra decisión, acción u omisión que afecte o pueda afectar de manera adversa al medio ambiente o contravenir normas jurídicas relacionadas con el medio ambiente - inciso «c» -.

En la misma dirección lo entiende la doctrina sobre la tutela jurídica efectiva de los animales no humanos en su condición de «victimas» de los actos cometidos por el ser humano. Así lo remarca la Dra. Lorena Bilicic, titular del Observatorio de Derecho Animal, quien participará activamente en la elaboración de la «Carta de Derecho de Lo Viviente»[7] sostiene que la praxis jurídica ha avanzado en la conside-

---

el ordenamiento legal, y en consecuencia por la norma de la Ley 14.346, debe asegurar y salvaguardar cualquiera de las denominadas «cinco (5) libertades básicas» que son las premisas del bienestar animal (Libre de hambre, sed y desnutrición; Libre de miedos y angustias; Libre de incomodidades físicas o térmicas; Libre de dolor, lesiones o enfermedades; Libre para expresar las pautas propias de comportamiento), como asíì también la de generar buenas prácticas en el campo del bienestar animal.

6 Ley Nacional No 27.566; entrada en vigor el 22/04/2021 (Cfrme. Ley 24.080 B.O. 03/05/2021).

7 «Carta de Derecho de lo Viviente» Proclamada el día 26/05/2021; «La Carte» fue proclamada por Lorena Bilicic, Caroline Regad, Cedric Riot, Expertos del Programa de Naciones Unidas, Harmony with Nature. expresamente postula que "Convencidos que el derecho debe acompanÞar el cambio de paradigma en cuanto a la visión de lo viviente...Considerando la Declaración sobre la personalidad jurídica del animal del 29 de marzo de 2019, conocida como Declaración de Toulon, que proclama «Que toda reflexión en torno a la biodiversidad y el futuro del planeta debe pasar por la integración de las personas físicas no humanas.»

ración moral basándose en la capacidad de los animales no humanos de su capacidad de experimentar sufrimiento y goce - sintiencia - y que la jurisprudencia va en línea al considerarlos sujetos de derecho gracias a la aplicación de la Ley Penal, apartándose de la visión antropocéntrica del Código Penal.

Bajo este panorama, y sin perjuicio del estado procesal del presente proceso, habiéndose verificado las condiciones de los canes al momento de disponerse su entrega a la ONG «*PATITAS AL RESCATE*», corresponde confirmar la decisión de la Magistrada de grado en cuanto no hizo lugar a la restitución de los canes solicitada por la defensa.

El Dr. José Sáez Capel dijo:

Por coincidir en lo sustancial con los fundamentos expuestos por mi distinguido colega preopinante, Dr. Fernando Bosch, adhiero al análisis de admisibilidad y a la solución que propone en su voto. Tal mi voto.

En razón de todo lo expuesto, habiendo concluido el acuerdo, el Tribunal,

RESUELVE:

I- CONFIRMAR la resolución adoptada por la Jueza de grado mediante la cual dispuso: «*...III. RECHAZAR el pedido de restitución formulado respecto de los ocho (8) canes rescatados el día 06/08/2020 del interior del criadero canino que funcionaba en la Avda. Álvarez Jonte No 1757, Piso 4o «Depto. 15» CABA, y DISPONER la custodia definitiva de los seres sintientes en la ONG PATITAS AL RESCATE y/o en los grupos familiares que se encuentren ejerciendo actualmente su cuidado para que continúen con el proceso de adopción y/o tenencia responsable de ellos...*» (fs. 310/318).

II. TENER PRESENTES las reservas efectuadas (pto. IV, fs. 3181). Tómese razón, notifíquese a las partes intervinientes electrónicamente, y oportunamente devuélvase el expediente a la primera instancia. Sirva lo proveído de atenta nota de envío.

Ante mí:

NOTA: se deja constancia que el Dr. Marcelo Vázquez no suscribe la presente por hallarse en uso de licencia. Conste.-

SUMARIO. Hábeas corpus. Chimpancé «Toti». Derechos de los animales. Traslado.

General Roca, 01 de febrero de 2023.

AUTOS Y VISTOS: Para dictar sentencia en estos autos caratulados: **«ASOCIACION DE FUNCIONARIOS y ABOGADOS POR LOS DERECHOS DE LOS ANIMALES (A.F.A.D.A. ONG) C/ ZOOLÓGICO BUBALCO S/ AMPARO» (EXPT. RO-29420-F-0000)** que tramitan por ante la Unidad Jurisdiccional de Familia nro. 17 de la ciudad de General Roca y; **RESULTA:**

Se inician las presentes actuaciones por escrito presentado el día 06/11/2020 por la «Asociación de Funcionarios y Abogados por los Derechos de los Animales» -A.F.A.D.A. ONG-, con patrocinio letrado de la titular de la Defensoría de Pobres y Ausentes N° 10, promoviendo acción de habeas corpus a favor del Homínido chimpancé llamado «TOTI».

Alegan que el mismo ha sido privado ilegitima y arbitrariamente (art. 18 CN) de la libertad ambulatoria (art. 14 CN) por parte de las Autoridades del Zoológico Bubalcó, ubicado en Guerrico, localidad de Allen, Provincia Rio Negro, República Argentina y cuyo estado de salud físico y psíquico se encuentra deteriorado y empeorando día a día, con riesgo de vida.

Manifiestan, que es deber del Estado ordenar su libertad a fin de impedir el resultado trágico, so pena de posibles responsabilidades ulteriores que puedan surgir por parte de aquellas personas que lo tienen ilegalmente cautivo, como de aquellos que omitan realizar sus deberes funcionales para garantizar su «bienestar animal».

Peticionan la liberación y su posterior e inmediato traslado y reubicación en un «Santuario para Grandes Primates», todo ello de conformidad a lo previsto en los art. 41, 43 y 75 inc. 17 de la C.N; Leyes Nacionales N° 14.346; N° 22.421; No 23098; N° 24375; N° 24216; N° 25.675; Leyes Provinciales No 3362; N° 3368 y N° 2056 bloque normativo constitucional y tratados internacionales concordantes (art. 75 inc. 12, C. N.).

Fundamentan la legitimación de A.F.A.D.A. en función de tratarse de un ente jurídico destinado a la asistencia y representación jurídica de los intereses y derechos básicos fundamentales de los Animales No-Humanos, en los distintos procedimientos administrativos y/o causas judiciales de todo el territorio nacional y del exterior, y que el art. 43 de la Constitución Nacional menciona que el Hábeas Corpus puede ser solicitado por el afectado, o por cualquiera en su favor; mencionando también lo dispuesto por el articulo 5 de la Ley 23.098, la que posibilita y da personería a cualquier otra persona para interponer el hábeas corpus a favor de la víctima del acto lesivo; y que el hábeas corpus llega asíì a delinearse como acción popular, ejercitable por toda persona.

Que la ley Prov. No 3368, cuando en su art. 3 menciona que: "El Habeas Corpus no requerirá formalidad alguna y podrá ejercerse por sí o a través de terceros, aún sin mandato, pudiendo ser formulado a cualquier hora, por escrito u oralmente».

Traen a colación y citan para justificar la legitimación la presentación efectuada por A.F.A.D.A. respecto del chimpancé «Cecilia» y lo dicho por el Tribunal en dicho caso en torno a la legitimación.

Asimismo, fundan la legitimación de la Defensoría oficial acompañando una nota enviada por email de las integrantes de la ONG «Asociación de Funcionarios y Abogados por los Derechos de los Animales» -A.F.A.D.A. ONG- denunciando la situación del chimpancé "Toti". allí hacen saber que Toti se encuentra en las instalaciones del Zoológico Bubalcó desde diciembre del año 2013. Relatan que visitaron Bubalcó hace unos meses, constatando personalmente la situación del Chimpancé, oportunidad en la que también pudieron hacer una «interconsulta virtual» con una especialista veterinaria que ya conocía al primate y que lo había visitado anteriormente, quien durante un tiempo prudencial, observó las condiciones y el comportamiento del mismo concluyendo básicamente en la falta de enriquecimiento ambiental, la realización de conductas estereotipadas y las malas condiciones de higiene y bienestar en el que se encuentra, como también la evidente falta de preparación en la especie de sus tratadores. Que realizaron gestiones ante el Santuario de Grandes Primates de Sorocaba (Sao Paulo, Brasil) como el Instituto ANAMI (Curitiba,

Brasil), ambos de buena y reconocida trayectoria en Grandes Primates que cuentan con las instalaciones idóneas y los recursos humanos y económicos necesarios para garantizar el bienestar de esta especie, y le manifestaron su intención de recibir al primate en cualquiera de estos Centros Especializados, cuyos «gastos de traslados» serian asumidos en su totalidad por las autoridades de dichos establecimientos.

Afirman que Toti es un ser sintiente, un sujeto de derecho en estado de vulnerabilidad, que se encuentra en riesgo en torno a su vida cotidiana y a su situación de falta de acceso a derechos, sometido a una vida de tristeza, opresión y exclusión; y que por ello solicitan su intervención por entender que se encuentra en situación de riesgo la vida.

Fundamenta su legitimación en la representación necesaria conforme criterio sentado en el precedente Causa N° 18491-00-00/14 y solicitan de inmediato cese de la privación ilegitima y arbitraria de su derecho básico fundamental a la libertad ambulatoria.

Dicen, que la protección de los animales o sujetos de derechos no humanos se encuentra prevista también en el ordenamiento internacional. Que en ese sentido, en 1977 se sancionó la Declaración Universal de los Derechos de los Animales. Adoptada por La Liga Internacional de los Derechos de los Animales proclamada al año siguiente y posteriormente aprobada por la Organización de Naciones Unidas y por la Organización de las Naciones Unidas para la Educación, la Ciencia y la Cultura, a la cual nuestra Provincia adhiere mediante la Ley N° 3362.

Sostienen que Toti es un «sujeto de derecho no humano» y que debido a que no tiene capacidad para expresarse requiere de un Defensor Oficial conforme las incumbencias que el art. 22 de la ley N° 4199.

Efectúan un desarrollo en apoyo de la postura citando a autores como James W. Walters y Gerardo Biglia que lo conceptualiza como animales no humanos, y afirma que lo que nos hace «personas» es nuestro valor intrínseco dado por nuestra conciencia, que está íntimamente relacionada con nuestra capacidad de sentir que, independientemente de lo compleja o sencilla que sea, genera en quien la tiene, la aptitud de tener experiencias. Definiéndolo como un sujeto de derecho sintiente no humano.

Citan, la definición de la RAE que define al animal como «Ser orgánico que vive, siente y se mueve por propio impulso», por ello mismo al calificarse como sintientes se perciben susceptibles a las acciones que los hombres ejercen sobre ellos. Que existen diferentes legislaciones que contemplan la tratativa nacional contra el maltrato animal por lo que cuando esas leyes se incumplen, el animal se convierte en víctima de tal vulneración y toda víctima tiene derecho a que un abogado la represente en un proceso. Por lo cual, pese a que por motivos naturales el animal no humano no pueda impulsar acción en juicio, no quiere decir que por no tener discernimiento no tenga derecho a ser representado por un Defensor Oficial.

Afirman, que Toti es un Chimpancé, y al ser un animal no humano no puede ejercer sus derechos, pero puede sentir, sufrir y es consciente de su propia existencia, por eso la ley lo protege, y que nos encontramos ante un momento histórico en donde el paradigma de los demás animales como sujetos de derecho es indiscutible, en consonancia con las declaraciones internacionales de neurocientíficos en Cambridge del año 2012 y de juristas en Toulon del año 2019.

Que históricamente se va ampliado el criterio de sujetos de derechos, aunque no sean capaces de discernir como es el caso de la esclavitud y de las personas con discapacidad, que el derecho animal determinando al mismo como sujeto de derecho sintiente no humano va por el mismo camino.

Finalmente, si bien se habla de que los animales víctima de los delitos encuadrados en la Ley de Maltrato pueden ser representadas por Asociaciones, el Defensor Oficial por su particular incumbencia de defensa de los grupos vulnerables sujetos humanos y sujetos no humanos –seres sintientes- se encuentra ampliamente legitimado para hacer la efectiva defensa del ser sintiente en este caso Toti, fundando lo expuesto en la siguiente normativa a saber: Ley 22421 Protección de la Fauna, art. 30 de la Ley 25675 Protección del Ambiente, art. 1712 CcyC0; Ley Nacional 14.346; art. 43 segundo párrafo CN; art.41 CN; Ley Provincial 2631; Ley Provincial 3362; Ley N° 55 consolidada por la Ley 4270; Ley N° 2056; Decreto N° 1241 y decreto N° 635/1986 y art.43 Constitución de Río Negro.

Citan los artículos 18 y 43 CN vinculados a la acción de habeas corpus y la ley nacional 23.098 del año 1984 que regula el procedimiento de hábeas corpus y que el trámite es sumarísimo y sencillo.

Los accionantes relatan que «Toti» inicialmente fue llamado Nahuel, es un Chimpancé (científicamente denominado «Pan troglodytes) de unos 29 años de edad, nacido en cautiverio en fecha 29/08/1990 en el Zoológico Cutini, ubicado en la localidad de Ezeiza, Provincia de Buenos Aires. Al cerrar dicho Zoológico, Toti y su madre son trasladados al Zoológico de Florencio Varela, en la misma Provincia de Buenos Aires. En este último lugar, Toti creció con su madre, quien al poco tiempo muere y luego, sin conocerse los motivos, Toti es aislado y criado en una pequeña habitación.

En el año 2008 es trasladado al Zoológico de Córdoba Capital, ingresando ya con consecuencias en su salud psicofísica, conducta apática y autista, producto de sus condiciones de vida. Inicialmente estuvo solo en dicho establecimiento y poco tiempo después lo trasladan a un recinto más pequeño, con otro Chimpancé, de nombre «Coco». Poco tiempo después, Coco muere y Toti vuelve a quedar solo en la jaula en donde residió hasta el 21 de diciembre del 2013, antes de ser trasladado al Zoológico al Bubalcó en Guerrico Provincia de Rio Negro.

En aquel momento, una representante del Proyecto «Gran Simio» en Argentina, la señora Alejandra Juárez se ofreció voluntariamente a trabajar con el homínido "Toti". De a poco, lograron ser amigos y luego se creó un grupo de apoyo para enriquecer la vida del mismo. El primate jugaba, dibujaba y realizaba otras actividades propias de su especie.

En el año 2012, manifiestan haber tomado conocimiento de un comienzo de tratativas de canje entre el Zoológico de Córdoba y Bubalcó, que el Zoológico de Córdoba ofreció a Toti, única Chimpancé de ese lugar, el cual aún hoy está en vías de extinción y se ubica como «especie protegida» de Grado I en la CITIES a cambio de un tigre blanco -no albino-. Así refieren comienzan las tratativas de lo que denominan «canje comercial» (de una especie en extinción por otra que no lo estaba). Luego de un tiempo, la Sra. Alejandra Juárez propone formalmente, en nombre del "Proyecto Gran Simio", el traslado de Toti a un Santuario para Chimpancés en Soracaba (Brasil), mencionando que esta Organización costearía todos los gastos del traslado. Que presenta la propuesta y quedó trunca, dado que el director del Zoológico de Córdoba (Daniel Villareal) había decidido trasladar a Toti al Zoológico de Bubalcó, a cambio de un Tigre Blanco que ofrecía este último, donde las condiciones climáticas y espaciales no serían adecuadas para un primate que debe vivir en climas tropicales y necesita amplios espacios para moverse. Sin embargo, la propuesta del Zoológico de Bubalcó fue aceptada por el Zoológico de Córdoba.

Relatan, que la Sra. Juárez realizó una presentación en los Tribunales de Córdoba, pero las autoridades del Zoológico de Córdoba y las del Zoológico Bubalcó, deciden abruptamente agilizar los trámites del intercambio de una manera poco común y en la noche del sábado 21 de diciembre del año 2013 trasladaron al Chimpancé al Zoológico de Bubalcó en condiciones no adecuadas. Afirman, que el Chimpancé se encuentra afectado de sus derechos básicos fundamentales como son la libertad ambulatoria, locomotiva y un derecho a una vida digna.

Efectúan un relato de los hechos en los que intervino la Sra. Juárez donde refieren haber constatado las condiciones de habitabilidad de Toti, la difusión que se dio a través de distintos medios afirmando que desde el traslado del homínido al Zoológico de Bubalcó y hasta que se hizo público el video de la Sra. Juárez sobre la realidad del estado del animal, nada hizo ese Establecimiento y sus autoridades a favor del bienestar del mismo, que solo se mejoró -insuficientemente- a raíz de la enorme presión social y relevancia de los acontecimientos, pero no por iniciativa de las autoridades del propio establecimiento. Aclaran que el objeto de la presentación, es cesar la ilegitimidad de la privación de libertad a la que se encuentra sometido desde su nacimiento, lo cual constituye el principal objeto de la presentación que efectúan.

Expresan que en abril del año 2014 personas comprometidas con la defensa de los animales no humanos, tomaron fotografitas y videos de Toti que daban cuenta del deterioro en la salud del primate. Esto fue refieren, contundentemente demostrado por la especialista en Biología, en el mes de Mayo del mismo año, quien al ver esas fotos y videos de Toti, tajantemente sostuvo que el Chimpancé padecía consecuencias evidentes de maltrato, deterioro en su salud (que se evidenciaba en la pérdida exagerada de pelo en cara, espalda, hombros y brazos y en su comportamiento deprimido y con signos de perturbación mental), producto del encierro de las contingencias de un clima no propicio para su especie (haciendo mención del temor al viento que demostraba) y de la falta de estímulo y contacto con sus congéneres, siendo esto último esencial para su bienestar. Adjuntan informe en el que mencionan se detalla los sufrimientos a los que, aún en la actualidad, es decir seis años después, se encuentra sometido el Chimpancé.

Refieren que, en el mes de julio de dicho año un nuevo video casero de Toti, lo mostraba con pérdida de pelo en cara, espalda, hombros y brazos, tal como lo había descripto meses antes la bióloga mencionada. En el mes de agosto del año 2014, otro video casero mostraba a Toti en soledad, con la mirada vaga, opaca, cargada de incertidumbre, corroborando lo antes expuesto.

Que la directora de Fauna de la Provincia de Rio Negro, habría solicitado una Evaluación Técnica del recinto donde se alojaría Toti, según dan cuenta algunas noticias de la época y el encargado de hacer dicho estudio habría sido un fotógrafo y biólogo Coordinador de la Secretaría de Ambiente de Rio Negro en aquella época.

Lo expuesto dicen, evidencia que Toti, a pesar de tener una identidad genética del 99,4% con cualquier humano, ha sido sometido al encierro, privándolo injusta e ilegítimamente de su libertad locomotiva, condenándolo a una vida en soledad, provocando el menoscabo de su salud, bienestar y dignidad, lo cual no solo atenta contra lo dispuesto por la Constitución Nacional en su Artículo N° 41, sino que es contrario a lo sostenido por vanguardista jurisprudencia Argentina, como son los fallos de la orangután Sandra y Chimpancé Cecilia. Relatan que desde su nacimiento Nahuel/Toti únicamente conoció la vida en las distintas jaulas de Zoológicos - verdaderas Cárceles de Animales-, sin haber cometido delito alguno y solo por el hecho de pertenecer a una especie distinta de la humana, en una situación de confinamiento extremo (a la que vulgarmente se la llama «CAUTIVERIO») que no es otra cosa que un encierro ilegitimo e injustificado sine die de un ser sintiente, es decir de un SER VIVO que posee conciencia.

Mencionan y recomiendan la lectura del Informe elaborado por el naturista y especialista en Primates Pedro Pozas Terrados: «Los Humanos, Chimpancés, Bonobos, Gorilas y Orangutanes son los cinco Grandes primates y pertenecen al grupo de los "antropoides»"».

Relatan que el Chimpancé es el ser vivo más cercano al hombre en la cadena evolutiva y forma parte de la familia de los simios antropomorfos. Hoy es conocido que Chimpancés, Bonobos y Hombres tuvieron un ancestro en común hace dos millones de años atrás. Que «Toti vive en una jaula de rejas de pájaro, escasamente de 10 metros cuadrados sin ningún tipo de entretenimiento ambiental, solo unas cuerdas y sin tener agua corriente con el cual pueda saciar su sed cuando lo desee. Que su situación es GRAVE»

Destacan que «Toti, tendría que vivir en un espacio de al menos 2.000 metros cuadrados y no sólo DIEZ metros cuadrados en los que está en el Zoológico de Bubalco. Además, tendría que tener enriquecimiento ambiental, bebederos donde él pueda tomar agua cuando lo desee, árboles o atalayas donde pueda subirse y hacer ejercicio, una zona fuera del habitáculo de noche, donde pueda esconderse de las miradas o chillidos de los visitantes si asíì lo desea, mantas que pueda usar, comida escondida por el recinto que él pueda buscar y encontrar. El habitáculo de noche según se ha visto en el video realizado por el Proyecto Gran Simio de Argentina, es muy reducido, pequeño, no tiene mantas con las que él pueda tumbarse o taparse, el suelo es frío de cemento, al menos tendría que existir paja para que sea mullido y además ser 20 veces más grande de lo que es en la actualidad»

Continúan diciendo que «Las consecuencias de las ultimas investigaciones en filogenética son simplemente demoledoras: El gran parentesco que tienen estos primates con el hombre es enorme. Compartimos el 99.4 % de los genes (de nuestro ADN) con los Chimpancés, solo (1% de diferencia). Desde el punto de vista biológico, entre dos seres humanos puede haber una diferencia de 0,5% en el ADN. Entre un hombre y un Chimpancé es de apenas 0.6%».

Que, una sucesión de revelaciones científicos han apuntado en un sentido: Los Grandes simios se encuentran considerablemente más cercanos a nosotros (o nosotros a ellos) de lo que nunca habíamos sospechado. Un Chimpancé no es una cosa que puede ser usado como mero objeto de diversión, experimentación o exhibición. Ellos piensan, sienten, comparten, se afeccionan, odian, sufre, aprenden e inclusive transmite lo aprendido.

Destacan que son como nosotros, la única diferencia es que no hablan, pero se comunican con gestos, sonidos y expresiones faciales. Asíì, se ha demostrado que los grandes simios usan herramientas, que se conmocionan ante la muerte de un familiar o pareja, hacen planes a medio plazo, que prefieren utilizar la mano derecha para tareas que requieren cierta minuciosidad, son capaces de transmitir de generación en generación comportamientos y conocimientos adquiridos, que poseen capacidad intelectual para contar y para aprender lengua de señas, se enamoran, que ríen, que lloran, que no utilizan el sexo sólo para tareas reproductivas, que son conscientes de su existencia como individuos, que se reconocen ante un espejo, que tienen concepto de familia, de clan y de amistad. Son capaces de manifestar altruismo, compasión, empatía, amabilidad, paciencia y sensibilidad, pueden sentir el impulso de la venganza por sucesos pasados. Que tal proximidad es demostrada por el hecho, por ejemplo, de que los Chimpancés pueden ser donadores de sangre para humanos y viceversa. Que la manutención de animales en cautiverio en ambientes artificiales e inadecuados, constituye un abuso de las autoridades que lo mantienen en aislamiento y confinamiento extremo, y que constituye una palmaria violación a la ley de Conservación de la Fauna Silvestre (ley 22.421) que llevara a Toti a la pérdida de su identidad y a un destino mortal.

Citan al habeas corpus presentado a favor del Chimpancé " Jimmy" alojado en el Jardín Zoológico de Niteroi (Rio de Janeiro-Brasil) por el aislamiento y confinamiento al que estaba expuesto en una jaula en aquel lugar (situación igual a la de Toti) citando el testimonio del biólogo que constató su estado. Aclaran, que la acción no se refiere a las condiciones del recinto del Chimpancé si no al derecho que al mismo le asiste a poseer una vida digna, en libertad y comunidad con los suyos. Es decir, no se trata de jaulas más grandes, sino de jaulas vacías.

Que es evidente que Nahuel/Toti ha sido tratado toda su vida como un objeto de exhibición en los diferentes Zoológicos, que violenta derechos constitucionalmente reconocidos a todas las personas humanas y no humanos. Que Toti ha sido condenado a vivir en el encierro de forma arbitraria e ilegítima y que nunca tuvo la posibilidad de ser libre.

Sostienen, que el Habeas Corpus constituye la herramienta constitucional para garantizar el derecho inalienable de las personas (humanas y no humanas) que es la libertad.

Citan los antecedentes de habeas corpus en primates: en Brasil, en el año 2005 un grupo de abogados y procuradores de justicia, dirigidos por el profesor Herón Santana Gordilho, hicieron un pedido de hábeas corpus en el estado de Bahía (Brasil), para liberar al Chimpancé de nombre «Suica», que vivía aislada en el Zoológico de Salvador; fue concedido el recurso, y cuando se procedióì a su liberación, esta fue encontrada muerta.

En Estados Unidos, el 2 de diciembre de 2013, el Dr. Steven Wise, fundador de la organización «Non Human Rights Project», junto con decenas de otros colegas, interpuso un pedido de hábeas corpus en la Corte de Fulton County en el Estado de Nueva York, solicitando la liberación del Chimpancé Tommy, que vive en una jaula aislado en la localidad de Gloversville, para que sea enviado a un santuario.

Días posteriores a aquellas peticiones, se han realizado otras de igual naturaleza a favor de «Kiko», en Niagara Falls, un Chimpancé de 26 años, sordo y que vivía en cautiverio y de los Chimpancés Hércules y Leo, propiedad de un centro de investigación, que eran usados para experimentación en Long Island, ambas en Estados Unidos.

En Argentina, citan, que en el mes de diciembre de 2013 se han presentado dos Habeas Corpus a favor del Chimpancé «Toti», privado de libertad primeramente en el Zoológico de Córdoba y actualmente alojado en el Zoológico de Bubalcó (Rio Negro).

Refieren, que el primero de ellos por la Representante de Proyecto Gran Simio en la Argentina en la ciudad de Córdoba, fue rechazado en primera instancia, fue apelado, y que la apelación fue presentada fuera de terminó, perdiéndose asíì una buena oportunidad para tratar la cuestión de fondo. El segundo habeas corpus fue presentado por la Asociación A.FA.D.A ante el Juzgado Federal de Corrientes en el mes de febrero de 2014, fue rechazado por incompetencia, recurrido en varias oportunidades, llegó a la Corte Suprema de Justicia de la Nación, con un Recurso de Queja. En este último caso, la Corte rechazó el Recurso de Queja por "Defectos Formales", pero nunca resolvióì sobre la cuestión de competencia planteada, y tampoco, afirman, sobre la cuestión de fondo, basada principalmente en considerar personas no humanas.

También continúan diciendo, que se presentaron Habeas Corpus en las Provincias de Entre Ríos a favor del Chimpancé Toto (cautivo hace 35 años en el «Arca de Enrimir», Zoológico de Concordia) y en la ciudad de Santiago del Estero a Favor del Chimpancé «Monti» (un Chimpancé de 46 años, siendo este el más longevo de nuestro país) cuyo magistrado, había entendido recientemente los razonables fundamentos expuestos por esa Organización y ordenado en consecuencia, la realización de una Junta Médica para evaluar al Primate, a fin de ver la posibilidad de ordenar su traslado a un Santuario. Que lamentablemente y a pesar de los insistentes pedidos realizados en la causa por la Organización A.F.A.D.A, el juez de aquel proceso demoro injustificadamente la causa, sin resolverla. Y el Chimpancé Monti murió en su jaula, el pasado mes de febrero de 2015 sin poder vivir el resto de su vida en un mejor lugar, donde pudieran respetarse sus derechos como Persona No Humana.

Mencionan, otras gestiones no jurídicas a favor de la liberación de animales no- humanos, pero no menos importantes y que también merecen destacarse, fueron por ejemplo las realizadas en Chile, por Elva MunÞoz, Directora del Centro de Rehabilitación y Rescate de Primates de PenÞaflor, que en el año 2000 logró en el vecino país la «liberación del Chimpancé Eusebio», que se encontraba en el Zoológico Nacional del Parque Metropolitano de Santiago de Chile; el mismo, luego fue trasladado a un Santuario de Chimpancés en Zambia (África). Expresan que en el año 2003 se repite esta acción con el Chimpancé Toto, el cual se encontraba en un circo, fue liberado y enviado al santuario africano.

Que en todos los procesos señalados (salvo estos últimos), se ha pedido a la justicia garantizar a los Chimpancés el derecho a la libertad física y ordenar ser transferidos a un santuario, específicamente por su similitud a la «persona humana», tal como lo solicitan en esta presentación.

Finalmente refieren que, el reciente 18 de diciembre de 2014, el máximo tribunal penal federal del país, la Cámara Federal de Casación Penal, Sala II, conmocionó al mundo en la causa de la Orangutana Sandra, al sostener en autos: "Que, a partir de una interpretación jurídica dinámica y no estática, menester es reconocerle al animal el carácter de sujeto de derechos, pues los sujetos no humanos (animales) son titulares de derechos, por lo que se impone su protección en el ámbito competencial correspondiente (Zaffaroni, E. Raúl y et. Al., Derecho Penal, Parte General, Ediar, Buenos Aires, 2002, p.493; también Zaffaroni, E. Raúl, «La Pachamama y el humano», Ediciones Colihue, Buenos Aires, 2011, p. 54 y ss)».

Sostienen que, a partir de ese momento, se ha producido un cambio de paradigma jurídico que implica la evolución del antropocentrismo, que considera al hombre como medida de todas las cosas, al sensocentrismo, que considera a la sensibilidad como medida de todas las cosas.

Mencionan, que tal fallo es vanguardista a nivel filosófico y jurídico y con amplia repercusión biológica, perinatológica y antropológica. Resaltan como precedentes, con cita de sus fundamentos al caso judicial de la «orangutana Sandra» y «Chimpancé Cecilia», en la que se definen a los mismos como «ser sintiente, incapaz de hecho, cuya representación legal deviene forzosa y necesaria"; causa en la cual se está viendo la mejor forma de liberar a la Orangután Sandra y reubicarla en un Santuario, solicitando se consideren al momento de dictar sentencia.

Citan, a constitucionalistas como Sabsay y R. Midon quienes apoyan a la figura del habeas Corpus a favor de los grandes Simios, solicitando también se considere la opinión calificada de estos notables juristas.

Entienden, que el precedente Sandra constituye quizás el más importante fallo judicial de los últimos años a nivel mundial, desplazando a los animales no- humanos (como seres sintientes) de la categoría de Cosas Semovientes, para ubicarlos en el pedestal de la de sujetos de derechos; se deja de lado el «paradigma antropocéntrico» (que tantas vidas ha costado a millones de animales por su sola condición de tales) para empezar a transitar el camino de un paradigma sensocéntrico con el que el hombre debe interactuar en su relación con los animales.

Sostienen, que resulta innegable que los grandes simios, entre los que se encuentra el Chimpancé, son seres sintientes por ello son sujetos de derechos no humanos. Tal categorización en nada desnaturaliza el concepto esgrimido por la doctrina. El Chimpancé no es una cosa, no es un objeto del cual se puede disponer como se dispone de un automóvil o un inmueble. Los grandes simios son sujetos de derecho con capacidad de derecho e incapaces de hecho. Finalmente, citan el último gran antecedente jurisprudencial en la materia, lo dio la Corte de Colombia en el caso del "OSO CHUCHO», que en copia se adjunta, donde el alto Tribunal Colombiano concedió el habeas corpus y ordeno su traslado a una zona que mejor se adecue a su hábitat, con plenas y dignas condiciones de semi cautiverio.

Desarrollan, un análisis histórico del instituto del habeas corpus, efectúan un análisis del artículo 18 de la CN, el fallo Kot, y el artículo 43 CN; el artículo 43 de la Constitución Provincial; la ley nacional 23.098 se ajusta a lo normado por el nuevo art. 43 de la CN.

Sostienen que el acto lesivo proviene en el caso de un particular (Zoológico Bubalcó, que tienen privado ilegitima de libertad a una persona no- humana, llamada Toti). Aplicándose en Río Negro la ley 3368; intentando un Habeas Corpus "Reparador": tiene por finalidad lograr la libertad de una persona ilegalmente privada de ella; el art. 43 de la CN contempla esta clase de hábeas corpus en virtud de la expresión «derecho lesionado».

Que la Constitución Provincial de Río Negro de 1988 prevé la figura en su art. 43, regulando conjuntamente el Habeas Corpus con la Acción de Amparo. Resaltando que el art. 1 de la Ley Provincial No 5854 también hace referencia al término PERSONA: «La Acción de Hábeas Corpus tendrá como finalidad obtener la libertad o el cese de la amenaza, restablecer las condiciones dignas de atención de la persona». Que dicho término entienden no es un dato menor pues quedarían comprendidos también las personas no humanas (animales) conforme la jurisprudencia de la Excma. Cámara Federal Penal.

Que, en este caso no se está defendiendo una interpretación fuera de los límites de la norma, por el contrario, solo se está propugnando una interpretación más consecuente con los dictámenes de la propia disposición legal. Asíì entendemos que la utilización de la «hermenéutica extensiva» no ofende a la menos Legis, sino que, por el contrario, la torna más adecuada al contexto en el que seràì aplicada.

Efectúan un análisis, con cita de juristas en la Declaración de Toulon (2019). Que en el Hábeas Corpus interpuesto en el año 2005 a favor del Chimpancé «Suica» en Brasil, a partir de 1983 un grupo de destacados científicos comenzó a defender abiertamente la extensión de los derechos humanos fundamentales para los «grandes primates», dando inicio al movimiento denominado «Proyecto Gran Simio» (The Great Ape Project), liderado por los Profesores Peter Singer y Paola Cavalieri, y contando con el apoyo de ilustres primatólogos como Jane Goodall y biólogos renombrados como Richard Dawkins e intelectuales como Edgar Morin y otros.

Desarrollan la postura para fundamentar porque los animales son o no «personas» para el derecho y si el habeas corpus es una garantía constitucional solo para la especie humana, o también para extenderla para otras especies del reino animal.

Citan estudiosos como Peter Singer, Tomas Regan, David Favre, Gary Francione, Steven Wise, Heron Santana Gordiho, Daniel Braga y Edna Cardozo Diaz.

Efectúan, un análisis del concepto de persona y personalidad jurídica, la capacidad de ser sujeto de relaciones jurídicas y de la capacidad para ejercer tales derechos.

Sostienen, que el concepto de «sujeto de derecho» es mayor que el concepto de «persona» y que el de «personalidad jurídica», pues ser sujeto de derecho es simplemente tener capacidad de adquirir derecho, aun cuando un sujeto no pueda ejercer directamente esos derechos.

Sea como fuera, manifiestan que es posible que en nuestro actual sistema jurídico un animal –o un conjunto de ellos-, sean admitidos en juicio en la condición de ente jurídico despersonalizado, sustituido procesalmente por el Ministerio Público o por las Asociaciones Protectoras; o representantes de sus custodios, cuando se trata de animales domésticos o domesticados.

Afirman, debe aplicarse la utilización del método hermenéutico de interpretación extensiva, que permite una ampliación de sentido a la norma para alcanzar casos semejantes no previsto inicialmente por ella, sosteniendo que la palabra «alguien» comúnmente utilizada como sinónimo de `persona física', puede incluir a los miembros de otras especies, como la de los homínidos NO HUMANOS (Grandes Simios), teniendo en vista que, así como el Homo Sapiens, estos últimos, también son, «seres sintientes».

Que ya existen pruebas científicas suficientes que han demostrado que «los grandes primates, los delfines, las orcas, los elefantes y los animales domésticos, como los perros y cerdos, son considerados actualmente por la ciencia seres inteligentes, capaces de razonar y de tener conciencia de sí".

Esto ha sido finalmente confirmado por la «Declaración sobre la Conciencia» dictada en el mes de Julio del año 2012 en donde un prominente grupo internacional de neurocientíficos cognitivos, neurofarmacólogos, neurofisiólogos, neuroanatomistas y neurocientíficos computacionales se han reunido en la Universidad de Cambridge para valorar de nuevo los substratos neurobiológicos de la experiencia consciente y los comportamientos relacionados en animales humanos y no humanos.

En suma, si fueran seriamente considerados los esclarecedores conceptos de los principales científicos y estudiosos del derecho, la ética y la filosofía más importantes del mundo en el tema traído a colación, tendríamos que admitir que «los Chimpancés, al igual que cualquier otro animal no-humano con sistema nervioso central que se considere un SER SINTIENTE a través del uso de una interpretación extensiva/analógica sea abarcado por el concepto de `sujeto de derecho' a fin de que se les asegure el derecho fundamental a la libertad corporal.

Concretizando, sostienen, que el inicio del cambio está marcado por el abandono del paradigma exclusivamente antropocéntrico, cambio identificado desde el final del siglo XVII, en que emerge una nueva pauta de discusión en el campo moral, que es el paradigma biocéntrico, marcado por un universo de cuestiones de dimensión ética relacionada a la vida en general. Los focos de atención de los debates éticos pasan a tener horizontes más amplios, abarcando todas las formas de vida, y no solamente al hombre. En este sentido es determinante la Declaración de Juristas académicos de la Universidad de Toulon (Francia) del año 2019 en relación a la personalidad jurídica del animal.

Citan, el trabajo de investigación realizado por la experta Zoóloga Claire Louise para la Asociación "Igualdad Animal" para demostrar el tratamiento que dan los Parques Zoológicos a sus animales, citando sus conclusiones.

Que ambas partes manifiestan, que gracias a gestiones en casos anteriores por parte de A.F.A.D.A. ONG, el Santuario de Grandes Primates de Sorocaba (Sao Paulo, Brasil) como el Instituto ANAMI (Curitiba, Brasil), ambos de buena y reconocida trayectoria en Grandes Primates, que cuentan con las instalaciones idóneas, recursos humanos y económicos necesarios para garantizar el bienestar de esta especie, han manifestado su intención de recibir al primate en cualquiera de estos Centros Especializados, cuyos gastos de traslados serían asumidos en su totalidad por las autoridades de dichos establecimientos. Ofrecen prueba y fundan en derecho.

El día 30/12/2020 la Dra. Moira Revsin, titular de la Unidad Procesal del fuero de familia N° 11 de General Roca dictó la providencia de inicio que dispuso darle al trámite el carácter de una Acción de amparo, por cuanto entendió que el habeas corpus ampara la libertad ambulatoria y que en el caso se encontraban otros derechos comprometidos. En función de ello y conforme el artículo 43 de la Constitución provincial libró oficio al Zoológico Bubalcó, para que en el plazo de cinco días den respuesta a lo solicitado y requirió pedido de informes. Asimismo, dispuso citar en los términos del art. 181 inc. 1 y 190 de la Constitución Provincial a la Sra. Gobernadora de la Provincia de Río Negro y Fiscal de Estado con copias de la demanda y documentación. Asimismo, ordenó librar oficio a Senasa, Fauna de Río Negro y Provincia de Córdoba.

El día 09/3/2021 se agrega oficio de Senasa donde informa que no tienen intervención en primates por lo que no podrán brindar la información requerida. El 09/2/2022 se presenta el apoderado de la Fiscalía de Estado solicitando el rechazo de la Acción de amparo, por cuanto entiende no se dan los presupuestos del habeas corpus y de la Acción de amparo, niega que exista ilegalidad o arbitrariedad, manifiesta que no es correcto el encuadre jurídico realizado por la actora. Expresa que no se le ha establecido plazo para contestar conforme el artículo 43 de la CP y tampoco se ha ordenado a su respecto el pedido de informe que establece la citada normativa. Plantea la falta de legitimación activa por cuanto no se encuentra demandada la Provincia de Rio Negro, y que dicha omisión no puede suplida por el Tribunal so pena de violar el principio de congruencia, tampoco señalan cual es la ilegalidad o arbitrariedad manifiestas en que habría incurrido la Provincia.

En subsidio, plantea la improcedencia de la Acción de amparo, falta de acreditación de los recaudos del amparo. Cita y transcribe pasajes del fallo del STJ Expte: 27.162/2014 caratulado «Boumpadre presidente de Asociación, Funcionarios y abogados de los derechos de los animales (AFADA) s/ presentación de habeas corpus S/ casación".

Sostiene, que el amparo es excepcional, que existen otras vías idóneas tal como lo ha decidido el Superior Tribunal de Justicia. Transcribe fallos del STJ. Resalta que los amparistas ya han transitado una instancia judicial similar y fue el propio Superior Tribunal que resolvió rechazar la Acción.

Que el amparo y el habeas corpus protegen a las personas humanas y que excluyen al Chimpancé Toti. Que sin perjuicio de ello existe otras vías alternativas al amparo que no se ha acreditado haberlas transitado y/o agotado. Citan fallos del CSJN y del STJRN en cuanto a la posibilidad de acudir de los procedimientos ordinarios para la tutela de los derechos y la excepcionalidad de la vía. Que en el fallo «Bompadre» antes citado el STJ ha dicho que el amparo y el habeas corpus son improcedentes y la parte actora intenta nuevamente replantear el caso sin agotar otras vías procesales tal como lo ordenó el STJ en dicha oportunidad.

Afirma, que tampoco se encuentra acreditada la arbitrariedad e ilegalidad manifiesta respecto de la Provincia de Río Negro, requisitos imprescindibles para que proceda el amparo. Y que tampoco se formalizó un reclamo a la Provincia de Río Negro respecto del Chimpancé Toti.

Señala la ausencia de aptitud probatoria, que en el amparo existen restricciones en la prueba, y que se requiere de un proceso con mayor amplitud probatorio. Cita el voto del Dr. Mansilla en la causa «Boumpadre».

Contesta en subsidio el pedido de informes y solicita se libre oficio a la Dirección de Fauna de Río Negro a los fines de que emita el informe que el Tribunal estime corresponder. Efectúa reserva del caso federal.

En la presentación de fecha 25/02/2021 y de fecha 15/03/2021 los accionantes solicitan se tenga por extemporánea la presentación de la Fiscalía, aclarando que no corresponde la falta de legitimación planteada, por cuanto el traslado se realizó en función de los artículos citados, que no reviste el carácter de demandada y que no fue privada de su derecho de defensa. Asimismo, solicita se libre oficio a Senasa.

El 12/04/2021 deniega el oficio a Senasa.

El 29/04/2021 se presenta Bubalcó S.A por medio de su apoderado, solicitando el archivo de las actuaciones y subsidiariamente se opone a la vía dispuesta por considerar que no se dan los presupuestos necesarios para que se habilite el amparo. Relata que la vía no es un amparo ni tampoco un habeas corpus. Señala el exceso de las facultades de la Dra. Revsin entendiendo que se arrogo unilateralmente el objeto del proceso cuando debióì rechazar in limine el habeas corpus si consideraba, como consideró, que no era la vía pertinente.

Por ello, afirman, que la sentencia no podrá tener incidencia en lo que no ha sido peticionado por la parte demandante, ya que no es facultad de la jueza modificar el objeto del proceso. Que tampoco se encuentran los recaudos para la procedencia del amparo, como la excepcionalidad, la existencia de otras vías. Citan el fallo del Superior Tribunal de Justicia de Rio Negro iniciado por AFADA, sosteniendo que los amparistas ya transitaron una instancia judicial similar, y que fue el propio STJ el que resolvió rechazar la Acción. Que el amparo y el habeas corpus protegen los derechos de las personas humanas, que se excluye el Chimpancé, que existen otras vías no transitadas ni agotadas, y que el amparo es una vía excepcional, que solo procede ante situaciones de daño concreto y grave que solo puede ser reparado por esa vía. Que ni siquiera se han intentado otras vías o se ha probado que sea improcedente. Que el Superior Tribunal ya se ha expedido en tal sentido.

Que tampoco se encuentra acreditada la arbitrariedad e ilegalidad manifiesta, que ni siquiera se ha insinuado tal recaudo en la demanda. Que, de hecho, la autoridad de aplicación, que es la Dirección de Fauna de la Provincia de Río Negro no ha efectuado ningún reproche ni acta a Bubalcó y en particular tampoco respecto de Toti.

Que tampoco se realizó ningún reclamo ante la Provincia, ni surgen sanciones, ni reclamo administrativo previo a la empresa Bubalcó, no existe antecedente de incumplimiento normativo alguno. Que el Superior Tribunal Provincial ha indicado que debe encontrarse un supuesto de ilegalidad manifiesta sin mayor estudio ni profundización. Resalta, que existen restricciones en cuanto a la producción de la prueba ya que, para determinar el extremo debe acudirse a un proceso con mayor amplitud probatoria, existiendo procedimientos ordinarios para la protección de los derechos que afirman resultan vulnerados.

Que en la demanda el único derecho invocado es el de la libertad ambulatoria. Sostienen que debe determinarse si Toti es titular de derechos, segundo la extensión de esos derechos y finalmente si la libertad ambulatoria forma parte de ello. Que del texto de la demanda no surgen otros derechos vulnerados sino se explayan en comparaciones y términos genéricos, que no revisten la urgencia para la procedencia de la Acción, no hay un reclamo concreto que indique violación de derechos.

En cuanto al peligro de la demora, indica que la cuestión planteada ya fue resuelta hace siete años por el fallo del STJ citado, que el accionante ha iniciado un reclamo idéntico, sin sustento y sin probar nada, con la única intención de lograr el traslado a una institución de dudosa procedencia.

Invoca que en el caso existe cosa juzgada, por cuanto existe una sentencia dictada por el máximo Tribunal de Justicia de Río Negro con fecha 11/08/2014 en el cual se expidió sobre la improcedencia de la Acción, transcribiendo partes de dicho fallo como fundamentos de su postura.

Que la pretensión es la misma que fuera resuelta por el STJ, y que a pesar de la reforma del Cód. Civil y Comercial no se modifica la situación jurídica del Chimpancé, es decir que sigue siendo la misma que tuvo en cuenta el STJ al fallar en este caso.

Subsidiariamente niega los informes y documental acompañada por la actora por no haber intervenido en su producción, niega que se den los presupuestos del amparo y habeas corpus, que Bubalcó hubiera actuado con arbitrariedad e ilegalidad, que la vía es improcedente, que sea correcto el encuadre jurídico realizado por la actora, que sea aplicable la doctrina y jurisprudencia citada.

A todo evento, en el caso de que se entienda que Toti no se encuentra en condiciones adecuadas, nunca la resolución debería hacer lugar a la pretensión y trasladarlo a otro lugar, sino que debería indicar cual deberían ser las falencias e indicar un plazo para subsanarlas. Que resulta arbitrario privar a esa parte del derecho de propiedad y trasladarlo a un lugar desconocido elegido caprichosamente por la accionante que no puede determinarse en el marco de este proceso. Efectúa reserva del caso federal.

El 29/04/2022 Bubalcó S.A adjunta el contrato de permuta y contesta el pedido de informes en particular solicitado por el Tribunal en la providencia de inicio. Adjunta copia del programa colaborativo en lo referido al enriquecimiento, investigación y educación para el bienestar animal de los Chimpancés en estado controlado y documentación.

El día 17/05/2021 se tiene por presentado a Bubalcó y por contestado lo peticionado en autos.

El día 27/06/2021 se presenta A.F.A.D.A. acompañando informe de primatólogo como consultor de parte.

Con fecha 16/06/2021 se ordena oficio reiteratorio a la Dirección de Fauna de Río Negro.

El 05/07/2021 acompaña y se agrega informe de FAUNA de Río Negro.

El día 31/05/2021 es agrega informe de Guías de Tránsito y autorización de ingreso e informe de la Secretaría de Recursos Naturales la Provincia de Río Negro.

Con fecha 27/07/2021 se presenta la presidenta de la Fundación Bio Animales ONG y del Instituto del Derecho Animal del Colegio de Abogados de San Francisco Córdoba en carácter de amigo del tribunal a los fines de coadyuvar al presente proceso conforme la ley 4185.

Con fecha 13/08/2021 se tiene por presentada al Amigo de Tribunal conforme los términos de la ley 4185 Rio Negro. Asimismo, designa como veterinario único profesional inscripto al veterinario Vaccari. La parte demandada presenta escrito recusando al perito designado.

En fecha 29/08/2021 se presenta como amigo del Tribunal integrantes de la Asociación «Abriendo jaulas abriendo mentes México».

El 29/08/2021 se presenta la ODAE, Observatorio de los Derechos de los animales en su calidad de amigos del Tribunal.

El 29/08/2021 se presenta la Fundación Abogados de los Animales de Santiago de Chile.

El 29/08/2021 se presenta como amigo del Tribunal AVDA Abogados Valencianos en Defensa del Animal, Medio Ambiente y Biodiversidad.

El 01/09/2021 se presenta como Amigo del Tribunal el Dr. Antonio Ubaldo De Anquin como abogado Especialistas en derecho Animal.

El 03/09/2021 obra certificación de comunicación telefónica con el perito Vaccari. La Dra. Revsin resuelve designar de oficio a la médica veterinaria Daniela Beatriz Echeverria. Obra designación para integrar cuerpo pericial al Dr. en Biología Héctor Ricardo Ferrari y al Dr. en Derecho Andrés Gil Domínguez. Fundamenta la designación en haber trabajado previamente en causas similares en nuestro país y ser reconocidos referentes en la materia...

El día 27/12/2022 atento el estado de las actuaciones y habiéndose realizado y sustanciado los planteos referidos a los dictámenes periciales, pasan las presentes para dictar sentencia;

CONSIDERANDO:

A fin de resolver las cuestiones planteadas, en primer término, he de referirme al planteo efectuado por Bubalcó S.A y la Fiscalía de Estado respecto de la improcedencia de la vía y falta de legitimación pasiva, pues ello incidirá sobre la resolución de las restantes cuestiones.

Respecto a planteos de Bubalcó S.A y la Fiscalía de Estado; Bubalcó S.A y la Fiscalía de Estado indican que la Acción entablada es de habeas corpus y que el Tribunal en ese momento a cargo de la Unidad Procesal N° 11 en exceso de sus facultades determinó que el trámite a seguir era del amparo por considerar que se encontraban otros derechos constitucionales involucrados, considerando que debió rechazar in limine el habeas corpus. Asimismo, que se involucraron una serie de derechos que es mucho más amplia, y que por ello se ha modificado el objeto del proceso.

Señalan que los recaudos de arbitrariedad e ilegalidad manifiesta deben resultar patentes y que en el caso no se encuentran acreditados los recaudos exigidos por el artículo 43 de la Constitución Provincial y Nacional, especialmente en cuanto a la excepcionalidad y la posibilidad de acudir a otras vías procesales ni siquiera iniciadas y/o agotadas y/o que se hubiera demostrado que fueran improcedentes.

Asimismo, invocan la configuración del supuesto de cosa juzgada en función del fallo dictado por el STJ en el año 2014. Rechazan que el amparo pueda transformarse en un proceso ordinario, y que por ello debe desestimarse in limine la vía elegida.

Ingresando al tratamiento del planteo, en la provincia de Río Negro el trámite del amparo y habeas corpus son recursos sencillos y expeditos que se encuentran ambos regulado en el artículo de la Constitución (artículo 43); en la ley 2921 (que regula el trámite de apelación). Respecto al habeas corpus en la ley 3368 RN.

Tanto en uno como en otro caso se requiere pedido de informe a la autoridad o particular que debe ser evacuado en un plazo exiguo, y luego debe resolverse en un plazo de 48 horas en un marco de bilateralidad restringida.

El art 43 que establece: «Todos los derechos y libertades humanas, reconocidos expresa o implícitamente por esta Constitución, están protegidos por la Acción de amparo que puede promover el restringido por sí o por terceros en su nombre, sin necesidad de mandato, valiéndose de cualquier medio de comunicación y a cualquier hora, ante el juez letrado inmediato, sin distinción de fueros o instancias y aunque forme parte de un tribunal colegiado, a fin de que se ordene su inmediata libertad, se los someta al juez competente, se le acuerde la garantía negada o el ejercicio de sus derechos individuales o colectivos».

En cuanto al trámite se establece que «la Acción puede instaurarse sin formalidad procesal alguna. Tanto la Acción de amparo como el hábeas corpus, se resuelven por el juez previo informe requerido a la autoridad o particular que suprimió, restringió o amenazó libertades. Para el caso de hábeas corpus, hace comparecer al detenido y al autor de la afectación dentro de las veinticuatro horas, debiendo resolver en definitiva dentro de las cuarenta y ocho horas de haberse planteado. Dispone, asimismo, las medidas correspondientes para quien expidió la orden o ejecutó el acto».

Y finaliza expresando que «Cuando un juez tuviere conocimiento de que alguna persona se hallare arbitrariamente detenida o restringida en sus derechos, puede expedir de oficio el mandamiento de hábeas corpus o de amparo».

En la presente proceso obra demanda iniciada por A.F.A.D.A. y la Defensoría Oficial invocando la representación del Chimpancé Toti, interponiendo una Acción que definen como el habeas corpus intentando por dicha vía se logre «la liberación y su posterior e inmediato traslado y reubicación en un Santuario para Grandes Primates» con fundamento entre otras normas en los art. 41, 43 y 75 inc. 17 de la C.N., Leyes Nacionales N° 14.346, N° 22.421, No 23098, N° 24375, N° 24216 N° 25.675, Leyes Provinciales No 3362, N° 3368 y N° 2056 y bloque normativo constitucional y tratados internacionales concordantes (art. 75 inc. 12, C. N.).

Bubalcó S.A sostiene que en el caso existe cosa juzgada, por cuanto existe una sentencia dictada por el Superior Tribunal de Justicia de Río Negro de fecha 11/8/2014 «DR. PABLO BUOMPADRE PRESIDENTE ASOCIACION FUN. Y ABOGADOS POR LOS DERECHOS DE LOS ANIMALES A.F.A.D.A. S/PRESENTACION HABEAS CORPUS S/CASACION», Expte. No 27162/14- STJ», y que incluso reiteran en sus presentaciones respecto de doctrina del STJ. En la citada causa el voto del Dr. Apcarian expresa: «El presentante cuenta para el fin pretendido con otras vías idóneas, tanto administrativas como jurisdiccionales, que no ha acreditado haber recorrido y agotado para viabilizar la presente instancia» (voto del Dr. Apcarian). Adhiriendo el Dr. Mansilla y agregando que «no obstante ello, quiero poner de resalto que esta decisión no importa pronunciarnos sobre el planteo de fondo que efectúa el recurrente, planteo que considero de una profundidad y sensibilidad relevantes pero que debe ser canalizado por una vía que permita el debate, el intercambio de opiniones, la generación eventual de pruebas, de informes y dictámenes, que hoy exceden largamente el marco procesal constitucional intentado».

Transcurrieron más de 8 años de dicho fallo y nuevamente A.F.A.D.A., a través de sus letradas patrocinantes, inician otro habeas corpus, con el mismo objeto aunque alegando circunstancias fácticas posteriores y con similares fundamentos jurídicos, denunciando la agravación de las condiciones.

En tal extenso lapso de tiempo y aun cuando el Superior Tribunal de Justicia había indicado la necesidad de acudir a las vías ordinarias, las accionantes no acreditaron ni siquiera haberlas transitado.

En palabras de Bidart Campos «Si acaso el amparo fuera una vía procesal sustitutiva de las demás habría que decir que cada persona estaría en condiciones de elegir la vía de su preferencia, lo que sin duda arrasaría con todos los demás procesos, que quedarían transferidos en acumulación exorbitada al juicio de amparo. No creemos que este sea el alcance de la norma cuando hace procedente el amparo «siempre que no exista otro medio judicial más idóneo». En verdad, si este otro medio judicial más idóneo existe en las leyes procesales, no es viable acudir al amparo (Bidart Campos, Germán J., «Manual de la Constitución Reformada», T. II, Ediar, Bs. As. 2002, págs. 377/378).

Es decir que, en este punto coincido con Bubalcó S.A que existían otras vías y caminos procesales que hubieran permitido un debate más profundo e incluso en el marco de dichos procesos solicitarse medidas urgentes y/o cautelares de acreditarse los extremos necesarios: máxime considerando las normas de tutela y preventivas incorporadas en el Cód. Civil y Comercial.

Nuevamente las letradas de A.F.A.D.A. insisten en el planteo de acudir a la vía excepcionalísima del amparo, optando por no transitar la vía indicada por el Superior Tribunal de Justicia.

De haber sido la suscripta quien se hubiera avocado desde el inicio al conocimiento de la causa la decisión seguramente hubiera sido la de resolver la improcedencia de la vía, de la manera indicada por la Fiscalía y Bubalcó S.A. Ello por cuanto, considero que el amparo no es el remedio procesal que permite una amplia discusión en una cuestión debatida, coincidiendo con la apreciación del Dr. Mansilla en el voto mencionado en que existen otros medios procesales para una amplio debate y discusión, garantizando el debido proceso y de tal manera los accionantes hubieran podido iniciar en forma inmediata un proceso adecuado que evitara cuestionamientos procesales y correr el riesgo de reeditar una estrategia procesal que ya había fracasado.

Ahora bien, el estado procesal del expediente al momento de avocarme a su conocimiento, con extenso tiempo transcurrido, con audiencias realizadas y pericias ordenadas e inconclusas impidieron resolver un rechazo in limine como lo requieren los accionados y por ende derivar la cuestión a un proceso más amplio de discusión.

En igual sentido, resultaba inadecuado disponer su remisión a una vía ordinaria, pues había transcurrido más de un año y seis meses desde que fuera iniciado el proceso con fecha 06/11/2020 y el avocamiento a la causa se ordena el 30/05/2022; lo que se vería afectada la tutela judicial efectiva, el acceso a justicia y la necesidad de respetar los plazos razonables en los procesos.

Por ello, en el estado en que recibióì la causa, a fin de otorgar un estrecho marco probatorio a Bubalcó S.A, tal como se dispone en la jurisdicción en los trámites de amparo, resuelvo adoptar medidas para sanear el proceso avanzando solo con las periciales, en función de la limitación probatoria alegada por Bubalcó S.A, así como los planteos de recusaciones rechazadas.

Es decir que, en forma excepcional en vista del respeto de la tutela juridicial efectiva, respuesta oportuna y plazo razonable que debe respetarse en los procesos otorgo mediante la resolución de fecha 29/06/2022 la posibilidad de ofrecer puntos periciales a Bubalco S.A; a fin de garantizarle ampliamente su derecho de defensa. Decisión que no fue cuestionada por ninguna de las partes ni por el propio demandado.

También en la citada resolución dispuse dejar sin efecto la designación de oficio del perito Dr. Gil Domínguez y la veterinaria Dra. Echevarría. En relación al primero, no se advertía sobre qué puntos periciales podría expedirse, considerando su calidad de abogado y siendo que el peritaje debe versar sobre materia y en especial en alguna ciencia, arte o industria especializada ajena al conocimiento del Juez o Jueza que también es abogado (artículo 457 del CPCyC).

Proseguir el trámite del expediente en el estado en el que se encontraba al momento del avocamiento, con la totalidad de los peritos previamente recusados, con escasos puntos periciales ofrecidos por A.F.A.D.A. y la Defensoría que resultaban insuficientes para determinar justamente lo que es objeto del presente tramite concretamente evaluar la salud psicofísica del Chimpancé Toti y los recaudos de urgencia y gravedad. Por ello adopte las medidas mencionadas para procurar la oportuna solución del conflicto (conf. art. 36 CPCyC, 34 inc. 5) y 459 del CPCyC y 3 CCyC). Lo que reitero, no fue cuestionado por ninguna de las partes por la vías recursivas disponibles.

Los puntos de pericia fueron introducidos en uso de las facultades ordenatorias e instructorias previstas en las normas citadas, esto es, lograr un proceso que pudiera otorgar en el marco de la limitación de la prueba, garantías de transparencia, incuestionabilidad de los peritos a fin de no afectar la fuerza probatoria de sus dictámenes, el debido derecho de defensa y en particular el respeto del plazo razonable de los procesos.

Destacando que la introducción de limitada prueba, incluso de manera oficiosa en el marco del amparo; es sugerida en algunos casos como necesaria por el Superior Tribunal de Justicia Provincial a Tribunales inferiores. En tal sentido el STJ ha admitido la producción de prueba como facultad privativa del juez en amparos en distintas temáticas. Disponiendo entre otros la intervención del Cuerpo médico forense (HOLE, FEDERICO OSVALDO S/ AMPARO» Expte. No 30508/19 -STJ- 31-10-2019 entre otros). También ha señalado la necesidad en el estrecho marco de conocimiento de disponer prueba de oficio. Así ha dicho «Acierta entonces la recurrente en cuanto a que la magistrada debería haber producido en el expediente dos pruebas esenciales, cuanto menos como medidas para mejor proveer: al Ministerio de Educación o -en su caso- al Consejo Provincial de Educación, para que indiquen si en aquella ciudad existen establecimientos educativos». STJ sentencia de fecha 09/12/2020. Expte N° Z-2RO-1918-AM2020" Pagliaccio c/ Ipross S/ amparo S/ apelación», entre otras.

Tampoco la profusa bibliografía aportada por los accionantes, los antecedentes jurisprudenciales citados en la demanda, la alusión a distinguidos doctrinarios apelando a la sensibilidad del juzgador hubieran resultado por sí suficientes para acreditar los presupuestos de hecho de la norma que invocaron para su pretensión. La prueba pericial resultaba esencial y debía dirigirse a tal fin, la que al momento del avocamiento tampoco se había producido.

Destacando que la providencia que dispuso la introducción oficiosa de puntos periciales no fue cuestionada por ninguna de las partes, en el plazo procesal correspondiente. La posibilidad extemporánea de ofrecer puntos periciales a Bubalcó S. A, fue con la finalidad de que se involucre y asuma una participación activa en la prueba especifica en este proceso, a los fines de garantizar el derecho de defensa.

Decisiones todas, que han sido adoptadas con el espíritu de sanear la marco del trámite del proceso los obstáculos de índole procesal que pudieran afectar su derecho de defensa y arribar por otra parte con los elementos probatorios mínimos al dictado de una sentencia.

En tal sentido la CSJN ha dicho que «A tal efecto, la ley acuerda a los jueces la facultad de disponer las medidas necesarias para esclarecer los hechos debatidos y tal facultad no puede ser renunciada cuando su eficacia para determinar la verdad sea indudable fallo "Colalillo" (Fallos: 238:550). Fallo que dio lugar a la doctrina que le priva de validez a decisiones que sean fruto de un exceso ritual manifiesto renunciando a la verdad objetiva».

En ese sentido, ha sostenido la Suprema Corte: «si bien debe ser reconocida la trascendencia de las técnicas y principios tendientes a la organización y desarrollo del proceso, no por ello cabe legitimar que dichas formas procesales sean utilizadas con prescindencia de la finalidad que las inspira y con el olvido de la verdad jurídica» (CSJN, Fallos 317:1845); y también: «en virtud de la garantía del debido proceso (art. 18 CN), la verdad jurídica objetiva debe primar sobre todo exceso ritual manifiesto» (Fallos 238:550; 240:89; 268:71). Criterio este que ha sido asumido por el Superior Tribunal de Justicia en Se. 104/22 «Avile».

El tiempo transcurrido desde el avocamiento, impedían en esa instancia derivarlo a un proceso ordinario, prosiguiendo con la prueba ordenada, impulsando el Tribunal el aporte de anticipo de gastos requerido por la perita al Poder Judicial, lo que posibilitó la intervención de la misma y verificar in situ el estado psicofísico del Chimpancé. Situación que hoy permite ingresar al tratamiento de los presupuestos exigidos por el ordenamiento constitucional para la procedencia de la Acción, siempre tomando como marco factico delimitativo los hechos alegados en la demanda, a fin de respetar el principio de congruencia. En cuanto al trámite procesal, tanto la Acción de amparo como la de habeas corpus, ambos se despachan con un pedido de informes (art. 43 CP) y en los mismos plazos procesales, por lo cual la providencia que dispuso dar curso como amparo por parte de la Dra. Revsin no afecta en definitiva el derecho de defensa de la accionada. Resultando la plataforma fáctica de los hechos en la demanda, lo que delimita la cuestión a decidir y que debe respetarse por el principio de congruencia.

Aún en el estrecho marco de bilateralidad restringida, Bubalcó S.A, tuvo oportunidad de brindar el informe exigido e incluso de ofrecer prueba cuando se le dio la oportunidad de introducir puntos de pericia. También tuvo la posibilidad de cuestionar el dictamen pericial de la Dra. Salinas y sólo se limitó a senÞalar "los errores", aclarando que los mismos eran al solo efecto descriptivo. En cuanto al alcance del fallo dictado por el Superior Tribunal de Justicia que los amparistas indican como doctrina obligatoria, se advierte que no reviste el carácter de cosa juzgada, pues para que exista tal calidad de la sentencia debió haberse expedido sobre el fondo del asunto, lo que no sucedió.

A lo cual debe adicionarse que luego de dicho fallo, se dictan nuevos cuerpos normativos como el Código Civil y Comercial de la Nación, entre otros, con un cambio rotundo de paradigma de interpretación no solo judicial acorde a los nuevos tiempos, sobre todo en materia ambiental y en particular en relación a los animales alojados en Zoológicos. Las circunstancias fácticas, por otra parte, resultan similares aunque no idénticas, ya que en la demanda describen que "el estado de salud físico y psíquico se encuentra deteriorado, empeorando día a día, con riesgo de vida (punto I. Objeto); denunciando un agravamiento del estado de salud del mismo.

Por otra parte, tampoco constituye doctrina obligatoria el fallo del Superior Tribunal de Justicia citado pues ha transcurrido más de 5 años del dictado del mismo.

Concluyendo, por los fundamentos expuestos debe desestimarse el planteo de cosa juzgada y rechazo por inadmisibilidad de la vía planteado por Bubalco S.A y la Fiscalía de Estado. En cuanto a las costas se resolverá como último punto de la presente.

En cuanto al planteo de falta de legitimación realizado por la Fiscalía de Estado, considero que debe hacerse lugar al mismo, por cuanto de la lectura de la demanda surge que no ha sido dirigida contra la Provincia de Río Negro, sino concreta y particularmente contra BUBALCÓ S.A.

El artículo citado por la Sra. Jueza en la providencia de inicio (artículo 190 de la Const. Provincial) indica que la Fiscalía de Estado «Es parte necesaria y legítima en todo proceso en los que se controviertan intereses de la Provincia».

En igual sentido el articulo el artículo 341 del CPCyC establece cuando las causas «sean contra la provincia y sus entes centralizados, la cedula se hará por cedula dirigida al Gobernador, y al Fiscal de Estado, quien será parte necesaria y legitima en todo proceso en el que controviertan intereses de aquellos».

Por ende, la sentencia no podrá alcanzar a quienes no resultaron demandados en autos, pues de lo contrario se incurriría en una incongruencia subjetiva, destacando que tampoco ha sido citada como tercera la Provincia de Rio Negro. En cuanto a las costas por su actuación, siendo que los accionantes reconocen que no han demandado a la Provincia de Rio Negro y que su citación ha sido dispuesta en forma oficiosa por la jueza actuante y no a instancia de los accionantes, las costas deben imponerse por su orden. Siendo aplicable lo dispuesto por el art. 17 primer párrafo de la ley 88 RN.

Encuadramiento jurídico del caso y los derechos constitucionales involucrados en el caso.

Como lo explican los constitucionalistas «según el nuevo artículo 43 de la Const. Nacional el amparo como genero de tutela es una Acción judicial sumarísima de control de constitucionalidad que pone en movimiento los respectivos juicios (de amparo, habeas data, habeas corpus, declarativo de certeza) por lo cual se remueve el obstáculo que impide, de manera regular y manifiesta el ejercicio de un derecho o garantía» (Humberto Quiroga Lavie. Derecho Constitucional Argentino, Tomo I, pag.580, Ed. Rubinzal Culzoni, Tomo I)

Dicho autor sigue explicando que el amparo nació en 1957 por reconocimiento pretoriano de la Corte Suprema a partir del caso "Siri" (F 239:459) contra actos de autoridad pública y en 1958 con el caso "Kot SRL" (F 241:291) contra actos de particulares.

La Corte Suprema de Justicia, cuando el amparo no se encontraba regulado legislativamente ni previsto en el orden constitucional, en el fallo "Kot" (1.958) usó la expresión "derechos humanos" pero lo extendió a personas jurídicas. Así dijo: "Ahora bien: el avance de la concepción social de los derechos llega a captar que, si bien el hombre es el sujeto primario y fundamental de los mismos, los derechos reconocidos constitucionalmente son susceptibles asimismo de tener como sujeto titular o activo a una ASOCIACION al que se depara la calidad de sujeto de derecho (institución, persona moral, persona jurídica, etc.). De este modo, cabe reputar que el titular de los derechos subjetivos es doble: a) El hombre. B) Una «entidad» con determinada calidad de sujeto de derecho».

En el caso "Kot" la Corte acogió la vía del amparo para proteger no solo derechos humanos sino también admitió que puede tener por sujeto titular activo a una asociación o una SRL.

Asimismo, el Superior Tribunal de Justicia de ésta provincia ha dicho que: "cabe considerar que si el amparistas dirige sus cuestionamientos para proteger un derecho reconocido "expresa o implícitamente por esta Constitución", de carácter genérico, como dice el art. 43 de la Constitución Provincial, estamos en presencia de un amparo, el cual debe decidirse por el juez elegido. - (autos VITA, NORMA S/ AMPARO S/ COMPETENCIA» (Expte. N° 27191/14-STJ-) 13-8-2014).

Por ello, considerando tales antecedentes jurisprudenciales, la circunstancia de que el Chimpancé Toti no resulte humano, no es por sí argumento suficiente para sostener que no existen derechos constitucionales que puedan encontrarse vulnerados y que el amparo no sea la vía adecuada para su protección. Ahora bien, corresponde determinar cuáles es o son los derechos constitucionales protegidos y si la vía de amparo es la adecuada para su protección.

Adelanto mi posición en la imposibilidad e innecesariedad de determinar en este proceso la naturaleza jurídica de los animales. Ello por cuanto las constituciones tanto Provincial como Nacional y la Ley General del Ambiente entre otros ordenamientos prevén el marco para su protección.

Ha sostenido la Corte que «La tutela del ambiente importa el cumplimiento de los deberes que cada uno de los ciudadanos tienen respecto del cuidado de los Ríos, de la diversidad de la flora y la fauna, de los suelos colindantes, de la atmósfera. Estos deben ser el correlato de que esos mismos ciudadanos tienen a disfrutar de un ambiente sano, para sí y para las generaciones futuras" MENDOZA, BEATRIZ S. Y OTROS C/ ESTADO NACIONAL Y OTROS s/ Daños y Perjuicios (Daños Derivados de la Contaminación Ambiental del Río Matanza- Riachuelo) - M. 1569. XI. ORIGINAL Corte Suprema de Justicia de la Nación, 20 de junio de 2006 – Fallos: 326:2316.

Uno de los miembros de la Corte Suprema de Justicia de la Nación, el Dr. Horacio Rosatti en la interpretación del artículo 41 de la Constitución. Nacional en posición que comparto senÞala que: "El criterio de la vida del cocodrilo no debería depender de una construcción filosófica inventada por hombres caritativo, ni de una construcción intelectual que conciba los derechos del animal a partir de una especie de "prolongación biológica" de los derechos humanos. Estos criterios, aunque loables parten del presupuesto de que el hombre puede "crear "intelectualmente (y eventualmente dejar de crear" o "dejar de justificar" la protección de la vida ajena. Debemos volver siempre sobre lo mismo: el hombre, en tanto que no es el creador de la naturaleza, tampoco puede ser el justificador intelectual de su protección o desprotección" ("Tratado de Derecho Constitucional", tomo I, pág. 483, Ed.

Rubinzal Culzoni). No me resulta posible en el marco de un proceso de amparo determinar cuál es la naturaleza jurídica de los animales o reducirlos a la categoría definida por la negativa de lo humano (animales no humanos) fundándolo en su cercanía evolutiva o como senÞala el Ministro de la Corte el Dr. Rosatti definir los derechos del animal a partir de una especie de "prolongación biológica" de los derechos humanos.

No obstante, ello se explica también que el nuevo paradigma ambiental lleva cada vez más a reconocer que los animales no pueden ser tratados por sus duenÞos como cosas inanimadas "El Código CCyC presenta una notoria ambiguedad: por un lado, mantiene una mirada del animal como cosa tal como lo hacen los Códigos civiles del siglo XI - pero con muchísima mayor parquedad- al permitir su apropiación y por otro, introduce una concepción del animal como parte de la "biodiversidad" como un subproducto de la "medioambientalización" del derecho privado" (Sozzo, Gonzalo, Consumo digno y verde: humanización y ambientalización del consumidor. En Revista del Derecho Privado y Comunitario, nro. 2012-3, Rubinzal Culzoni)

El artículo 240 del CCyc establece «El ejercicio de los derechos individuales sobre los bienes mencionados en las Secciones 1a y 2a debe ser compatible con los derechos de incidencia colectiva. Debe conformarse a las normas del derecho administrativo nacional y local dictadas en el interés Público y no debe afectar el funcionamiento ni la sustentabilidad de los ecosistemas de la flora, la fauna, la biodiversidad, el agua, los valores culturales, el paisaje, entre otros, según los criterios previstos en la ley especial".

Y luego en el art. 241 del CCyC establece que: "Cualquiera sea la jurisdicción en que se ejerzan los derechos, debe respetarse la normativa sobre presupuestos mínimos que resulte aplicable"

Por ello el bien jurídico protegido por el artículo 41 de la Constitución Nacional en este caso no es la salud humana, sino el equilibrio medioambiental asumido. En todo caso- como presupuesto de la calidad de la vida humana.

De esta manera, el Código se centra en el llamado "paradigma ambiental". EnsenÞa Lorenzetti que "con el paradigma ambiental, los conflictos surgen en la esfera social, que contempla los bienes Públicos y aquellos actos que realiza el individuo situado en la Acción colectiva. En este escenario lo individual no tiene primacía y no rige la reciprocidad, ya que es un conflicto donde se afecta a un bien común. En estos casos los derechos subjetivos deben ser interpretados de modo tal que, no conspiren contra el deterioro de tales bienes". Lorenzetti, Ricardo L., Teoría del derecho ambiental, Bs. As., La Ley, 2008, p. 5.

La Carta Mundial de la Naturaleza (ONU 1972) en la Pág. 491 dice que: "la protección de la biodiversidad, entendida como respeto de las diferentes formas de vida, es compatible con el sistema democrático, entendido como tolerancia hacia la heterogeneidad de criterios y opiniones».

Ricardo L. Lorenzetti nos explica que: "el paradigma ambiental introduce nuevas categorías jurídicas en todos los aspectos, como, por ejemplo; bienes jurídicos: el ambiente como macrobien y los microbienes ambientales son nuevos bienes jurídicos tutelados "(pág. 439). El autor sostiene que la ley 25.675 en su art. 27: "surge una concepción amplia del ambiente, como macro bien y como micro bien:

el primero es constituido por el medio ambiente global y "microbienes" que son sus partes: la atmosfera, las aguas, la fauna, la flora, la biodiversidad, el paisaje ("Teoría de la decisión judicial. Fundamentos de Derecho, Ed. Rubinzal Culzoni 1°ed 2006, pág. 429-431)

Ya antes de la sanción del Código Civil y Comercial que mantuvo a los animales como categoría susceptible de aprobación, el citado autor decía que: "sin embargo se les concede un estatus especial al proteger ciertos bienes jurídicos como algunas especies en extinción". (ob. citada pág. 121).

Por ello, dicho autor indica que "ha sido importante en este sentido la ley 22.344 referida a la Convención sobre comercio Internacional de Especies amenazadas de Fauna y Flora Silvestre, que responde a la noción de Medio Ambiente Humano, que incluye también a la naturaleza como elemento indispensable para el hábitat" (Lorenzetti, ob citada, pág. 121/122).

Según la Unión Internacional para la Conservación de la Naturaleza (UICN), los Chimpancés están «en peligro de extinción», y una de sus cuatro subespecies, Pan troglodytes verus (variedad de África occidental a cuya investigación y protección in situ se aboca el equipo del IJG EspanÞa en Senegal), está en «peligro crítico de extinción». De hecho, los Chimpancés ya se encuentran extintos en 4 países africanos: Togo, Benín, Burkina Faso y Gambia. Se estima que, a principios del siglo XX, en África había una población de un millón de Chimpancés. En la actualidad esta cifra ha disminuido drásticamente, estimándose que hay solo entre 150.000 y 350.000 Chimpancés en libertad.

Fuente: https://janegoodall.es/es/parientesenpeligro.html.

La Argentina aprobó el Convenio sobre la Diversidad Biológica por ley 24.375 en septiembre de 1994, en cuyo preámbulo surge que las partes contratantes DEBEN prever, prevenir y atacar las causas de reducción o pérdida de la diversidad biológica. El mencionado principio está reconocido en el Convenio de Estocolmo sobre contaminantes persistentes, COPS 2001, que ha sido convertido en ley 26.011 para la Argentina, sancionada en 2004.

Como ya lo decía German Bidart Campos referido al derecho procesal constitucional, "encarrilla procesos y recursos que bien caben en el molde amplio de la llamada jurisdicción constitucional - mejor: jurisdicción constitucional de la libertad - La defensa de la Constitución y de cuanto se contiene en ella, especialmente los derechos, aparece así en el centro de la gravedad». Dentro de los mecanismos y las vías para proteger esos derechos se encuentra el habeas corpus y el amparo.

Definiendo dicho autor al Derecho Procesal Constitucional con amplitud, sostiene que el mismo "abarca todos los mecanismos adjetivos - y de ahí lo "procesal" - que viabilizan las garantías emergentes (expresa o implícitamente) del derecho constitucional" (Tratado elemental de Derecho constitucional argentino, pág. 695-696, Tomo I, Ed. Ediar, 1993).

En el caso, en función de la plataforma fáctica que delimita la cuestión a decidir, por tratarse Toti de un Chimpancé comprendida en las especies en extinción, los derechos constitucionales comprometidos y objetos de protección resultan el ambiente, la biodiversidad y la fauna en peligro de extinción (art. 41 Cons. Nacional y ley 25.675 inc. e y f; y articulo 38 Const. Provincial, Ley de Conservación de la fauna silvestre, ley 22.421 artículos 1 y 3) se evidencia que el mecanismo procesal para su protección es el amparo.

Compartiendo la postura que indica que la protección del ambiente implica también la protección de un derecho humano, pues: "el derecho al ambiente halla ingreso en el ordenamiento jurídico como un derecho de la personalidad, atento inclusive que otros de ellos hoy indiscutidos (como la integridad física y la salud), se sustentan en el equilibrio ecológico propicio e indispensable para el bienestar psicofísico del hombre. Máxime en virtud de que la categoría de los derechos personalísimos no configura un elenco cerrado debe recibir en su seno nuevos intereses surgentes de las transformaciones sociales» (SCJBA, 19-2-2022 «Ancore»., citado en Revista de Derecho de Daños. Daño ambiental, 2008-3, pág. 424 ed. Rubinzal Culzoni).

Aclarando que en la provincia de Río Negro también se encuentra previsto en la ley 2779 como amparo la tramitación de procesos colectivos en los que se encuentren involucrados el ambiente y el equilibrio ecológico, en particular la fauna y la diversidad biológica. En el caso de autos se ha dado tratamiento como amparo individual, respecto de la situación particular de un Chimpancé "Toti" alojado en "Bubalco", por lo que entiendo la tramitación en los términos del art. 43 de la CP es también una vía adecuada para el caso particular para la protección de los mismos derechos y en particular de especies en peligro de extinción; lo que no viola el principio de congruencia. Máxime cuando la Constitución Nacional en el artículo 43 de la Nación prevé también que el remedio constitucional es el amparo para su protección.

Delimitado entonces los derechos constitucionales comprometidos y su tramitación como amparo (artículo 43 de la Const. Provincial y Nacional) corresponde ingresar a los presupuestos exigidos para su procedencia.

Los presupuestos del amparo. La prueba:

Conforme la constante jurisprudencia de la Corte Suprema de Justicia de la Nación, se trata de «un proceso utilizable en las delicadas y extremas situaciones en las que, por carecer de otras vías idóneas o aptas, existe un peligro actual o potencial de la protección de derechos fundamentales» (Fallos: 331:563). También reiteradamente el Superior Tribunal de Justicia de Rio Negro ha establecido que "Constituye el amparo un proceso excepcional que exige para su apertura circunstancias muy particulares, caracterizadas por la presencia de arbitrariedad o ilegalidad manifiesta, a lo que se debe sumar la demostración de un daño concreto y grave que solo puede eventualmente ser reparado acudiendo a esa vía urgente y expeditiva (cf. CSJN, Fallos: 324:754). (Voto de la Dra. Criado sin disidencia) en autos «RODRIGUEZ, LIDIA MABEL S /AMPARO (f) (VINCULADO 0286/13/JUZ7. PROC. CAPACIDAD) S/ APELACION (Originarias) K-1VI-29-F2022 SENTENCIA: 78 - 09/08/2022 - DEFINITIVA. En autos se han realizado dos periciales, la primera realizada por el Dr. Horacio Ferrari, quien se identifica como responsable del Área de Bienestar Animal de la Facultad de Ciencias Veterinarias de la UBA, el mismo fue designado por la Dra. Revsin en base a sus antecedentes académicos y conocimiento en la materia. El Dr. Ferrari no concurrió ni tomó contacto directo con el Chimpancé y su hábitat en Bubalcó.

Por otra parte, se presentó otra pericia efectuada por la Dra. María de la Paz Salinas, designada de oficio, por propuesta efectuada por el Colegio de Veterinarios de la Provincia de Rio Negro - que no mereció objeciones por las partes - quien se trasladó de la ciudad de Buenos Aires a Bubalco y concurrió en dos días consecutivos para inspeccionar el lugar y tomar contacto directo con el Chimpancé Toti. Destacando que tal labor pericial fue posible por los adelantos de gastos afrontado por el Poder Judicial de la Provincia de Rio Negro; por cuanto tanto AFADA como Bubalco S.A no cumplieron en tiempo y forma con su depósito ni instaron mecanismo alguno para su realización.

Tal como lo expresé al resolver sobre el pedido de nulidad de la pericia realizada por el Dr. Ferrari, tal labor en sus conclusiones no puede valorarse con igual alcance y peso que la realizada por la perita Salinas; pues el nombrado no pudo constatar in situ el concreto estado de salud psicofísica, la veracidad del plan ambiental acompanÞado y el existente en el lugar, esto es el Zoológico Bubalco. Cuestión que incidirá en la regulación de honorarios.

La perita Dra. Salinas concurrió los días domingo 11 y lunes 12 de septiembre del año 2022 al Zoológico de Bubalcó ubicado en la localidad de Allen, Provincia de Rio Negro, en la misma se evaluó el recinto donde se encuentra alojado el Chimpancé Toti.

Explica la perita que dicho recinto se construyó un tiempo después de que Toti arribara al nombrado Zoológico en diciembre del año 2013, proveniente de la Provincia de Córdoba. Adjunta el plano del recinto con la cantidad de m2 disponibles, los que coinciden con la cantidad de m2 que sugiere el «Manual para cuidado de Chimpancés», publicado en el sitio web de la Asociación of Zoos & Aquariums (AZA) https://www.aza.org/ (Pan troglodytes) "(2009). SenÞala que la altura de la zona cubierta es insuficiente. Sobre el particular el recinto consta de alturas verticales accesibles de más de 6,1 m (20 pies) y la sugerida por el manual mencionado es de más de 25 pies.

El recinto al aire libre consta de un domo de reja con un sauce en su interior, Toti tiene un lugar donde descansa en altura, sobre la jaula que se encuentra en la doble puerta que da al domo. En ese lugar duerme al sol y pasa tiempo observando, aproximadamente a 2,5 m del piso. El suelo del recinto tiene césped y se evidencia un camino o surco alrededor de la base del domo debido al desplazamiento de Toti cercano a las rejas, que refleja una conducta reiterada de trasladarse habitualmente por dicho camino de forma circular, de todas maneras, utiliza todo el espacio disponible para desplazarse.

El árbol le provee de ramas con las que Toti juega e interactúa con su entorno. No hay otro tipo de enriquecimiento ambiental, desniveles, sogas, rocas, variación de vegetales, etc. Destaca que existen graves consecuencias de esa falta de enriquecimiento y estímulos en relación a promover la actividad física, estimular la cognición y promover comportamientos naturales (comportamiento social positivo: acicalamiento, juegos, aumento de actividad y exploración), programas de entrenamiento, etc.

Efectúa consideraciones en torno al clima de la zona, y entre otras cuestiones senÞala que el recinto a cielo abierto carece de algún tipo de reparo para el viento, salvo lo que conecta con la zona cerrada. Describe el recinto en el que vive, adjuntando fotografías.

Contestando los puntos de pericia solicitados por la suscripta dirigidos concretamente a determinar el estado de salud físico y psíquico de Toti alojado en

Bubalco, la misma informa que estado de salud de Toti, en el examen general para un animal en cautiverio hace más de 32 años se lo observa con un peso correcto, alopecia en los miembros anteriores, cuello y hombros conforme surge de la observación efectuada y de los registros fotográficos y fílmicos adjuntos en la presente causa. Indicando que de la información obrante en la causa y la brindada por las partes, no se cuenta con informes médicos y análisis oficiales (membrete), únicamente hay análisis de sangre sin constar donde se realizaron y del año 2016 en el que también se efectuó un estudio cardiológico al que no se accedió.

No se observan lesiones de piel, asimetrías, ni cicatrices actuales, el color de las mucosas es correcto, no se evidencian a la observación problemas dentales, tampoco locomotores y articulares siendo su movilidad normal para un animal en cautiverio. En cuanto a los órganos de los sentidos, se puede apreciar que percibe estímulos (aunque a veces los ignora). Esta desconexión o apatía puede deberse a una inhibición patológica del comportamiento compatible con ansiedad permanente (según modelo psiquiátrico francés).

En lo referente a su salud psíquica, se lo evalúa en dos momentos para poder observarlo con diferencias de estímulos medioambientales, el domingo es el día de mayor concurrencia y el lunes, un día de semana con menos Público. El comportamiento observado es sustancialmente diferente. Describe que hubo un momento (registrado en video) que hay un comportamiento de acicalamiento en el que realiza una exploración en su antebrazo izquierdo, pero esto no se repite en ninguna otra ocasión, (actividad autocentrada ejecutada en un contexto conflictivo donde ninguna estrategia, aprendizaje y/o comportamiento es adaptado para solucionar este conflicto, no está relacionada funcionalmente con el problema pero logra en un principio apaciguamiento, puede ser acicalamiento/rascado, comer, beber, masturbarse), nuevamente, este signo evoca ansiedad permanente, cuando una actividad sustitutiva evoluciona, pierde su secuencia comportamental trifásica (fase apetitiva, o sea cuando está por hacer algo; fase con sumatoria, la secuencia que ejecuta el comportamiento blanco; fase de retorno al equilibrio, final de la secuencia con senÞal de parada), la secuencia se encontrara incompleta, o sea sin aviso y sin final, se trataría de una estereotipia, las cuales no se evidenciaron en la presente observación.

La perita explica que la ansiedad es una enfermedad de la adaptación, siendo este tipo de presentación de la misma una en la cual no se encuentran manifestaciones neurovegetativas típicas de la ansiedad intermitente (crisis de duración variable).

El comportamiento exploratorio está presente, hay una modificación ponderal según el nivel de estimulación, el día domingo el nivel de vigilancia era más alto por momentos, por momentos hipervigilante, la búsqueda de atención del entorno conocido es evidente. Las personas extranÞas le llaman mucho menos la atención. Claramente busca interacciones sociales y presenta rituales de juego con las personas conocidas, teniendo un umbral de frustración relativamente bajo en caso de no darse la atención deseada. Con la gente desconocida puede evidenciar temor, el domingo en tres ocasiones se enojó, corrió de costado con la mano llena de tierra y la aventó hacia el Público, la facie mostro en dos ocasiones un gesto con los dientes cerrados y la boca abierta, similar a una sonrisa humana siendo esta una expresión compatible con miedo. una vez hizo la misma secuencia, pero arrojó una piedra sin facie de miedo, pero claramente enojado. Retorna al equilibrio rápidamente en poco tiempo.

La presencia de ruidos y gritos de ninÞos describe que lo alteran y fueron la constante en las reacciones, pero no en todos los casos que hay ninÞos reacciona, la mayoría de las veces ignora al Público.

Al punto pericial requerido por el Tribunal, en concreto para que informe si de continuar alojado en Bubalco con las condiciones de habitabilidad y entorno, corre riesgo actual o inminente su salud psicofísica. La perita contestó que las condiciones actuales no son las adecuadas para el alojamiento de un Chimpancé, tienen déficit en cuanto al enriquecimiento, altura de la zona cerrada, si bien se encuentra calefaccionada en forma permanente no parece ser un lugar que, al menos en ambas inspecciones, el animal prefiera de día. Uno de los problemas más complicados que presenta el caso es el estado de aislamiento social en una especie social obligatoria.

Explica en forma similar el perito Ferrari, que los primates en general y los grandes simios en particular son animales de contacto, animales sociales obligatorios con un repertorio comportamental muy variado en cuanto a las interacciones. El contacto físico tiene un valor muy importante, los vínculos con sus companÞeros de grupo e interacciones sociales son una parte importantísima del etograma de la especie. Esta falta de contacto para una especie con estas características puede ser calificada como un estresor crónico.

Concluye la perita Salinas que de continuar en las mismas condiciones actuales corre riesgo la salud psicofísica de Toti destacando su falta de condición socio emocional, afectando toda la economía desde el punto de vista fisiológico. Explica que las afectaciones a la fauna silvestre en cautiverio están relacionadas en principio, a dificultad para adaptarse a entornos humanos, ya que no cuentan con las modificaciones que se fueron dando en la evolución de especies domésticas, en otras palabras, los animales silvestres en condiciones naturales no sufren modificaciones ambientales diferentes a las cíclicas de su ambioma original, carecen de la característica neotécnica (características infantiles presentes en los individuos adultos) de plasticidad adaptativa del sistema nervioso que acompanÞa a la domesticación, el cambio en las condiciones de vida, entornos demasiado pobres en ciertos estímulos(falta de enriquecimiento ambiental, falta de condiciones típicas ambientales de la especie en cuestión, aislamiento social,empobrecimiento de estímulos que en condiciones naturales estarían presentes, etc.), demasiado ricos en otros (visitantes, ruidos fuertes, falta de refugios, modificaciones bruscas, etc.), en otras palabras, la condición de silvestre los sitúa en una vulnerabilidad a los entornos que se alejan de sus necesidades específicas sin el margen de adaptabilidad propio y característico de la domesticación.

Para responder a la cuestión del riesgo actual o inminente en la salud psicofísica de Toti en las condiciones actuales la perita Salinas indica que es menester realizar un planteo holístico de la problemática. Calidad de vida es un concepto que se refiere al conjunto de condiciones que contribuyen al bienestar de los individuos y a la realización de sus potencialidades en la vida social. De esta manera, aun hipotéticamente logrando satisfacer los factores objetivos que hacen a la calidad de vida (entorno, recursos, medio ambiente, enriquecimiento ambiental, etc.) en el caso de Toti, los componentes subjetivos estarían severamente disminuidos por la falta de lo que hace a la vida social. Resaltando en este punto lo dictaminado por la perita Salinas en cuanto a que aún cuando se cumpliera con los objetivos de enriquecimiento ambiental no daría en definitiva una solución a la situación psico-física de Toti.

Desarrolla los conceptos la distinción entre calidad de vida y calidad de vida ligada a la salud, de esta manera, esta última hace referencia al impacto de la salud y las intervenciones relacionadas a la salud sobre la calidad de una persona o animal. Que en caso de que se pretendiera encuadrarlo en los conceptos de Bienestar Animal, nos encontraríamos con el inconveniente de estar frente a una falta en las extremadamente básicas "cinco necesidades del bienestar animal" (FARM ANIMAL WELFARE COUNCIL, 1969).

Afirma que Toti está incapacitado de manifestar los comportamientos propios de su especie, por lo que no resiste mucho el análisis sobre las condiciones actuales, sobre todo, tomando en cuenta que las cinco necesidades no garantizan de ninguna manera el bienestar, por lo básicas representan simplemente ausencia de malestar.

Respecto del punto de pericia también indicado por el Tribunal, para que informe si el estado de salud psicofísica del primate, el traslado y reubicación a un Santuario de Grandes Primates aportaría una mejora en su estado de salud psicofísica conforme el estado actual de salud de Toti; expreso que el traslado y reubicación en un centro de rehabilitación de grandes primates para evaluar los recursos sociales con los que cuenta y tratar los problemas para integrarse a un grupo que eventualmente pudiera sufrir por las condiciones de aislamiento social que padeció a lo largo de su existencia aportaría, una mejora en su estado de salud psicofísica.

El centro de rehabilitación o "santuario" donde debería ser traslado Toti, debe cumplir con los requerimientos para la especie.

Resalta que, en el caso particular de este Chimpancé, el cual ha pasado en aislamiento social 32 de sus 33 años, no habiendo estado el tiempo suficiente para la especie con su madre, lo que eventualmente implicaría una vulnerabilidad de origen ontogénico, debe tener dicho con la capacidad de evaluar, tratar y recuperar los aprendizajes faltantes para que pueda integrarse exitosamente a un grupo de congéneres. Para la introducción en grupo se recomienda fuertemente la evaluación previa y rehabilitación con personal especializado. Sobre todo, tomando en cuenta las necesidades ontogénicas de la especie donde el destete ocurre alrededor de los 4 a 5 años, no siendo independientes totalmente hasta la edad de 6 a 9 años.

Que Toti paso solo su primer año de vida con su madre, esto condiciona no solo su capacidad de adaptación, sino que puede eventualmente afectar la impronta especifica (lo que complicaría su reconocimiento como miembro de su propia especie), los rituales sociales, la capacidad de apaciguamiento, la gestión de estímulos ya que es gracias al vínculo de apego primario y el tiempo junto a su madre es lo que hace que los aprendizajes se realicen dentro de lo denominado periodos sensibles o críticos (momentos en los cuales los aprendizajes a largo plazo se realizan en concordancia y facilitados con un momento particular del desarrollo del sistema nervioso).

SenÞala que las características de los centros están descritas detalladamente en el Manual (capitulo 1 y 2) pero, además, debe incluirse una capacidad operativa para el tratamiento de los eventuales trastornos relacionados con el desapego precoz, las condiciones inciertas de vida hasta que fue trasladado a Bubalco y las que, aun trasladado, continuaron manteniéndose sin diagnostico ni tratamiento. Recomienda la intervención de un equipo de veterinarios y biólogos capacitados para realizar el diagnóstico y aplicar las terapias necesarias para lograr restaurar la capacidad de adaptación.

Que el caso de Toti presenta un desafío adicional a cualquier otro de los que indica se tiene registro ya que, a diferencia de los Chimpancés ya trasladados (caso Cecilia del Zoo de Mendoza y los del Ecoparque de CABA), Toti nunca vivió con su propia especie, siendo su comportamiento social intra específico incierto en este momento, aunque partiendo de su historia de vida, el riesgo que padezca de trastornos de la socialización es de muy alta probabilidad.

En cuanto al punto de pericia referido a los beneficios para la salud psicofísica actual o inminente de Toti para el caso de que se disponga un traslado a un centro como el propuesto por los amparistas, e informe los posibles riesgos que implicaría su traslado.

La perita informa que el traslado a un centro donde sea evaluado y eventualmente sometido al proceso de rehabilitación en cuanto a sus capacidades sociales implicaría subsanar la falta de sociabilización, siendo esta la imposibilidad de manifestar su comportamiento adaptado a condiciones sociales, tener su vínculo de apego secundario filogenéticamente importante. Resalta que luego de un aislamiento crónico, los estudios han dado como resultado que no es simplemente introducir un individuo a un grupo condición suficiente para retrotraer los efectos que haya provocado en el individuo dicho evento. En otras palabras, para lograr una verdadera mejoría, deberá ser trasladado a un centro que cuente con los medios, profesionales, infraestructura y conocimiento para su correcto diagnóstico y tratamiento.

La perita informa que se beneficiará la salud psicofísica del Chimpancé no sólo por el contacto con otros de su especie, sino también por las condiciones habitacionales, clima adecuado para la especie (tropical húmedo), atención y rehabilitación por parte de especialistas. Así mismo, la no exposición al Público implicaría menos factores de estrés para el animal.

Es importante destacar que aun en condiciones que impliquen algún tipo de aislamiento (por ejemplo, animales muy viejos y débiles que puedan correr riesgo en un grupo, cuarentenas por razones médicas, eventual apartamiento de un grupo social por causas varias, etc.) el contacto social indirecto con su especie ha demostrado ser beneficioso el mantener a los Chimpancés con contacto visual, auditivo y olfativo con otros de su especie.

Asímismo, la perita Salinas recomienda en condiciones de aislamiento incrementar el enriquecimiento ambiental, en este caso, las condiciones muestran que no hay enriquecimiento, aun en condiciones de aislamiento crónico, siendo una situación de distrés demostrado por numerosos estudios científicos.

El perito Ferrari también coincide en que las condiciones referidas al plan de enriquecimiento ambiental en Bubalcó S.A actuales no es el adecuado.

Y si bien el perito Ferrari no verifico in situ las concretas condiciones, el mismo basó las conclusiones, sin abrir juicio si se realizan o no, considerando lo informado por el propio Bubalco en el expediente.

El Dr. Ferrari dice que las actividades que informa Bubalco no conforman un plan y para ello coteja el informe acompanÞado en autos por las demandas con el manual que adjunta de la Asociación de Zoológicos y Acuarios (AZA) en conjunto con el Comité de Bienestar Animal de la AZA. Indica que en el apartado 8.2, páginas 60 a 62, un plan debe estar estructurado en etapas; y que nada de ello se comunica por Bubalcó. Así el plan debe contener: 1) fijación de los objetivos, 2) proceso de planeación y de aprobación, 3) implementación de documentación o mantención de un registro, 4) evaluación de programa de refinamiento posterior.

Que en el documento adjuntado por Bubalcó, el perito Ferrari describe que algunas sugerencias incluyen el proveer alimento de diversas formas (esto es, congelado en hielo o de un modo que requiera que el animal resuelva algún tipo de desafío como por ejemplo un puzzle simple para obtener el alimento), utilizar olores o sonidos de otros animales de la misma u otra especie, e incorporar un régimen de entrenamiento o condicionamiento animal (ya sea para manejo o investigación conductual) en la rutina diaria.

Continua describiendo el citado profesional que el plan no se trata de actividades recreativas, sino de posibilitar que se subsanen las necesidades comportamentales. Se lo define como «una mejora en el funcionamiento biológico de los animales cautivos, resultante de modificaciones en su ambiente». (Newberry, 1995. Environmental enrichment: Increasing the biological relevance of captive environments. Applied animal behaviour science, Vol.: 44: 229-243; adjunto la publicación). Para esta autora, se trata de reducir los estados emocionales negativos, esto incluye estrés y miedo asociado con la exposición a estímulos novedosos.

Se postula que el aburrimiento y apatía resultan de alojamiento en ambientes no estimulantes y ocurre frustración, que los animales pueden experimentar cuando son incapaces de expresar el comportamiento que han sido motivados a desarrollar. Se ha argumentado que los animales sufren si son incapaces de desarrollar el comportamiento, incluso cuando este no soluciona requerimientos fisiológicos inmediatos. Informando el perito los tipos de enriquecimiento, explicando la fuente de información. Es decir, que el enriquecimiento es una intervención que permite a un ser atender sus necesidades comportamentales. Lo que redunda en un aumento del bienestar animal. Y que conforme la información brindada por Bubalco, surge que Toti, no se encuentra en un programa de enriquecimiento ambiental, con todo el riesgo que implica.

En lo que se refiere al riesgo del traslado, sugiere debe ser evaluado desde el punto de vista clínico, recordando que Toti tiene más de 30 años, Manual de cuidado de Chimpancés (Pan troglodytes) capitulo 6: cuidado veterinario - pagina 42. Lo que coincide con lo expresado por la perita Salinas.

«Manejo médico de los Chimpancés geriátricos: Con los Chimpancés de edad, los veterinarios y nutricionistas deberían confeccionar dietas que satisfagan las necesidades nutricionales y que permitan mantener una buena condición física. Los problemas de salud relacionados a la edad en Chimpancés geriátricos incluyen enfermedades renales o insuficiencias cardiacas, y estas podrían requerir adaptaciones específicas en la dieta mediante suplementos o restricciones. Los médicos o nutricionistas son particularmente hábiles en determinar las necesidades individuales más complejas. Los programas de ejercicio correctamente monitoreados son importantes para mantener la buena salud de los animales geriátricos. El uso diario del exhibidor puede requerir la adaptación de la ambientación para adaptarlo a los animales con artritis o menos ágiles. El estado mental alterado o la agilidad en animales geriátricos pueden requerir realizar cambios y adaptaciones, como también redisenÞar actividades de enriquecimiento. Para anticiparse a los crecientes problemas médicos en animales geriátricos y la necesidad de iniciar un tratamiento rápido para minimizar los efectos deletéreos a largo plazo, es importante que la rutina de exámenes físicos continúe, o incluso, que aumente su frecuencia para estos individuos. Los veterinarios deberían estar conscientes de los riesgos asociados a anestesiar animales geriátricos, pero no permitir que esta sea una restricción categórica para implementar programas seguros de atención médica.

En cuanto a los estándares de seguridad, salubridad, hábitat y sociabilidad adecuados para su especie conforme los últimos estudios y recomendaciones científicas, cita y remite a la información que brinda el «Manual para cuidado de Chimpancés (Pan troglodytes)»; y que de las recomendaciones de la fuente de referencia son muy pocas las que se cumplen efectivamente.

Que en el caso de Toti, las instalaciones de Bubalco respetan la superficie sugerida pero no la altura de la zona cerrada, tampoco hay reparo para el viento en la zona del domo, no hay enriquecimiento ambiental más allá de algunas estrategias en el suministro de alimentos, diferentes tipos de plantas, arbustos, desniveles y topografía, tampoco tiene material suficiente para confección del nido (si bien tiene algunos a disposición y de hecho lo utiliza en el techo de la entrada al domo que es un compartimiento estanco con dos puertas, es lo más adaptado a un nido en altura que tiene disponible. El recinto cuenta con agua a libre disposición y no se observan charcos, barro o zonas anegadas, la instalación es en ese sentido correcta. No se observó ningún tipo de residuo, basura o restos de alimentos, no se evidencian insectos ni cucarachas. El vidrio roto de la zona cerrada está protegido en el interior con una malla para evitar lesiones, al preguntar por el mismo me manifestaron que no conseguían un repuesto de este.

En cuanto al escrito presentado por Bubalcó S.A de fecha 13/12/2022 en el que senÞala lo que entiende son "errores" y "falsedades" de la pericia de la veterinaria Salinas, no pueden considerarse como argumentos, por cuanto no constituyeron impugnaciones y han quedado como una expresión "descriptiva" como lo define en su libelo. Incluso no se ha sustanciado con la perita por expresa aclaración de Bubalco en cuanto a que "contiene errores que se enumeran al solo efecto descriptivo"

De los pasajes transcriptos de las pericias realizadas en autos, en el caso se ha acreditado con la pericia realizada por la Dra. Salinas, quien se constituyó en el lugar donde se encuentra alojado el Chimpancé Toti, verificó su condición de salud psicofísica y concluye que el mismo se encuentra en forma actual e inminente en riesgo, que sufre de un cuadro de ansiedad permanente, vinculándose la ansiedad como una enfermedad de la adaptación.

Resaltando expresamente que «de continuar en las mismas condiciones actuales corre riesgo la salud psicofísica de Toti destacando su falta de condición socioemocional, afectando toda la economía desde el punto de vista fisiológico". Indicando que la falta de contacto con su especie es lo que se constituye como un estresor crónico.

Que las deficiencias en el plan de enriquecimiento ambiental podrían satisfacer los factores objetivos que hacen a la vida (del entorno, recursos, medio ambiente, enriquecimiento ambiental, etc) pero los componentes subjetivos estarían severamente disminuidos por la falta de lo que hace la vida social.

Que la suscripta ha otorgado a Bubalcó S.A desde el avocamiento múltiples oportunidades para otorgar tanto la posibilidad de ofrecer en forma tardía puntos periciales, de concurrir con consultores técnicos, e incluso ha consultado sobre si sus apreciaciones en la pericia constituían impugnaciones, a fin de brindar la posibilidad una respuesta de la perita. Ante ello Bubalco S.A. mantuvo una actitud indiferente y cinÞendo su postura en que la vía del amparo es improcedente, fundándola incluso en doctrina del Superior Tribunal de Justicia de Rio Negro que ya no resulta aplicable. Tampoco cuestiono ninguna de las decisiones en torno a la prueba ordenada de oficio por la suscripta, salvo en lo referente al dictamen de Ferrari; que ha sido considerado con un alcance probatorio limitado por cuanto no ha tomado contacto con Toti.

Es por ello, que con la pericia realizada por la perita Salinas encuentro acreditado en autos que se encuentra afectada y amenazada la vida, supervivencia y calidad de vida del Chimpancé Toti, especie en peligro de extinción y cuya protección se encuentra protegida en el art. 41 y 43 de la Const. Nacional, afectando la biodiversidad y el ambiente como bienes constitucionalmente protegidos que requieren de tutela. Configurando por ello los requisitos de lesión y amenaza inminente a los derechos constitucionales. Que como nos ensenÞa la Dra. Aída Kemelmajer de Carlucci en su exposición sobre el principio de precaución -en un documento de la UNESCO en Buenos Aires, junio de 2005-, el principio precautorio presenta los siguientes elementos comunes o claves: 1) incertidumbre considerable por la causalidad, la magnitud, la probabilidad o la naturaleza de la lesión; 2) requiere de un análisis científico por lo que es insuficiente la mera fantasía o especulación. (citado en fallo del 13-11-2014 «BETELU, ALEJANDRO S/AMPARO COLECTIVO" Expte. N° 27230/14-STJ).

Siguiendo el argumento de tal fallo, en el caso no existe una prueba: «definitiva o contundente de tal riesgo; pero ello no implica que tampoco se postergue la adopción de una medida eficaz, aun cuando exista una incertidumbre sobre su resultado". La probabilidad de que la calidad de vida del Chimpancé Toti mejore se encuentra avalada por la bibliografía y estudios citados; probabilidad que como tal, también no se encuentra exenta de riesgos.

En el caso no puede afirmarse tener la certeza qué ocurrirá si el Chimpancé Toti es traslado a un centro de Rehabilitación y/o Santuario o similar, pero si se cuenta con información en autos brindada especialmente por las pericias y reforzada por las presentaciones de los Amigo de Tribunal que «podría» evitarse los daños que los peritos describen con motivos de encontrarse alojado en Bubalco vinculados especialmente a la falta de sociabilización e interAcción con miembros de su misma especie. Lo que además redundara en la probable mejora de su calidad de vida.

Los daños resultarían irreparables de no adoptarse medidas urgentes para lograr la inserción de Toti en un medio en el que pueda interactuar con sus pares, máxime considerando su edad y las dificultades para su traslado.

El principio de prevención además de resultar un mandato previsto en el actual Código Civil y comercial se erige como principio en la ley general del ambiente (Art. 4 ley 25.675), que impone el deber de prevenir los efectos negativos, y en particular el principio precautorio. Este último determina que "cuando haya peligro de daño grave e irreversible la ausencia de información o certeza científica no deberá utilizarse como razón para postergar la adopción de medidas eficaces".

Si cualquiera de las partes de este proceso, e incluso el Tribunal pudiera afirmar con certeza o la capacidad de predecir la situación futura con total seguridad, confirmaría el determinismo sea una característica del mundo. Por ello, y en vista de considerar una ética de la conservación, de la prevención, de respetar el derecho de la biodiversidad, la preservación de una especie que se encuentra en vías de extinción y manteniendo abierto el horizonte de la mejor probabilidad es que corresponde hacer lugar parcialmente al amparo, a los fines de evaluar la posibilidad de su traslado por un equipo de expertos como sugiere la perita. Todo ello, en vistas de evitar la producción del daño que se presenta con las necesarias notas de amenaza y gravedad y sustentado en principio precautorio de la Ley General del Ambiente y de prevención del daño tendientes a evitarlo.

«El principio de precaución reclama medidas de inmediato, de urgencia, aun cuando hubiera ausencia o insuficiencia de pruebas o elementos científicos referidos al comportamiento de la naturaleza. Actuar en ese sentido «presupone que cualquier demora puede resultar a la larga más perjudicial que la Acción temprana intempestiva» (Walsh, Juan R., en su trabajo «El ambiente y el paradigma de la sustentabilidad», ap. 11: «El principio precautorio como elemento constitutivo de la sustentabilidad» en la obra colectiva «Ambiente, Derecho y Sustentabilidad», 2000, Ed. La Ley, p. 47 y ss.). citado en fallo del STJ RIVELLI, ROLANDO s/AMPARO s/ APELACIÓN» (Expte. No 20029/05- STJ-), 07-06-2005

En cuanto al requisito de arbitrariedad e ilegalidad manifiesta, entiendo que Bubalco S.A, si bien no ha incurrido en una conducta ilegal pues de hecho habría cumplido con la normativa y las autorizaciones para alojar a Toti en Bubalco; la postura y la conducta asumida en este proceso respecto de la temática debatida torna a la misma en arbitraria. Lo arbitrario según la Real academia española es lo "Sujeto a la libre voluntad o al capricho antes que a la ley o a la razón". Su posición respecto de la temática planteada ha sido pasiva, de falta de colaboración e indiferente respecto del resultado de las pericias, especialmente de la perita Salinas.

Y ello resulta de la lectura del escrito presentado en fecha 13/12/2022 y 26/12/2022 donde senÞala "errores" de la perita y tildando de "falso" lo expuesto. Postura que ratifica, cuando al requerirle aclare si lo manifestado implicaban impugnaciones a fin de darle traslado a la perita, guarda nuevamente silencio.

En cuanto a la decisión respecto de qué centro debe ser trasladado el Chimpancé Toti, con los elementos aportados a este proceso no puede adoptarse tal decisión, máxime cuando los propios peritos indican la falta de información al respecto. En especial el perito Ferrari.

Respecto de los costos que pueda insumir las tareas, profesionales, gastos y/o otros necesarios para realizar las y/o acciones previas al traslado del Chimpancé Toti para arribar, deberán los amparistas arbitrar los medios para lograr los fondos, no pudiendo ser exigidos a Bubalco S.A. Ello considerando que al iniciar el amparo manifestaron que los costos serían asumidos por el Centro propuesto y ello no ha sido objeto de discusión, tratamiento y por ende resolución en el presente trámite.

Por ello, una vez que adquiera firmeza la presente sentencia, y en la etapa de ejecución de la misma corresponderá en su caso, librar oficio a la Dirección de Fauna de la Provincia de Rio Negro, Dirección de Fauna de Nación, SENASA a fin de que informen los trámites y autorizaciones que resultarían necesarias para un traslado al exterior de Toti, especificando concretamente cuáles son los pasos a seguir, asimismo si se cuenta con un equipo de profesionales indicados por la perita Salinas y/o los que se requieran conforme la normativa para realizar los estudios, evaluaciones y determinar si se encuentra en condiciones del traslado. Requiriendo de ser posible se sugiera los posibles centros de primates a los que podría ser trasladado en función de las características del Chimpancé.

Una vez agregado en autos en la etapa de ejecución de sentencia los informes mencionados, se evaluara el Centro al cual se trasladará el Chimpancé Toti y las medidas previas, autorizaciones y demás acciones necesarias para determinar la posibilidad de su traslado.

En cuanto a las costas del presente proceso, deben ser impuestas por su orden en lo relativo a los honorarios profesionales de los abogados que actuaron en el proceso, con fundamento en que la accionada conforme se ha desarrollado en el punto I, pudo razonablemente considerarse con motivos para entender que este no era el ámbito de discusión este proceso (artículo 68 segundo párrafo CPCYC). Es decir, cada parte asume el pago de sus propios letrados.

Respecto de los honorarios de los peritos, he de diferenciar el régimen de costas, las que se impondrán a Bubalcó SA en su carácter de perdidoso aplicando al respecto el régimen general de las costas, que imponen las mismas al vencido. Considerando las especiales circunstancias en torno a la prueba y la posición asumida por Bubalcó S.A.; en tanto forman parte de las costas judiciales, deben ser pagados, en definitiva, por la parte vencida en juicio (art. 68 y 478 inc. 2 in fine del CPCyC); y en especial la de la perita Salinas por cuanto ha sido decisiva y necesaria para la solución del caso.

Dejándose constancia que A.F.A.D.A. no h instado el beneficio de litigar sin gastos presentado en el transcurso del proceso.

Por todo lo expuesto, y normas citadas;

FALLO:

1. Rechazar el planteo efectuado por Bubalcó S.A y la Fiscalía de Estado de cosa juzgada y de inadmisibilidad de la vía, con costas por su orden, conforme los fundamentos expuestos.

2. Hacer lugar al planteo de falta de legitimación pasiva efectuado por la Fiscalía de Estado, sin costas.

3. Hacer lugar parcialmente al amparo interpuesto por A.F.A.D.A. contra Bubalcó S.A, y ordenar el traslado del Chimpancé Toti, actualmente alojado en el Zoológico Bubalcó S.A a un Centro y/o Santuario para Grandes Primates, una vez adquirida firmeza de la presente se dispondrá en la etapa de ejecución de sentencia la designación del equipo de expertos sugerido en la pericia realizada, quien evaluará, determinará la factibilidad y condiciones del traslado. Asimismo, en dicha etapa se determinará el destino y/o Centro al cual será, en su caso trasladado. Dejando aclarado que los costos de traslado no serán asumidos por Bubalcó S.A, debiendo los amparistas arbitrar los medios a tal fin, conforme los fundamentos expuestos en los considerandos.

4. Diferir para la etapa de ejecución de sentencia y una vez firme la presente: 4.a) El libramiento de oficios a la Dirección de Fauna de la Provincia de Río Negro,

Fauna de Nación, SENASA a fin de que informen los trámites, requisitos y autorizaciones necesarias para el traslado al exterior del Chimpancé Toti, especificando concreta y detalladamente los pasos a seguir. Asimismo si cuentan con equipo de profesionales indicados por la perito Salinas - debiendo detallarse en el oficio con adjunción de la pericia y/o los que se requieran conforme la normativa para realizar los estudios necesarios, evaluaciones tendientes a determinar si el Chimpancé se encuentra en condiciones psicofísicas de ser traslado. Requiriendo a dichas autoridades, de ser posible, se sugiera los posibles centros de primates a los que podría ser trasladado de acuerdo a la situación actual del mismo. 4.b) Agregados en autos los informes, se establecerán los pasos a seguir a los fines de designar el equipo de profesionales sugerido en la pericia por la Dra. Salinas; la evaluación y medidas tendientes a determinar las condiciones del traslado, así como el Centro y/o Santuario más adecuado conforme las particulares condiciones del Chimpancé Toti.

5. En cuanto a las costas corresponde distinguir lo relativo a los honorarios de los letrados y los correspondientes a los peritos designados.

5.a: Respecto de los honorarios de los abogados patrocinantes y apoderados que han actuado en el proceso deberán ser asumidos por su orden, es decir que cada parte asume el pago de sus propios letrados, conforme lo expuesto en los considerandos.

Se regula honorarios ...Los honorarios de los profesionales se han regulado teniéndose en cuenta el importe pecuniario del proceso, importancia de los trabajos realizados y calidad y extensión de los mismos.

5. b: Respecto de los honorarios de los peritos intervinientes los mismos deben ser asumidos por la vencida Bubalcó S.A. Corresponde regular honorarios del Dr. Andrés Gil Domínguez, por su actuación en las audiencias celebradas, en la suma equivalente a 5 Jus al momento de su pago (art. 68 in fine del CPCyC, artículos 2,5,7,8,18,19 ley 5069).

A la perita Dra. Daniela Echevarría, por la aceptación del cargo en la suma equivalente de 3 Jus (art. 620 ley 5069).

Por la labor pericial realizada por el perito Dr. Héctor Ferrari, en función del alcance probatorio limitado que se ha otorgado a su dictamen por no haber verificación in situ la situación de Toti, y considerando la labor desplegada y la incidencia en la resolución de la causa, corresponde regular la suma equivalente a 10 Jus (art. 2,5,7,8,18,19 ley 5069).

Por la labor de la perita Dra. María de la Paz Salinas, quien se ha trasladado para la realización de la pericia desde la ciudad de Buenos Aires, concurrido en dos oportunidades a la visita a Bubalcó, y contestada en forma clara, eficiente los conocimientos científicos de la misma, realizando una labor de calidad, extensión, diligencia y en cumplimiento de las funciones siendo su aporte de fundamental importancia para la resolución de la causa, corresponde regular el equivalente a 40 Jus. Tomando en forma referencial lo establecido para los honorarios de la Acordada del STJRN 17/2019, que fija el valor del arancelamiento en un equivalente de 25 JUS para la realización de las pericias requeridas al Cuerpo de Investigación Forense cuando es requerido su actuación de manera oficiosa en juicios civiles y/o de familia (acordada 33/2017). Resaltando que, en el caso por los especiales conocimientos requeridos y a raíz del informe del Colegio de Veterinarios se dio intervención a dicha profesional por su experiencia. Tomando además en consideración que en el caso se trata de un proceso por monto indeterminado y ponderando los especiales conocimientos aportados en una cuestión de complejidad debatida (Art. 2,5,7,8,18 y 19 ley 5069). Se deja constancia que a la fecha de la presente sentencia el valor del Jus asciende al 01/02/2023 a la suma de $9.050.- (Resolución 874/22).

Regístrese, publíquese y notifíquese de conformidad con lo dispuesto en la Acordada 09/2022-STJ, Anexo I, Artículo N° 9, cúmplase con Ley 869.

DRA. ANGELA SOSA JUEZA DE FAMILIA UP 17

SUMARIO: Malos tratos y crueldad (art. 3.7 Ley 14346), daños y desobediencia. Concurso real. Juicio abreviado

(TRIBUNAL DE JUICIO - SALA IV, SALTA-CAPITAL, 12 de Marzo de 2018)

SENTENCIA: AUTOS Y VISTA la presente causa caratulada «JUICIO ABREVIADO - G., ARIEL E. POR DAÑOS, MALOS TRATOS A LOS ANIMALES Y DESOBEDIENCIA JUDICIAL EN PERJUICIO DE C., R. I.» Expte. JUI N° 148.910/18 (A.P. N° 137/18 Y 158/18 Sub Com. Villa LavalleL.I.F. N° 14/18 de la Fiscalía Penal N° 4) y; CONSIDERANDO Que en el día de la fecha tuvo lugar la audiencia Preliminar prevista por el Art. 513 del C.P.P., donde se imprime el procedimiento de Juicio Abreviado en el presente proceso, encontrándose integrado este tribunal por la Dra. Norma Beatriz VERA en actuación Unipersonal Secretaría del Dr. Leonardo Gabriel FEANS, el Ministerio Público se encuentra representado por la Sra. Fiscal Penal N° 4 Dra. Gabriela DAVALOS, la defensa del imputado, es ejercida por la UDP N° 3 representada sucesivamente por los Dres. Eduardo Raúl SANGARI y Marcelo DI BEZ. Que interrogado el imputado por sus datos personales dijo llamarse, nacido el 30/03/1988 en Salta Capital, Hijo de (y) y (f), soltero, con instrucción secundaria incompleta, trabajador independiente realizando tareas de ayudante de plomería y albanÞilería, domiciliado en calle de Febrero, de esta ciudad, no padece enfermedades crónicas, fuma tabaco y consume ocasionalmente bebidas con alcohol deseando realizar tratamiento por su adicción, tiene antecedentes condenatorios y tiene un hijo menor de edad a su cargo. Que; las presentes actuaciones llegan a éste Tribunal en virtud del pedido efectuado por las partes y el incoado a fin de que se imprima al presente proceso el trámite de juicio abreviado en los términos del art. 513 del CPP, el que fuera acogido favorablemente por el Juzgado de Garantías oportunamente interviniente. Al respecto, se tiene presente lo manifestado por las partes en la pieza adunada a fs. 01/03 donde expresan que las actuaciones dan origen a Actuaciones Preliminarel N° 137/18 y 158/18 de la Sub. Comisaría de Va Lavalle, las que se inician por denuncia de la Sra. quien manifiesta que; en fecha 10/02/2018 a horas 09:00, salió de su domicilio, sito en, de ésta ciudad, rumbo a su trabajo. Al regresar cuando se dispuso a preparar la mesa para comer escuchó que el perro de su padre comenzó a ladrar, momento en que Ariel Eduardo Gutiérrez en aparente estado de ebriedad realizó un golpe con la planta del pie a la puerta de ingreso causando daños, ya que desprendió una parte del marco fijo; que en la mesa se encontraba comiendo su padre quien logró agarrar el plato. Posteriormente la denunciante sacó al acusado hacía la vereda, quien tomó un pedazo de ladrillo y hacía ademanes de lanzárselo al perro a la vez que arrojaba golpes de punÞo hacia la pared. Por su parte según consta a fs. 04/05 la Sra., manifestó que reside en, que en el mismo terreno residen tres familias que serían su hermana (quien se ubica en la parte posterior del lote), quien también es su hermano y vive solo en una pieza. El acusado también es hermano de la dicente y hace dos años que ya no reside en el terreno, debido a problemas que mantenía con su hermana; que el día 06/02/2018 el acusado ingresó al domicilio sin previo aviso, aclarando que la puerta de ingreso al terreno no tiene seguridad como llave o candado, solo cuenta con un gancho de alambre, por lo que la dicente no se percató del ingreso. Luego su mascota que es un perro de porte mediano, desconoce su raza, pelaje negro aullaba fuerte en el baño, por lo que al ir a verificar lo que sucedía y querer ingresar vio al acusado trabándole la puerta ocasión en la que pudo observar que Ariel lo estaba ahorcando al perro. Por tal motivo le solicitó que abriera la puerta y soltara al animal, fue en esos momentos que la dicente agarró al perro, mientras el acusado que se encontraba en el baño en aparente estado de ebriedad le profirió insultos tales como «dejame pelotuda, no te metas», agregando que el acusado es una persona con problemas de adicciones y que en el terreno no se encontraban ninguno de sus otros hermanos. SenÞalando que los hechos así descriptos han sido calificados como constitutivos de los delitos de DAÑOS, MALOS TRATOS A LOS ANIMALES Y DESOBEDIENCIA JUDICIAL (dos hechos), previstos y reprimidos por los Arts. 183 del C.P., Arts. 1 y 3 inc. 7) de la Ley N° 14.346 y Art. 239 del C.P. atribuyendo su autoría, teniendo por acreditado con suficiencia que el acusado el día 06/02/2018 ingresó al domicilio y en el baño comenzó a ahorcar a la mascota de la familia el cual es un perro de porte mediano, raza desconocida, pelaje negro que aullaba fuerte; pese a que el acusado no puede ingresar al domicilio porque tiene Prohibición de Acercamiento; mientras que en fecha 10/02/2018 el nombrado, en aparente estado de ebriedad con un golpe de punta pie en la puerta ingresó al domicilio de la denunciante causando daños desprendiendo una parte del marco fijo, como se observa en fs. 11 del Legajo Fiscal. Posteriormente la denunciante logró sacar al acusado hacia la vereda, quien tomó un pedazo de ladrillo de la vereda y hacía ademanes de lanzárselo al perro. Haciendo saber que, conforme los antecedentes que surgen de la planilla prontuarial del enjuiciado, la escala penal aplicable para el concurso delictivo asignado, y las pautas contenidas en los Arts. 40 y 41 del C.P., han acordado la pena de CUATRO MESES de prisión de ejecución efectiva, correspondiendo asimismo la declaración de reincidencia por resultar autor material y penalmente responsable de los delitos de DAÑO, MALOS TRATOS A LOS ANIMALES Y DESOBEDIENCIA JUDICIAL previstos y reprimidos por los Arts. 183 del C.P., Arts. 1 y 3 inc. 7) de la Ley N° 14.346 y Art. 239 del C.P. por el que viene acusado, poniendo de resalto que el incoado registra Condena a 3(tres) años y 6(seis) meses de Prisión de fecha 03/05/2013 por ser autor del Delito de Robo en Poblado y en Banda Reiterado (dos hechos) y otra condena de 4 (cuatro) meses y 29 (veintinueve) días de Prisión efectiva y costas de fecha 02/03/2017 por ser autor del Delito de desobediencia Judicial (dos hechos). En la audiencia del Juicio Abreviado, con la presencia de la Sra. Fiscal, el imputado junto a su abogado defensor y habiendo oído a luego de haberlo identificado y ser advertido que preste atención al contenido del acuerdo y de la pretensión punitiva de la Sra. Fiscal Penal, la que fuera por él consensuada, el Sr. expresó con plena capacidad de discernimiento, libertad de decisión y sin duda alguna, que SI ACEPTABA el tramite impreso, efectuó el reconocimiento de su responsabilidad y manifestó que aceptaba la pretensión punitiva del órgano acusador. Cedida la palabra a la Sra. Fiscal aclaró que conforme surge de Expte. N° 502029/15 de trámite por el Juzgado de Personas y Familia 5' Nominación, en fecha 27/1/15 pesa sobre el incoado la exclusión del hogar y prohibición de acercamiento al domicilio ubicado en Manzana 122 B lote 8 B° 2 de Abril de ésta ciudad, lo que fuera notificado personalmente al Sr., Gutiérrez en fecha 9/7/2015 (fs. 35 y vta. del UF), por lo que sostuvo que va a ratificar en todos sus términos el acuerdo arribado y, habiéndose cumplido los recaudos legales previstos en el Art. 513 del C.P.P., así también que habiéndose incorporado el L.I.F. N° 14/18 originario de las A.P. N° 137/18 Y 158/ 18 de la Sub Comisaria Villa Lavalle- la causa se encuentra en estado de su merituación para dictar sentencia, lo que así requiere. A su turno el Dr. DI BEZ a cargo y en ejercicio de la defensa técnica del imputado expresó que; adhiere a la conformidad prestada por su representado respecto a que se le aplique la pena solicitada tanto en su cuatum como en su modalidad de ejecución e, indicó que informó a su pupilo de las consecuencias del juicio abreviado y la condena aceptada. Examinada la cuestión, no se verifica causa de justificación ni de inculpabilidad y habiéndose acreditado en el proceso la vigorosidad de la Acción penal por los delitos que fuera promovido y reconocido como DAÑOS, MALOS TRATOS A LOS ANIMALES Y DESOBEDIENCIA JUDICIAL (DOS HECHOS) previstos y reprimidos por los Arts. 183 del C.P., Arts. 1 y 3 inc. 7) de la Ley N° 14.346 y Art. 239 del C.P. TODO ELLO EN CONCURSO REAL (art. 55 del C.P.), se tiene que el encausado debe responder como autor material y penalmente responsable de los delitos endilgados y, resultando hechos escindibles material y jurídicamente cabe aplicar al caso las reglas del concurso material de delitos. Al respecto cabe considerar que más allá del reconocimiento voluntario del incuso, existen elementos de convicción conformado por los obtenidos durante la investigación preliminar, siendo estos, sendas denuncias de la Sra., el informe testificado del Sgto. Ayte. L.P. 13.991, Miguel Ángel Rojas, con revista en Dirección de Seguridad Urbana; el informe de la Of. Aux. Carla Décima, con revista en Sub. Comisaría Va Lavalle; Acta de Inspección Ocular, que acreditan la materialidad de los hechos y la autoría del encausado, el que con su proceder ha desplegado conductas merecedoras de reproche penal, de donde surgen los elementos objetivos y subjetivos requeridos por los tipos penales escogidos, lo que permite adecuar las figuras legales en igual sentido que lo hiciera la Sra. Fiscal y que fuera aceptado por la parte. En efecto; ha quedado establecido en autos que en fecha, 06/02/18 ingresó sin previo aviso al domicilio de la Sra., de ésta ciudad, percatándose de ello la denunciante cuando la mascota de su padre que es un perro de porte mediano, pelaje negro aullaba fuerte en el barrio, por lo que al ir a verificar lo que sucedía y querer ingresar al lugar vio al incuso trabándole la puerta, pudiendo observar que el enjuiciado estaba ahorcando al animal. Por lo que le solicitó que abriera la puerta y soltara al animal, fue en esos momentos que la dicente agarró al perro, mientras el acusado que se encontraba en el barrio en aparente estado de ebriedad le profirió insultos. De igual modo ha quedado establecido que el día 10/02/2018 a horas 09:00, arribó a las afueras del domicilio sito en de ésta ciudad, ocasión en la que mediante un puntapié abrió la puerta de ingreso a la morada desprendiendo parte del marco fijo de la citada abertura. Por su parte en su acercamiento al domicilio en cuestión, lugar donde reside su grupo familiar primario, el enjuiciado ha desobedecido la manda judicial impuesta por magistrado competente, quien mediante resolución debidamente comunicada le impuso a la prohibición de acercamiento a la citada vivienda, de lo que deliberadamente hizo caso omiso. Cabe en este tópico considerar que; el delito de Daños (Art. 183 del C.P.) se encuentra actualizado en el evento materia de este juicio toda vez que emerge de lo valorado un comportamiento consciente y deliberado encaminado a producir un menoscabo material en un bien ajeno a su propiedad, materializando un daño que se tradujo en el desprendimiento de parte del marco fijo de la puerta de ingreso a su domicilio como consecuencia de un golpe efectuado con sus pies, extremo que se encuentra corroborado a través del acta de inspección ocular adunada a fs. 09 del L.I.F. Deviene asimismo relevante poner de manifiesto, que no se torna aplicable al caso la excusa absolutoria de responsabilidad prevista en el Art. 185 inc. 3 del C.P., por cuanto tal como emerge del relato de la denunciante el encausado no convivía con ella, de allí que no encontrándose el extremo requerido por la norma citada, no resulta operativa la mentada excusa absolutoria. En lo que respecta al delito de Malos Tratos a los Animales (Arts. 1 y 3 inc. 7) de la Ley N° 14.346), y conforme ha quedado delineado el factun de la hipótesis acusatoria, se tribuye al encausado un comportamiento orientado voluntariamente a infligir malos tratos al perro del padre de la denunciante, al sujetarlo por el cuello con una soga y pretender ahorcarlo y con ello lograr la muerte del animal, lo que no pudo concretar en virtud de la oportuna intervención de la Sra. C. Al respecto cabe recordar que; el delito de maltrato de animal es un delito de resultado material que requiere de la muerte o una lesión que cause al animal un grave menoscabo físico, esto es, que requiera una primera asistencia veterinaria y tratamiento facultativo o quirúrgico. Con la muerte o las lesiones queda consumado el delito, permitiendo las formas imperfectas de ejecución, cual sería la Acción de no llegar a causar la muerte o una lesión grave pese al maltrato cruel infligido, causando sólo lesiones leves, siempre que se trate de un maltrato de mayor gravedad que atendiendo a la intensidad y al número de actos realizados objetivamente hubiesen podido acabar con la vida del animal o herirlo gravemente. El tipo subjetivo del delito está integrado por el ensanÞamiento, elemento que puede ser entendido como un dolo directo de hacer sufrir perversamente al animal y un carácter deliberado y premeditado de la Acción, sabiendo que esta Acción ejercida o la omisión causaran dolor o la muerte o causaran un malestar innecesario al animal. En tal sentido las normas de la ley 14346 protegen a los animales de los actos de crueldad y maltrato, no ya en un superado sentimiento de piedad sino como un reconocimiento normativo de una esfera o marco de derechos para otras especies que deben ser preservadas, no solo de la depredación sino también de un trato incompatible con la mínima racionalidad. El concepto de persona incluye en nuestras sociedades pluralistas y anonimizadas también un modo racional de contacto con los animales que excluye los tratos crueles y degradantes, considerando que el respeto hacia los animales por el hombre está ligado al respeto de los hombres entre ellos mismos. Asimismo y lo atinente al delito de Desobediencia Judicial se advierte que sobre el encausado pesaba un prohibición de acercamiento impuesta por magistrado competente en sede familiarista según surge de copia obrante a fs. 35 del UF de la cual este se encontraba efectivamente notificado (fs. 35 vta.), pese a lo cual y en una actitud totalmente renuente a los mandatos de la justicia G. se hizo presente en el domicilio de la Sra. C, materializando con su proceder la conducta prevista y reprimida por el art. 239 del digesto sustantivo. Surgiendo de lo merituado una pluralidad de conductas realizadas por el imputado sin que medie relación de dependencia entre las mismas, actualizando una heterogeneidad de comportamiento disvaliosos, en los alcances de lo reglado por el Art. 55 del C.P cabe aplicar, tal como se adelantara, las reglas del concurso material de delitos. En orden a la individualización de la pena a aplicar al encausado, teniendo en cuenta las pautas contempladas en los Arts. 40 y 41 del C.P., y merituando como atenuante su edad, que se trata de una persona joven, su grado de instrucción, la naturaleza de las acciones desplegadas, el exiguo perjuicio producido por su accionar, y sin que ello importe en modo alguno una doble valoración ha de considerarse como agravante el ámbito familiar en el que se ejecutaron las acciones endilgadas, dejando traducir a mas de su firme voluntad de transgredir la norma, su total indiferencia por la armonía y respeto que resulta esperable por ser un miembro integrante de ese núcleo familiar por lo que; se considera como justa, equitativa y ajustada a derecho conforme la escala penal a aplicar al enjuiciado la pena de CUATRO MESES DE PRISION DE EJECUCION EFECTIVA Y COSTAS (art. 26,29 inc. 3 del C.P.). Al respecto, corresponde destacar que el cumplimiento efectivo de la pena en cuestión por parte del incuso obedece a la existencia respecto del mismo de antecedentes condenatorios, siendo los mismos una Condena a 3(tres) arios y 6 (seis) meses de Prisión de fecha 03/05/2013 por ser autor del Delito de Robo en Poblado y en Banda Reiterado (dos hechos), unificada en la pena única de cuatro arios y dos meses de prisión (causa 16562/09 y acumuladas), dictada por el Tribunal de Juicio Sala II en causa N° 17956/14 y una Condena de 4 (cuatro) meses y 29 (veintinueve) días de Prisión efectiva y por ser autor del Delito de Desobediencia Judicial (dos hechos) recaída en el Juzgado de Garantías N 8 en causa N° 130268/16. _ Asimismo y en razón de ello, surgiendo de los antecedentes referidos el cumplimiento efectivo de pena privativa de la libertad por parte del encausado, en los términos de lo establecido por el Art. 50 del C.P. corresponde declararlo REINCIDENTE. Por las razones expuestas y fundamentos dados. La Sra. Vocal N° 3 del TRIBUNAL DE JUICIO SALA IV Dra. Norma Beatriz VERA, FALLA I) CONDENANDO a la pena de CUATRO MESES DE PRISION DE EJECUCION EFECTIVA Y COSTAS por resultar autor material y penalmente responsable de los delitos de DAÑOS, MALOS TRATOS A LOS ANIMALES Y DESOBEDIENCIA JUDICIAL (dos hechos) en CONCURSO REAL (Arts. 183 del C.P., Arts. 1 y 3 inc. 7) de la Ley N° 14.346 y Arts. 239, 55, 26, 29 párrafo 3°, 40, 41, 45 del CP). DISPONIENDO que el nombrado se inmediatamente alojado en la Unidad Carcelaria local II) DECLARANDO a G., de condiciones personales ya consignadas REINCIDENTE por primera vez, de conformidad a lo establecido por el Art. 50 del C.P. III) DISPONIENDO que G. reciba tratamiento psicoterapéutico por la adicción al consumo de bebidas alcohólicas que dijo padecer, debiendo el Sr. Director de la Unidad carcelaria local arbitrar todas las diligencias encaminadas a dar efectivo cumplimiento a la medida dispuesta y remitir las constancias correspondientes en el término de 72 hs., con expreso apercibiendo de incurrir en desobediencia judicial. IV) CITESE a R. I. C. a audiencia que se senÞala para el día 14/03/18 a hs. 08:00 a fin de imponerla del contenido de las previsiones del art. 11 bis Ley 24.660. V) COPIESÉ, PROTOCOLICESE Y OFICIESE.- Ante mi. Dra. Norma Beatriz Vera Jueza Dr. Leonardo Feans Secretario.

SUMARIO: Acto de crueldad (art.3.7, Ley 14346). Abuso de autoridad. Daño. Concurso ideal.

En la ciudad de Rawson, Provincia del Chubut, a los diez días del mes de junio del año dos mil veintiuno, se constituye en la Sala de Audiencias de la Oficina Judicial, el Sr. Juez Penal Gustavo Daniel C. a fin de dictar sentencia en la carpeta judicial N° 7311, legajo fiscal N° 21.466 caratulada «C., M. M. M. s/ Denuncia Maltrato Animal»; seguidos contra E. P. S., D.N.I. N° X, empleado policial, nacido el día 13 de septiembre de 1974 en Rawson, Provincia del Chubut, domiciliado en calle J. M. de R. y R. de esta ciudad.-

Son además parte en este proceso, el Sr. Fiscal General Dr. Fernando RIVAROLA, la Sra. Funcionaria de Fiscalía Dra. Eugenia DOMINGUEZ, el Dr. Damián D'ANTONIO, los Sres. Defensores Particulares M. S. C. y R. M. M., y la Sra. M. M. M.

C.-

Que al inicio del debate, tomó la palabra el Sr. Fiscal General al explicar el caso, senÞaló que probaría: "el hecho ocurrido en fecha 26 de marzo de 2020, siendo aproximadamente las 14:00 horas, en la vía pública del domicilio sito en calle Teniente Coronel de Roa N° X de la localidad de Playa Unión. En las referidas circunstancias de tiempo y lugar, el empleado policial E. P. S. -quien se encontraba en ejercicio de sus funciones- fue objeto de la agresión por parte de una perra mestiza con rasgos de pitbull de tamaño grande –perteneciente a los moradores del domicilio ut-supra aludido- que lo habría mordido en su pierna izquierda. Es así que el efectivo policial -excediendo el marco de sus funciones y en circunstancias en que la perra se alejaba de su persona- realizó un acto de crueldad contra el animal mediante la utilización de su arma de fuego reglamentaria (pistola 9 mm. Marca Hi-Power modelo Detective, serie X), efectuándole un disparo al can que ingresó al animal en la región posterior lateral izquierda del cuello, en su tercio medio, y salió por la región ventral lateral derecha del cuello, provocándole a la perra una hemorragia pulmonar aguda que determinó la necesidad de practicarle eutanasia con el consecuente deceso del animal.".-

El Ministerio Público Fiscal calificó los hechos descriptos, como constitutivos del delito de InfrAcción al art. 3 inc. 7° de la Ley de Protección Animal N° 14.346, Daño (art. 183 C.P.) y Abuso de Autoridad (art. 248 todos ellos en concurso ideal (art. 54 del C.P.), revistiendo el imputado S. el carácter de autor de dichos ilícitos (art. 45 C.P.). Al momento de los alegatos finales, se abstuvo de formular acusación en relación al delito de InfrAcción al art. 3 inc. 7mo de la Ley de Protección Animal, peticionando se le imponga la pena de un año de prisión y el doble de inhabilitación especial.-

Por su parte la querella acusó en relación a los siguientes hechos: "en fecha 26 de marzo de 2020 a las 14 horas aproximadamente, en el domicilio sito en calle T. C. de R. N° X de Playa Unión, el empleado Policial E. P. S., en ejercicio de sus funciones (uniformado y con su arma reglamentaria), previo haber ingresado al terreno en construcción donde la perra «T.» se alerta y comienza a ladrar, ya en medio de la calle mencionada sale T. ladrando en Dirección al empleado Policial S., a quien se le acerca, le ladra y torea, mientras se acercaba su propietario (Sr. M.); cuando ya estando éste a su lado, de forma repentina, sorpresiva y desmedida el empleado policial extrae su arma de fuego reglamentaria (pistola tipo 9mm. Marca Hi-Power modelo Detective, serie X) y le efectúa un disparo a «T.» cuando la misma ya se estaba alejando del empleado policial. Dicho proyectil le ingresa en la región posterior lateral izquierdo del cuello en su tercio medio con salida por la región ventral lateral derecha del cuello, provocándole a «T.» rotura de vértebras y una hemorragia pulmonar aguda que Instantes después determinó la necesidad de practicarle eutanasia con el consecuente deceso de «T.»."

Califica la Sra. Querellante, los hechos descriptos, como constitutivos de los delitos de InfrAcción al Art. 1 y 3 Inc. 7mo. de la Ley de Protección Animal N° 14.346 y Abuso de autoridad (art. 248 CP), todos ellos en concurso ideal (art. 54 CP) revistiendo E. P. S. el carácter de autor de dichos ilícitos (art. 45 del Código Penal).-

Tanto la prueba producida en el debate, la incorporada por las partes y las alegaciones finales, se hallan transcriptas en el acta de debate a la cual me remito en honor a la brevedad.-

Decisión Jurisdiccional.-

Tal como ha relatado el propio representante del Ministerio Público Fiscal entiendo existen hechos que no han sido controvertidos por la Defensa o en su caso debidamente acreditados con la prueba que se ha ventilado en las sucesivas audiencias celebradas en el presente debate. -

Nadie ha discutido que el día 26 de marzo del año 2020, aproximadamente a las 14:00 horas arriba a la calle Teniente Roa a la altura catastral X un móvil policial conducido por E. S., el encargado de Turno Sargento P. y la Agente A. C., a fin de verificar la existencia de trabajadores en las obras que se encuentran en la cuadra, frente a la denuncia de una vecina de haber escuchado ruidos en esos lugares, recordando que en esa época se encontraba vigente el DNU de aislamiento y distanciamiento social que nos obligaba a permanecer en nuestros domicilio frente al avance del virus denominado COVID19.-

Tampoco nadie ha discutido y ha sido reconocido por el propio imputado que con el arma de fuego que portaba del tipo pistola, marca FN HI POWER, modelo DETECTIVE, calibre 9 mm, serie n° X, que conforme la legislación vigente es clasificada como arma de guerra – uso civil condicional, disparó terminando con la vida de T., por otro lado, la vaina servida secuestrada en el lugar de los hechos fue disparada por el arma en cuestión (Informe Pericial N° 11/2020).-

Que, con el arma descripta, S. dio muerte a T., hija no humana de la pareja formada por M. C. y M. M. T., de acuerdo a la descripción realizada por el Médico Veterinario H. I., era una perra hembra, de tamaño grande, de aproximadamente 30 kg. de peso, de raza mestiza con rasgos de pitbull, pelaje negro, corto, de edad aproximada de entre 1 y dos años.-

Sobre los motivos de la presencia policial en el domicilio citado de la localidad de Playa Unión, D. B. manifestó que ese día, 26 de marzo, se despertó alrededor de las diez de la manÞana y escuchó ruidos en la obra en construcción que se encuentra lindante en su domicilio y creyendo que había obreros trabajando, encontrándose prohibida la actividad, llama a la policía y estos concurren aproximadamente a las 13:30 horas que es cuando escucha movimientos de vehículos y observa un móvil policial frente a una obra en construcción. Del hecho nada puede relatar, sólo hace mención a haber escuchado el disparo y los posteriores movimientos que realizaron las personas que allí se encontraban, que no resultan relevantes para el esclarecimiento del hecho, más allá de las consideraciones efectuadas.-

Como se dijo, en el móvil policial llegaron al lugar el Sargento P., la Agente C. y el imputado S.-

El Sargento P. relató en la audiencia que efectivamente fueron convocados a los fines de verificar si se encontraban trabajando en una obra en la calle T. C. de R. a la altura X de la localidad de Playa Unión, sin saber el lugar exacto a verificar, entra a una construcción ubicada en la esquina que tenía ingreso por ambos lados, constatando que nadie se encontraba trabajando. Al salir, sale una perra a ladrarle y lo encaró, pero la ignora y continúa su marcha, agregando que están acostumbrados a que los perros los ladren; sigue su marcha y cuando estaba verificando otra obra escucha un disparo de arma de fuego, entonces vuelve con sus companÞeros S. y C., observa al primero subirse al móvil mientras los propietarios intentan agredirlo, arrojan piedras al móvil policial y cuando se acerca el funcionario policial le dice que se retire a los fines de tranquilizar los ánimos.

Para dejar aclarada una cuestión, que si bien no resulta decisiva para la resolución del caso, quedó acreditado que M. M., el padre de T. ha sido quien produjo el daño de la luneta del móvil policial. Esto es pues ha sido reconocido por el propio testigo de haber tirado piedras al móvil, por otro lado, de las cámaras de seguridad de la Sra. G. V., vecina de la cuadra, se puede observar nítidamente el daño en el vehículo. Además del informe Técnico Fotográfico de fecha 27 de marzo del año 2020, realizado por la Sargento 1° E. N. M., donde en las fotografías 30 a 40 se pueden observar los daños producidos, que coinciden plenamente con las filmaciones de la cámara de seguridad de la vecina.-

Continuando con los testigos presenciales del hecho, además de P., se encontraba la Agente C., quien integraba la comisión policial que se acercó a verificar la existencia de obreros trabajando. Refiere haberse quedado en el móvil, mientras P. revisaba una obra en construcción, y al escuchar unos gritos desciende del móvil y observa a S. y al duenÞo de la perra quien tenía intenciones de morder a su companÞero, mientras éste le decía que agarre a su perra, afirma que le saltaba cerca la cara cuando su companÞero carga el arma y dispara hacia la perra. Luego sus duenÞos agreden al móvil arrojándole piedras.-

Agrega que S. amagó a tirarle piedras a la perra pero ésta no cedía en su actitud agresiva, y encontrándose la perra frente a él, el sargento realiza el disparo.-

Un vecino fue ocasional testigo del hecho, R. F., llegaba a su domicilio luego de realizar compra de comestibles. Al acercarse observa un móvil policial estacionado en la calle y a S. conversando con el marido de M. en la vereda de su casa, cuando la perra lo torea, el policía se hace para atrás y le realiza un disparo, éste se va al patrullero mientras los duenÞos de T. lo insultan. Agrega que cuando S. le hace el disparo la perra estaba retirada, pero en ningún momento la vio morder, encontrándose a un metro de distancia aproximadamente.-

Finalmente, como afirmaron los testigos, también se encontraba presente el papa de T., M. M. Quien refiere que llega a su domicilio entre las 13 y 14 horas de ese día, y observa a P. ingresar a la obra lindante, y cuando éste sale de su domicilio para ver que estaba pasando sale su perra también, le pregunta que están haciendo y P. sigue caminando, y del patrullero estacionado frente a su casa se acerca S., amenaza a T. con que le va a tirar una piedra, y la perra lo sigue toreando, y cuando la iba a agarrar, el policía saca el arma y le pega un tiro, sube al patrullero y se va. Reconoce haber lanzado una piedra al móvil.-

Ahora bien, estas han sido las personas que con sus sentidos pudieron percibir lo sucedido fuera del domicilio sito en la calle Teniente Coronel S. N° X de la localidad de Playa Unión, y más allá de algunas pequenÞas diferencias en sus relatos, en lo medular todos coinciden en lo siguiente y en este sentido lo encuentro acreditado más allá de cualquier duda razonable: que luego de haber P. revisado la construcción lindante al domicilio de M. y al pasar frente a la entrada del mismo, T. lo encara y ladra pero aquél la ignora y sigue su camino, y T. arremete a S., lo ladra, lo encara, lo alcanza a morder en la pierna izquierda y luego desenfunda éste su arma en plena retirada de la perra, la carga y dispara, hiriéndola de muerte.-

En este sentido, voy a acompanÞar la tesis esbozada por el Sr. Fiscal respecto de que T. mordió a E. S., más allá de la enfática negación de la Querella y de afirmar que se trató de una autoflagelación. Dicha afirmación carece de sustento probatorio.-

En efecto, tal como lo senÞalara el acusador privado, los hechos se sucedieron en breves instantes, dentro un marco de confusión y sin duda alguna de alteración de los ánimos de aquellos testigos presenciales ante la circunstancias que estaban viviendo, por otro lado, resulta del curso ordinario de las cosas que aquel perro que ataca a un persona habitualmente muerde, y más allá de que la querella niega que ello haya ocurrido, no puede descartarse por ello. En tal sentido afirmo el veterinario I., que es habitual en la ciudad de Rawson las mordidas de canes, y que estiman un promedio de 3 personas atacadas por semana.-

Refuerza esta postura, el testimonio del Dr. J. J. M., Médico del Hospital Santa Teresita de la ciudad de Rawson, quien reconoce haber extendido el certificado médico de fs. 9, manifestando al respecto que el día de la intervención fue el 26 de marzo del año 2020, siendo aproximadamente las 17:20 horas, momento en el cual fue examinado E. S., quien presentó al examen las siguientes lesiones: hematoma de 8 cms. a nivel de mejilla izquierda, más ruptura de la prótesis dentaria y heridas punzantes a nivel de herida izquierda, estableciendo que la data de las lesiones son recientes, y una curación de entre 10 a 20 días y las heridas punzantes refiere, son compatibles con mordedura, sin poder determinar a ciencia cierta de que animal se trata.

Agrega que por la distribución de las mismas es improbable que se trate de una mordedura humana, pudiendo ser compatibles las mismas con un can.-

Sin perjuicio de que E. S. manifestó haber sido mordido por T., considero que existen evidencias objetivas que acreditan que la mordedura existió, aunque leve y de ninguna manera pusieron en riesgo ni su integridad física ni mucho menos la vida.-

Las lesiones se encuentran acreditadas en el informe fotográfico de fecha 27 de marzo del 2019 suscripto por E. N. M., donde se pueden apreciar el daño en el pantalón que usaba E. S. (fotografía 06), y las marcas causadas por la mordedura del can en la pierna izquierda del imputado (fotografías 07 y 08), todo ello apoya la postura del Sr. Fiscal que en esta sentencia comparto.-

Tuve oportunidad nuevamente de observar nuevamente los registros de las Cámaras de Seguridad del domicilio de la Sra. G. V., esta vez con mayor detenimiento y en especial de la número 2 que se encuentra enfocada al lugar de los hechos. Con suma dificultad, se puede apreciar cómo en el minuto 13:38:50 T. avanza sobre S., encontrándose M. M. próximo a la escena, y donde efectivamente puede observarse un punto de contacto entre ambos protagonistas, que hace suponer la existencia cierta de la mordedura.-

Herida T., es trasladada por M. M. a la Médica Veterinaria G. P., quien relata que alrededor de las dos de la tarde un senÞor llega a la veterinaria y comenzó a golpear la puerta ya que estaba cerrada, le dijo que tenía una urgencia y si la podía atender a lo que accede. Llegó con un perro ensangrentado, tamaño mediano a grande de unos 25 kg. aproximadamente con rasgos parecidos a un pitbull, que presentaba una herida en la entrada del pecho, lo que le produjo una hemorragia pulmonar aguda, lo canalizó, le puso oxígeno, lo medicó, pero el perro estaba en shock y comenzó a agonizar, por lo que le solicitó autorización al duenÞo para sacrificarlo, a lo que accedió ya que no existía ninguna posibilidad de sobrevida.-

Luego de ello, T. fue entregada a sus padres en una bolsa de plástico y relata M. que sabiendo que podía ser de utilidad, decidió conservar su cuerpo en el freezer de su vivienda, hasta que la Dra. Patricia C., funcionaria del Ministerio Público Fiscal, la cito y juntas se trasladaron a una veterinaria en donde le sacaron unas placas y pudieron determinar el orificio de salida de la bala que le diera muerte.-

Conviene aquí tratar la nulidad introducida en los alegatos finales por los Sres. Defensores respecto de la supuesta violación de la cadena de custodia entre el fallecimiento de T. y la realización de la autopsia por el Veterinario H. I. Al respecto los Sres. Defensores senÞalaron que luego de ser devuelta a sus duenÞos fue puesta en el freezer, traída cubierta por una persona de quien se desconoce su identidad como así tampoco les consta como trasladaron a la perra a la Veterinaria luego de herida, ignoran si la perra está enterrada o si existe algún acta labrada por la Funcionaria de Fiscalía C. cuando realizaron el examen en el consultorio de I.; advierten que todo ese procedimiento es absolutamente irregular. Todas estas desprolijidades, afirman, imposibilitaron a la defensa de realizar cualquier ampliación del examen pericial cercenando su derecho de defensa.-

Es habitual en los SenÞores Defensores en general, introducir planteos de nulidad por supuesta afectación de la cadena de custodia, recordando que ésta se define como el procedimiento controlado que se aplica a los indicios materiales relacionados con el delito, desde su localización hasta su valoración por los encargados de su análisis, normalmente peritos, y que tiene fin no viciar el manejo que de ellos se haga y así evitar alteraciones, sustituciones, contaminaciones o destrucciones. Desde la ubicación, fijación, recolección, embalaje y traslado de la evidencia en la escena del siniestro, hasta la presentación al debate, la cadena de custodia debe garantizar que el procedimiento empleado ha sido exitoso, y que la evidencia que se recolectó en la escena, sea la misma que se está presentando ante el tribunal, o el analizado en el respectivo dictamen pericial.-

Tal como ha senÞalado el Sr. Fiscal, a esta altura del proceso la nulidad planteada es absolutamente extemporánea. Bien es sabido que la pericia de autopsia atacada es una diligencia absolutamente reproducible, por lo que en todo el proceso los Sres. Defensores tuvieron la posibilidad de requerir, la posibilidad de un nuevo examen, como así también proponer experto y puntos de pericia, y de hecho no lo hicieron, conformándose con la realizada por los acusadores.-

Ninguna duda cabe, que para que proceda la declaración de invalidez de determinado acto procesal es la existencia de un perjuicio concreto, o sea, la limitación de un derecho del imputado vinculado en forma inmediata al buen orden del proceso y, en forma mediata, a las garantías que son su causa, por consiguiente es menester su demostración por la parte.-

"En efecto, la parte debe demostrar ciertamente que sufrió una situación de indefensión en el juicio, traducida en hechos perjudiciales concretos que, de no haber ocurrido, habrían variado su situación procesal. En otras palabras, para que la declaración de invalidez de un acto procesal resulte procedente es indispensable que se verifique que el vicio provoque un perjuicio real y concreto, que se haya producido una efectiva limitación de un derecho. En efecto, la garantía de defensa en juicio tiene carácter sustancial y, por ello, exige la acreditación del concreto perjuicio que pudo inferir el presunto vicio de procedimiento y la solución distinta que pudo alcanzarse en el fallo de no haber existido éste" (Código Procesal Penal de Santa Fe, Comentado, Anotado y Concordado, Tomo 2, pag. 648, Jorge Baclini y Luis Pietra).-

En el caso, nada de ello ha ocurrido, la defensa ha pretendido la declaración de invalidez de la autopsia, por la nulidad misma, si manifestar siquiera cuál han sido las cuestiones que no pudieron ampliar y en cómo afectaba su defensa. La nulidad debe ser rechazada in límine.-

A fin de culminar con el análisis de lo sucedido y verificar la responsabilidad penal de E. S., contamos con los aportes del veterinario H. O. D. V. I. y del Licenciado A. E.-

Al respecto, I., con dilatada trayectoria en la zona y reconocida por todas las partes presentes en el proceso, senÞaló que ante el pedido del Ministerio Público Fiscal realizó el examen post morten de T., canino de porte mediano grande, hembra, mestizo de pitbull y color negro. Presentaba al examen heridas compatibles con arma de fuego, de disparo, con un orificio de entrada en el cuello, en su región media, lateral izquierdo y una vez que procedió a la apertura del animal para seguir la trayectoria de la lesión, encontró que había ruptura muscular, que se habían roto las apófisis transversales de las vértebras del cuello a la altura de la tercer y cuarta vértebra cervical, descendiendo por el lado izquierdo y después había una trayectoria curiosa, porque la bala atravesó la tráquea limpiamente pero de izquierda a derecha. Siguiendo el recorrido posteriormente rompió grandes vasos de la región derecha del cuello, saliendo en proximidad del hombro. La hemorragia producida seguramente fue las causas que los llevaron al deceso.-

En relación a la trayectoria de la bala dentro del cuerpo de T. refiere I. que, aclarando que no tiene conocimiento de trayectoria de proyectiles ni de calibres, pudo seguir el recorrido de la misma teniendo en cuenta las lesiones que ha descripto y en líneas generales es de atrás hacia adelante, de arriba hacia abajo y trayectoria de izquierda a derecha, reiterando en varias oportunidades que la trayectoria fue la descripta.-

Al ser consultado respecto a las características de las razas peligrosas., refiere el experto que se trata de animales de gran porte, tórax profundo, buena musculatura, apertura de mandíbula, de aproximadamente 12 cms y que los perros mestizos de esas características estarían incluidos dentro de los ejemplares potencialmente peligrosos.-

Por su parte al Lic. A. L. E. le fue encomendada la pericia agregada a fs. 25 del Legajo de Investigación Fiscal, donde se le encargó como puntos periciales, y en base a las evidencias recogidas en la investigación, establecer entre otras la mecánica del hecho, precisar la posiciones del imputado y de T., la trayectoria de la bala.-

Las conclusiones a las que arribó plasmadas en el informe y verbalizadas en la audiencia de debate, manifestó que teniendo en cuenta que el proyectil ingresó en el tercio del cuello y saldría más o menos a la altura del pecho del animal, si se observa desde el tirador sería de derecha a izquierda y descendente. Y en este sentido reconoce que el informe del veterinario senÞala que el disparo era levemente de atrás hacia adelante lo cual es lógico si se considera con el cuello del animal erguido.-

En efecto, afirma que no tiene dudas que el animal debía estar muy cerca del funcionario policial porque el disparo fue de arriba hacia abajo, entonces consideró que tendría la cabeza extendida, razón por la cual considera que el disparo fue de adelante hacia atrás, inclinado de derecha a izquierda desde la óptica del tirador.-

Descarta a su criterio que haya habido una desviación de la bala, pues afirma tendría que haber pegado con algo muy sólido dentro del cuerpo, reconociendo la posibilidad de que se desvíe cuando toca un hueso, pero con un calibre 9 mm afirma que es poco probable y sobre todo a una distancia tan corta.-

No obstante la aparente contradicción existente entre ambos expertos, me inclino por la interpretación que ha dado al respecto el Ministerio Público Fiscal y otorgarle al testimonio del veterinario I., en cuanto a la posición de T., mayor valor probatorio.-

En efecto, en cuanto a la Dirección y trayectoria del disparo comparto la opinión que debe dársele la razón al veterinario I. por dos motivos. Primero, porque examinó el cuerpo del animal y es un experto de dilatada trayectoria en nuestro medio siendo reconocido por todos las partes del proceso. La trayectoria a la cual hizo referencia (disparo que va de arriba hacia abajo, de atrás hacia adelante y levemente de izquierda a derecha) es absolutamente compatible con las lesiones internas que ha descripto en su declaración e ilustrado con las imágenes. El disparo tuvo que desviarse necesariamente al atravesar la estructura ósea y perforando la tráquea de T., y esto da la pauta, teniendo presente el orificio de entrada y salida del proyectil, que necesariamente hubo una desviación dentro del cuerpo del animal, y de allí se deriva que el orificio de salida está en el pectoral sobre el lado derecho.-

El Lic. E. fue claro al manifestar, primero que había realizado la pericia sin participar de la diligencia de autopsia de T., y por otro lado manifestó que sus conclusiones no excluyen la posibilidad de la existencia de otras hipótesis.-

Indudablemente estamos frente a un disparo de atrás hacia adelante, es decir, con el perro volviendo seguramente de la lesión causada a S., y esta trayectoria es compatible con la Acción descrita por el propio imputado al ejercer su defensa material.-

Es decir que ha quedado acreditado que el disparo realizado por S., fue con el arma dirigida hacia abajo, altura del pecho, para que entre en la parte trasera del animal, T. debió haber estado ya en retirada.-

El Sr. S. ejerció el derecho de prestar declaración. Afirmó que ese día 26 de marzo se encontraban en plena pandemia ingresando a trabajar a las 5:45 horas y tipo 13:30 hs. Comienza a limpiar el móvil porque debía entregarlo al turno entrante cuando se acerca el encargado para avisarle que tenían que ir a un requerimiento.-

Refiere haber llegado al lugar, verificar la presencia de obreros en una obra ubicada en la esquina, cuando se acerca una perra mediana ladrando a P. como que la quería atacar, pero se dirige directamente a su persona, le dice al hombre que estaba de la vivienda que agarre a su perra, pero se acerca en forma violente, refiere que nunca había visto algo parecido, saca su arma y le dispara.-

Ninguna duda cabe que los hechos en parte ocurrieron como lo senÞala S., sin embargo, conforme se explicara al momento de tratar la calificación jurídica, podría haber utilizado otros medios para neutralizar la agresión de la perra, circunstancia que no hizo, y produjo la muerte innecesaria de la perra T.-

Por todo lo expuesto, tengo por acreditado la hipótesis fáctica formulada por el Ministerio Público Fiscal en su acusación, y que consistió que en fecha 26 de marzo de 2020, siendo aproximadamente las 14:00 horas en la vía pública del domicilio sito en la calle Teniente Coronel de Roa altura catastral N° X de Playa Unión, E. S., empleado policial, quien se encontraba en ejercicio de sus funciones, fue objeto de la agresión por parte de T., perra mestiza con rasgos de pitbull de tamaño grande, perteneciente a M. C. y M. M. que lo había mordido en la pierna izquierda. Es así que el efectivo, excediendo el marco de sus funciones y en circunstancias en que la perra se alejaba de su persona, realizó un disparo contra T. mediante la utilización de su arma de fuego reglamentaria (pistola 9 mm marca Hi-Power modelo Detective, serie X), efectuándole un disparo que ingresó en la región posterior lateral izquierda del cuello, en su tercio medio, y salió por la región ventral lateral derecha del cuello, provocándole a T. una hemorragia pulmonar aguda que determinó la necesidad de practicarle eutanasia y posterior fallecimiento.-

Calificación Legal.-

En Septiembre de 1977 se llevó a cabo en Londres, la tercera reunión de derechos animales organizado y auspiciado por la Liga Internacional de los Derechos del Animal y las Ligas Nacionales afiliadas a esta federación. Fruto de este encuentro, los participantes aprobaron el texto definitivo de la Declaración Universal de los Derechos de los Animales.-

La Declaración afirma la protección legal de la especie, brega por sus derechos y su respeto, dejando en claro que el hombre no puede atribuirse nunca el derecho de exterminar o explotar a los animales. Asimismo, en caso de muerte de un animal, la misma debe ser instantánea, indolora y no generar angustia ni pena para el animal. El artículo 11o manifiesta que todo acto que implique la muerte de un animal sin necesidad es un «biocidio», es decir, un crimen contra la vida; y, el artículo 12o, enuncia que todo acto que implique la muerte de un gran número de animales salvajes es un genocidio, es decir, un crimen contra la especie.

En nuestro país, ese reconocimiento como sujetos de derechos de los animales surgió jurisprudencialmente a partir del fallo de la Orangutana Sandra donde la Cámara Nacional de Casación Penal Sala II, senÞalo que "de una interpretación jurídica dinámica y no estática, menester es reconocerle al animal de carácter de sujeto de derechos, pues los sujetos no humanos (animales) son titulares de derechos, por lo que se impone su protección en el ámbito competencial correspondiente" citando la obra de Zaffaroni, E. Raúl y et. Al.- "Derecho Penal Parte General, Ediar, Buenos Aires 2002, pag. 493.-

En la práctica, el fallo puso fin al tratamiento jurisprudencial de los animales como una cosa mueble, para ubicarlos en la categoría de "persona no humana", aplicando de manera dinámica la previsión de los artículos 5164 y 5265 del hoy derogado Código Civil argentino, según el cual "todos los entes que presentasen signos característicos de humanidad, sin distinción de cualidades o accidentes, son personas de existencia visible" y, como tales, "capaces de adquirir derechos o contraer obligaciones". Contexto en el cual el pronunciamiento judicial reconoció a

Sandra, y por carácter transitivo a todos los animales, tres derechos elementales: a la vida, a la libertad física y a no ser maltratados de ningún modo. Derechos básicos frente a los cuales debía ceder la propiedad privada.-

En el presente caso, y conforme se viene explicando, ninguna necesidad había de terminar con la vida de T.-

Y aquí comienzo a analizar de porque no resulta de aplicación en el presente caso el estado de necesidad justificante previsto en el art. 34 inc. 3 del Código Penal esgrimido por la defensa.-

En primer lugar, por lo que venimos afirmando más arriba, la calidad de sujeto de derechos de T., impone la obligación de todos los humanos de preservar su vida, su libertad y evitar su maltrato, de manera tal que podríamos afirmar que la integridad física de una persona humana por el sólo hecho de serlo ¿se encuentra por encima de la vida de un animal?, la respuesta a la Luz de la declaración de los Derechos de los Animales y del fallo Sandra, sin lugar a dudas es no.-

El artículo 34 inc. 3° del Código Penal vigente, proviene de la redAcción originaria del Código cuando los animales eran considerados como cosas tanto en el ámbito del derecho penal como en el de las otras ramas de las ciencias jurídicas, por lo que matar en un animal pretendiendo salvar otros intereses considerados jurídicamente más relevantes, era siempre justificado.-

Sin embargo hoy el animal ya no es una cosa, es un ser sintiente y con el derecho a que se respete su vida, por eso no podemos afirmar tan livianamente que el interés, integridad física de una persona, esté por encima del interés vida de un animal.-

No puedo dejar de desconocer la necesidad de una modificación en las leyes de nuestro país referidas a la protección de los animales, ha sido la jurisprudencia quien ha dado el primer paso en el reconocimiento de sus derechos y los legisladores le deben a la población la adecuación legislativa, pero ello no nos impide a realizar una interpretación jurídica dinámica y no estática, al decir de la Cámara Nacional de Casación Penal.-

Por tal motivo, dentro de esa interpretación es que debe afirmarse la imposibilidad de aplicar al presente caso el estado de necesidad justificante.-

En efecto, bien es sabido que esta justificante tiene como fundamento una ponderación de bienes o intereses, tiene aquí la salvación del interés más valioso a costo de otro de menor valor, con el límite de no violentar la autonomía ética del hombre. Entonces lo que hay es un estado de peligro, actual o inminente, para que un interés jurídicamente reconocido, que únicamente puede ser salvado mediante el sacrificio de otros intereses reconocidos de terceros de menor valor.-

Y en cuanto a la forma de determinar cuál es el interés de mayor valor no queda otro camino que hacerlo con un criterio objetivo de acuerdo a las valoraciones del Derecho, analizando los bienes jurídicos en juego y el grado de peligro verificado. Luego, se verifica que la Acción de salvamento emprendida sea la idónea para neutralizar el peligro, lo que se denomina juicio de adecuación.-

En relación al primer requisito, entiendo que ya lo he respondido más arriba. Los animales son sujetos de derechos, y estamos obligados a respetarlos y en especial su vida. Ninguna duda cabe que la vida de una persona es un interés de mayor valor que la vida de un animal, pero en este caso de ninguna manera podemos afirmar que haya estado en peligro la vida de S., ni siquiera ha sido evaluada por la defensa esa posibilidad. Si debo afirmar, que a tenor de las circunstancias del caso y de la lesión sufrida por S., ni siquiera estuvo en juego su integridad física, las lesiones no le provocaron incapacidad ni ninguna otra complicación.-

Tampoco entiendo se da la situación de peligro, en primer lugar porque como afirmaron todos los funcionarios policiales que concurrieron a prestar declaración testimonial, es habitual que los perros en la calle salgan a ladrar e incluso a querer atacarlos y tratándose de S. de una persona calificada, se encuentra capacitada para afrontar dichas situaciones, que a la luz de lo manifestados son habituales. No resulta cierta aquella afirmación de S. quien dijo que nunca había visto algo parecido. Estoy seguro que ha vivido que por su calidad de bombero y policía situaciones más peligR. que el ataque de un perro.-

En efecto, en especial fue clarificador el testimonio de la Inspector de Policía S. C. S., quien no sólo recibió la denuncia de M. sino que actualmente presta servicio en la Escuela de Oficiales de Policía de la Provincia en calidad de instructora y explico claramente el tipo de formación orientada al funcionario policial. Manifestó que se trata de darle el mejor perfil posible al policía y que estén lo más capacitados posibles para trabajar en la calle. SenÞala que son preparados especialmente para afrontar diferentes tipos de situaciones y la manera en que deben desempenÞarse evitando la utilización del arma de fuego, y que su uso el último recurso. Como capacitadora manifestó que frente a la agresión de un perro su respuesta sería ignorarlo, agregando que no conoce ningún caso de la muerte del can por un funcionario Público en cumplimiento de sus funciones, éste sería el primero.-

Ignorar al perro, fue la conducta que realizó P. frente a la agresión de T., es decir, puso en práctica las ensenÞanzas obtenidas de la escuela de capacitación policial y sin embargo S. no lo hizo y optó por matar innecesariamente al animal.-

No podemos negar la situación de temor que podría haber causado en S. infundida por el ladrido y el ataque de T., pero temor no es sinónimo de peligro, y ninguna duda cabe que, si hubiera aplicado las ensenÞanzas recibidas en los cursos policiales frente al primer ladrido, la hubiera ignorado y otro habría sido el resultado. Sin embargo, frente a la insistencia de la perra y tal como lo senÞalo S., también tuvo la posibilidad de optar entre otros medios menos lesivas, arrojar la piedra que tomó en sus manos, utilizar algún otro elemento a su alcance, e incluso retirarse y permitir que M. M., quien se encontraba cerca de la perra, sujetara a la perra.-

También pudo efectuar un disparo de advertencia al aire, tal como lo han senÞalado algunos funcionarios policiales que asistieron a la audiencia (N. C.) y no tengo dudas que podría haber sido la solución a la situación. S. explicó que tuvo presente esa solución, pero quería evitar poner en peligro la vida de terceras personas ante la presencia de una bala perdida, es decir que se su propia declaración se advierte que tuvo la posibilidad de discernir en esos instantes cuál era la respuesta adecuada a la situación y eligió la más lesiva. Se advierte luego de los hechos en las cámaras del domicilio de la Sra. V., como escapa un can del lugar, seguramente atemorizado por el estruendo causado por el disparo, eso confirma sin duda alguna que pudo haber sido la solución correcta.-

Y esta conducta se la exigimos por la particular situación del Sr. S., un funcionario policial, debidamente preparado para adoptar las decisiones menos lesivas para la integridad física y la vida de terceros y por supuesto también de los perros, a quienes también tiene la obligación de respetarlos.-

Por eso entiendo, que en esta particular situación y teniendo en cuenta además que se encontraba cumpliendo funciones, no se da en el presente el requisito de peligro, pues como vengo diciendo, se encontraba debidamente preparado para adoptar otra decisión y no lo hizo.-

Relacionado con la afirmación anterior, desde el punto de vista de la aplicación de la justificante tampoco entiendo aplicable el estado de necesidad justificante, y ello en relación a la especial calidad del sujeto activo.-

Doy razones. E. S., Funcionario Policial, se encontraba en el lugar de los hechos cumpliendo un deber jurídico, cuál era la de verificar el cumplimiento estricto del Decreto de Necesidad y Urgencia dictado por el Poder Ejecutivo Nacional y al cual se adhirió nuestra Provincia, frente a la denuncia de una vecina de que personas estarían trabajando en una obra, violando aquellos decretos por la presunta infrAcción del art. 205 del C.P., es decir que S. se encontraba ejerciendo las funciones de policía de seguridad reguladas en la Ley XIX N° 5 de nuestra provincia.-

Es decir, que precisamente por la calidad del sujeto activo, la misma debería haber sido analizada en su caso desde la defensa desde otra óptica, teniendo especialmente en cuenta que no sólo se trata de un funcionario policial, sino también por haber actuado desempenÞando una tarea funcional conforme fuera explicado más arriba.-

Por todo ello afirmo que no resulta aplicable el estado de necesidad justificante ya sea por no darse los requisitos exigidos sino también por la calidad de sujeto activo, conforme lo que se ha dicho.-

Coincido también con la calificación jurídica escogida por el Ministerio Público Fiscal, esto es abuso de autoridad en carácter del autor del art. 248 del C.P.-

En primer a los fines de analizar la normativa aplicable cito la Ley XIX Nro. 5, Ley Orgánica de la Policía Provincial, que en su capítulo 3ro., en cuanto a las atribuciones de dicho cuerpo funcional, dice expresamente en su Art. 11: " La policía de la provincia del Chubut es representante y depositaria de la fuerza pública en su jurisdicción y en tal calidad lo es privativo", en su inciso C "asegurar la defensa oportuna de su persona, la de terceros o de su autoridad, para lo cual el agente esgrimirá su arma reglamentaria, pudiendo disparar sólo cuando existe un riesgo razonablemente grave para la propia vida, la integridad física o la de terceras personas, o en circunstancias que permitan suponer un grave riesgo para la seguridad de la comunidad, con las previsiones del art. 37 apartado 6 inc. A, b y c del Código Penal».

Cabe resaltar el término utilizado la ley provincial cuando hace referencia a que el funcionario policial puede disparar su arma reglamentaria, únicamente en las situaciones descriptas por el artículo, sin posibilidad de extenderse a otras no contempladas.-

En efecto, al tratar el estado de necesidad, creo haber explicado claramente de porque no resultaba ser aplicable la justificante y que la utilización del arma para ultimar a T. resulta una Acción absolutamente desproporcionada en relación a los hechos probados, de manera tal que no se encuentran verificadas las excepciones previstas al final del inc. C del artículo citado, a las consideraciones allí efectuadas me remito.-

Resulta por demás evidente que la utilización del arma en un supuesto no contemplado por la ley, necesariamente implica un ejercicio abusivo de la norma. Se trata de un despliegue arbitrario en la función en contra de lo que las normas establecen que es lo debido y obligatorio (inc. C art. 11 Ley XIX N° 5). El abuso de autoridad no es una extralimitación funcional en el sentido extensivo sino un mal uso de la autoridad dentro de la propia función: se trata de cuando el funcionario Público utiliza la autoridad recibida para violar la Constitución o las leyes, para actuar ilegalmente.-

Se afirmó al respecto que "...es conveniente determinar cuál es el alcance o el sentido otorgado a la palabra abuso. Al respecto, cabe recordar las palabras de C., para quien ese término contempla en sí mismo dos significados diversos sumamente diferentes, denominándose a uno de ellos sentido ontológico y al otro sentido jurídico. En sentido ontológico se abusa de una cosa siempre que se emplea para un servicio diverso de su destino natural. En sentido jurídico se abusa de una cosa, aunque se la emplee según su destino, si esto se hace de modo ilícito o por fines ilícitos..." (Causa n° 44.143, "G., C.", rta. 29/06/10, reg. n° 614, entre otras)

En definitiva S., haciendo un mal uso de la autoridad concedida por la ley, se excedió al disparar su arma reglamentaria, tal como lo expresa la Ley Orgánica, ocasionando la muerte de T. En cuanto al tipo subjetivo, la figura requiere dolo directo, y en el caso el imputado obró a sabiendas que su Acción era contraria a la Ley, desde ya que resulta conocida por él, porque es la que regula la institución a la cual pertenece, y además, teniendo un abanico grande de otras opciones, decide como primer opción tomar su arma reglamentaria y efectuar el disparo directo contra el animal.-

Coincido también con el Ministerio Público Fiscal en el sentido de que no resulta aplicable la denominada Ley de Protección Animal N° 14.346.-

Sin perjuicio de reconocer en T. la calidad de sujeto de derechos y principalmente a que respete su la vida, se desprende del análisis de su escueto articulado, conforme la intencionalidad del legislador la Ley 14.346 es de naturaleza penal, rige la regla de clausura del Derecho Penal, como sistema cerrado en virtud del nullum crimen sine lege. Dicho principio material, significa una garantía pues solo podrán ser hechos delictuosos los hechos típicamente configurados en los Artículos 2° y 3°.-

En todo el texto de la Ley se puede advertir la amplia textura del lenguaje empleado, y la utilización de tipos penales muy abiertos, lo que no consigue una deseable determinación en la descripción de las conductas prohibidas, en atención al principio de legalidad y máxima taxatividad que requiere toda ley penal.

Estos tipos penales muy abiertos que muestra la ley, traen dificultades al momento de interpretar y aplicarla con la posible consecuencia de que a veces, aunque un hecho en principio se presenta como de maltrato o crueldad contra un animal, pueda corresponder el sobreseimiento o la absolución del imputado, aunque tal decisión no parezca justa y necesaria. Es por ello que ante esta situación muchas ordenanzas municipales han incorporado más detalladamente las acciones consideradas como maltrato, aunque no pueden exceder de meras faltas municipales, sancionables con multas o decomisos en el mejor de los casos, algo que a todas luces es insuficiente.

Y es precisamente lo que ocurre en el presente caso, bien ha senÞalado el Ministerio Público Fiscal que las figuras tipificadas en la ley contienen un especial requerimiento, denominados por la doctrina como elementos subjetivos del tipo distintos del dolo.-

El tipo subjetivo del delito está integrado por el ensanÞamiento, elemento que puede ser entendido como un dolo directo de hacer sufrir perversamente al animal y un carácter deliberado y premeditado de la Acción, sabiendo que esta Acción ejercida o la omisión causaran dolor o la muerte o causaran un malestar innecesario al animal.-

Es decir que más allá de que el disparo haya causado un sufrimiento innecesario, la ley exige algo más, que el autor del hecho haya querido causar ese sufrimiento en el animal, y ese elemento subjetivo requerido por los tipos penales, no fue probado en el debate, razón por la cual, acertadamente el Ministerio Público Fiscal se abstuvo de formular acusación en los alegatos finales en relación a este delito.-

Éstos son los fundamentos por las cuales entiendo no resulta de aplicación los tipos incorporados por la Ley 14.346.-

Por esa razón, y como figura subsidiaria, y tal cual lo ha planteado el Sr. Fiscal la conducta se encuentra tipificada en las previsiones del delito de daño (art. 183 del C.P.).-

En el caso se dan todos los elementos típicos de la figura en cuestión senÞalando el artículo citado que la Acción puede recaer en un animal.-

Demás está afirmar que S. utilizó su arma reglamentaria y le disparó a T. ocasionándole una hemorragia pulmonar aguda, que determinó la necesidad de practicarle eutanasia y con ello su posterior fallecimiento. Que el accionar del imputado ha sido doloso, pues su conducta estuvo dirigida a terminar con la muerte de T.-

La pena a imponer

Atento a las pautas previstas en los arts. 40 y 41 del Código Penal, considero ajustada la aplicación de una pena de un año de prisión y dos años de inhabilitación especial.-

En efecto como agravante la naturaleza de la Acción, ya que entiendo que la utilización de un arma de fuego en la vía Público frente a la presencia de M. y de la agente policial C. pudo poner en juego su integridad física cuando, como se probó la utilización del arma fue absolutamente desproporcionada.-

La muerte de T. ha causado en su familia una pérdida irreparable, los testimonios de C. y de M. mostraron la integración de T. en la vida familiar transformándola en una familia Multiespecie.

El daño ocasionado en el seno familiar quedo evidenciado además en el testimonio de M. E. L., Licenciada en Trabajo Social quien realizó entrevistas en el seno de la familia explicando el impacto que les produjo el fallecimiento de T.-

Refirió en la audiencia que la familia se conforma por cuatro miembros convivientes más otros cuatro mientras que integran la familia multiespecie. Los hijos de la pareja se encuentran aún conmovidos por la ausencia de T. generando un vacío difícil de llenar y por otro lado aún perduran en sus recuerdos en haberla visto toda ensangrentada ya moribunda, senÞalando la necesidad de acompanÞamiento terapéutico.-

T. dormía con los ninÞos, los acompanÞaba en sus tareas habituales, tuvieron pesadillas, en incluso la Sra. C. no puedo continuar por un tiempo con sus actividades habituales.

Sin duda el daño causado a la familia de T. ha sido inmenso.-

Como atenuantes tengo en cuenta el buen concepto que goza en todos aquellos que fueron sus companÞeros en el cuerpo de Bomberos y en la Policía y su falta de antecedentes penales condenatorios. En su mérito, habiendo escuchado acusación y defensa:

FALLO:

1. ABSOLVER LIBREMENTE a E. P. S., de las demás circunstancias personales obrante al inicio de la presente, respecto delito de Maltrato Animal en carácter de autor previsto y reprimido en los Arts. 1 y 3 Inc. 7mo. de la Ley de Protección Animal N° 14.346, en relación a los hechos presuntamente ocurridos en Playa Unión el 26 de marzo del año 2.020 en perjuicio de T.-

2. CONDENAR a E. P. S., de las demás circunstancias personales, en orden a los delitos de Abuso de Autoridad y Daño ambos en concurso ideal en carácter de autor (arts. 248, 183, 54 y 45 del Código Penal), a la pena de UN AÑO DE PRISIÓN de EJECUCIÓN CONDICIONAL con más DOS AÑOS de INHABILITACIÓN ESPECIAL y costas (arts. 26, 248, 20 y 29 inc. 3° del C.P.), por los hechos ocurridos el día 16 de marzo de 2020 en perjuicio de la Administración Pública y de T.- REGISTRESE y NOTIFIQUESE. -

SUMARIO: «Tovares J.A.». Maltrato y crueldad (art. 3.7 ley 1436). Nulidad.

SENTENCIA NUMERO UNO/DOS MIL DOCE: En la ciudad de Santa Rosa, capital de la Provincia de La Pampa, a los veinticuatro días del mes de abril de dos mil doce, se constituye el Juez de Instrucción y Correccional, integrado por Daniel Alfredo Sáez Zamora, Secretaría de Guillermo R. Casal, a los efectos de dictar sentencia en autos caratulados: «T., J. A. s/ infracción Ley 14.346», expediente N° C51/ 11, seguida contra Justo Arancel Toberes, argentino, viudo, jubilado, L........, nacido el ...., de esta provincia, ... y, RESULTANDO: Que durante la celebración de la audiencia de juicio oral, el imputado no prestó declaración indagatoria, haciéndolo los testigos citados Alvárez, Gimenez y Ghizzo.

Al momento de alegar el señor Agente Fiscal, Fernando Gabriel Rivarola, imputó a T. haber conducido el día 7 de septiembre de 2009 a su domicilio a una perra vagabunda y en dicho lugar haber efectuado actos de crueldad con ánimo perverso que le produjo un daño en su zona genital. Que por dicho motivo, el perseguidor público encuadró el hecho en la figura prevista en el artículo 1° y 3°

inciso 7° de la Ley 14.346 a la pena de un año de prisión de cumplimento efectivo, ello teniendo en cuenta los antecedentes con que cuenta el imputado. La parte querellante, patrocinada por Ivalú Turnes, adhirió al pedido fiscal tanto en los fundamentos como en la solicitud de pena, brindando mayores argumentos en cuestiones en el ámbito psicológico de personalidades psicopáticas y antecedentes de casos jurisprudenciales de otros paises.

Al cedérsele la palabra al señor Defensor General, Pablo de Biasi, solicitó la absolución del acusado, fundando dicho pedido en la falta de elementos probatorios para determinar el hecho, y la violación del principio de congruencia, dado que al imputado se le informó en distintos actos procesales, como fecha del hecho el 8 de septiembre de 2009, en tanto que en los alegatos, el Fiscal fijó el supuesto hecho como acaecido el día 7 de septiembre de 2009. Que dicha incongruencia produce la nulidad de todo lo actuado ya que la misma es de carácter general. Además la Defensa cuestionó, la forma de colectar la prueba durante la instrucción, lo que genera una carencia probatoria.

Asimismo, durante la audiencia de juicio, se incorporó la restante prueba obrante en autos y se incorporó por lectura la declaración testimonial de Ramón Omar González de fs. 100/101 y la demás que se encuentra detallada en la correspondiente acta. CONSIDERANDO: Que a los fines de resolver la presente causa entiendo que corresponde en primer lugar analizar el planteo de nulidad articulado por el señor Defensor, que consideró que en el presente proceso se ha violado el principio de congruencia en cuanto a la fijación de la fecha del hecho, dado que según la requisitoria fiscal de fs. 198/199, éste se habría producido el día 8 de septiembre de 2009, mientras que al alegar, el señor Fiscal lo determinó el día 7 de septiembre del mismo año.

Que, tal como es sabido, el principio de congruencia -derivación directa del derecho de defensa del imputado- implica la identidad de hecho de la imputación en cada uno de los actos procesales trascendentales para el imputado, de modo que la base fáctica no mute en su esencia y, de ese modo, la defensa se vea impedida de ejercer una adecuada oposición a la acusación.

Que esa inmutabilidad fáctica tiene por finalidad evitar que la parte acusada se vea sorprendida ante una imputación indeterminada o cambiante en función de los actos procesales que se van produciendo y, tal como se dijo, se vulnere el derecho de defensa del imputado.

Que no obstante ello, entiendo que el principio de congruencia posee sus límites y que no toda desviación del sustrato fáctico implica vulnerarlo. Entiendo que sólo los elementos esenciales que sirven para fijar el hecho investigado y en consecuencia su posterior subsunción jurídica, son aquellos que -en caso de ser modificados permanentemente o indeterminados- afectarían la posibilidad de una correcta defensa y por ende ese proceso será tachado como defectuoso.

En el presente caso, la vulneración del principio de congruencia está fundamentada por el señor Defensor en la diferencia de un día en cuanto a la producción del hecho investigado, que efectuó la fiscalía en la requisitoria fiscal (08/09/2009) con respecto al alegato de la audiencia de juicio oral (07/09/2009). No obstante ello, en el presente caso, entiendo que esa diferencia de veinticuatro horas, no resulta un elemento esencial en la base fáctica, toda vez que todos los demás elementos que hacen a una correcta determinación del hecho son consistentes y coherentes en los distintos actos procesales de directa incumbencia a la acusación.

Que lo arriba afirmado se encuentra avalado en los testimonios colectados en autos que permiten una adecuada fijación del hecho, circunstancia que será analizada en los párrafos siguientes. Por otro lado se observa que de la denuncia de fs. 2/3, del acta de declaración indagatoria de fs. 77/78 y, de la misma audiencia de juicio oral se pudo determinar claramente no sólo la real fecha en que sucedieron los hechos que son objeto del proceso, sino también las demás circunstancias que sirven de sustento fáctico.

Que por lo antedicho, puedo razonablemente presumir que la fecha consignada en la requisitoria fiscal de fs. 198/199 es el resultado de un error material al redactar esa pieza procesal, máxime cuando el día allí consignado es coincidente con la fecha en que se formuló la denuncia.

En definitiva, creo que la diferencia de la fecha cuestionada no ha mutado sustancialmente los elementos esenciales del hecho investigado y su consecuente acusación y que la Defensa pudo ejercer una plena oposición, tanto material como técnica, a la pretensión persecutoria. Que es por ello que corresponde no hacer lugar a la nulidad oportunamente formulada por el señor Defensor en su alegato.

Ingresando a la cuestión de fondo, entiendo que con la prueba existente en autos puedo fijar el hecho de la siguiente manera: Que el día 7 de septiembre 2009, J. A. T. hizo ingresar por la fuerza a su domicilio, sito en calle .... de la localidad de Toay, una perra de raza indeterminada, mestiza, de pelo largo vagabunda pero afincada en una obra cercana y en ese ámbito de intimidad esquiló el pelo de la misma en la zona genital y en esa misma área del animal, realizó maniobras que lo lesionaron y le produjeron un sufrimiento innecesario y con inclinación perversa en la acción.

Que a esta conclusión arribo en función de la prueba colectada en autos y la que fue producida durante la audiencia de juicio oral.

En este último caso, tengo en cuenta las declaraciones de los testigos, quienes fueron coherentes en el relato de los hechos, más allá de las imprecisiones en que puedan haber incurrido en algunos detalles, propias del paso del tiempo. En ese aspecto, tengo presente que desde la denuncia hasta la fecha han transcurrido casi tres años.

Por otro lado y a los efectos de poder recrear históricamente el hecho investigado, tengo especialmente en consideración las declaraciones testimoniales que se produjeron en la audiencia de juicio oral, ello gracias a que la inmediación me permitió auscultar la credibilidad de los testigos quienes me impresionaron como absolutamente veraces y que, por parte de cada uno, me permite efectuar una reconstrucción lógica y cronológica de los hechos acaecidos.

A los fines de fundar la calificación de testigos veraces que he efectuado, considero que Norma Edith Alvarez, si bien posee un interés específico en la resolución del caso -de hecho es la denunciante y parte querellante-, fue coherente en su relato, coincidente con sus anteriores declaraciones y la de los otros testigos que depusieron en autos y en la propia audiencia de juicio oral. En cuanto al testigo Andrés Luis Giménez, éste me merece total crédito, ya que carece de interés alguno en la causa y además, o mejor dicho, a pesar del temor hacia el imputado que se patentizó en la audiencia de juicio, éste depuso en forma detallada y consistente. Por último, tengo en cuenta la declaración de la Médica Veterinaria, Dra. Edith

Ghizzo, quien la observé como una testigo objetiva y sin interés alguno de los hechos investigados.

Que a efectos de concatenar la sucesión de eventos que permiten reconstruir el hecho investigado, tengo en cuenta la declaración testimonial de Alvarez, quien fue la que inició las acciones correspondientes al tomar conocimiento del hecho por una comunicación efectuada por el testigo Vázquez (fs. 64/65), quien depuso en instrucción y que en ese momento trabajaba en una obra cercana a la casa de T., lugar donde se había afincado la perra en cuestión y que en definitiva fue el primero en observar la condición en que se encontraba el animal.

Que, por pedido de Alvárez, la perra fue revisada por la Médica Veterinaria Edith Graciela Ghizzo, quien extendió el certificado médico veterinario obrante a fs. 4 que permitió determinar con certeza la fecha en que se produjo el hecho, siendo éste el día 7 de septiembre de 2009. Que esa fecha quedó constatada por ese instrumento extendido por la Dra. Ghizzo, quien en el momento de deponer en la audiencia lo reconoció como escrito de su puño y letra y fechado el día 8 de septiembre de 2009. Que la misma testigo declaró que la evolución de las lesiones de la perra era de 24 horas aproximadamente y que para disminuir el sufrimiento se le administró un calmante. Que la testigo Ghizzo, constató que la perra no se encontraba en celo, por lo que de ningún modo las lesiones existentes podían ser producto de una cópula con otro animal. Además detalló el rapado en la zona genital. Todos estos datos son coincidentes con lo manifestado por Giménez.

Tengo en cuenta, además, lo declarado por el testigo Giménez, vecino de T., quien observó cuando éste último hacía ingresar a su domicilio de tiro a la perra, atada con una correaje. En su declaración Giménez describió al animal como aquél que posteriormente fue revisado por la médica veterinaria. Que ese mismo día y luego de unas horas observó cómo la misma perra huía del domicilio de T., con las heridas que fueron constatadas posteriormente.

Sin perjuicio de ser una perra de raza indeterminada, de la declaración de los testigos, puedo concluir que todos se refieren a la misma perra en cuestión, por sus características (mestiza) y por el lugar donde se encontraba afincada. En definitiva: Los testigos Vázquez, Gimenez, Alvarez y Ghizzo, son coincidentes en la identidad del animal lesionado.

Fijado así la cadena de eventos, entiendo que en este estado debo determinar lo referido en cuanto a lo que sucedió durante el lapso en que la perra -tal como quedó demostrado en párrafos más arriba- estuvo dentro del domicilio de T. y la materialidad por parte de éste respecto a las lesiones que posteriormente fueron constatadas en el animal.

Este período -entre la entrada y salida del animal- fue en el ámbito de intimidad del domicilio del acusado, con lo cual -como en todos los delitos con características similares- si bien resultan de difícil probanza, ello no implica que se pueda arribar a una conclusión de certeza en los hechos, necesaria para una sentencia condenatoria. Es por ello, que aplicando principios lógicos, por exclusión, puedo indicar al acusado como autor del hecho que se le imputa y el resultado lesivo que se investiga.

Así, tengo presente lo dicho por la Médica Veterinaria, quien manifestó que las lesiones constatadas en la perra, no son producto de un apareamiento con otro animal, ya que la misma no estaba en celo y tal como es de común conocimiento y corroborado por la testigo-experto, sólo existe acto sexual entre canes cuando la perra está en ese estado.

Por otro lado, resulta a todas luces ilógico que producto de la acción de la naturaleza o de otro animal, la perra se encuentre «esquilada», tal como se describe en el certificado médico veterinario, es decir que la única posibilidad que cabe es el accionar humano. No dejo de tener en consideración, además, que dicho estado también fue observado por el testigo Giménez, quien describió la secuencia de entrada y salida del animal de la casa de T. y el estado previo y posterior a ella.

En cuanto a las lesiones que sufriera la perra, tal como fueron constatadas y advertidas por Giménez, indudablemente fueron efectuadas dentro del predio de T. ya que además de que el testigo vio cuando este último ingresaba con el animal, de autos surge que el mismo vive solo (manifiesta no tener a nadie a cargo en el cuadernillo de antecedentes de fs. 178/vta.) y en la misma audiencia de juicio al interrogarlo por sus datos personales, reconoció tal circunstancia.

En el análisis referente al objeto que utilizó el acusado para ocasionarle el daño al animal, si bien tampoco cuento con el instrumento específico, queda claro que fue lo suficientemente contundente como para causarle las heridas que fueron constatadas. No obstante ello, ha quedado determinado que el animal «posee síntomas precisos de penetración».

Que, tal como lo refiere el certificado veterinario, esta descripción de las heridas, exteriorizan claramente que los daños sufridos por el animal fue producto de una acción positiva y deliberada de un obrar humano, y de modo alguno puede ser considerado como un hecho accidental o autoprovocado por la propia perra, prueba por demás suficiente para determinar la conducta dolosa del imputado. Por otro lado, y teniendo en cuenta los párrafos anteriores, queda determinado con plena certeza que las lesiones fueron obra del hoy acusado T.

Si bien es cierto que no tiene relación con el hecho investigado, no puedo soslayar la declaración de Ramón Omar González de fs. 100/101, quien depuso durante la instrucción, haber observado en otra ocasión y con anterioridad al imputado desarrollando prácticas sexuales con otro perro. Entiendo que esta circunstancia resulta válida en el presente caso a modo indiciario como una tendencia conductual desplegada por T.

Aunque determinar con exactitud el elemento que utilizó y qué actividad desplegó T. en contra del animal resulta problemático, ello producto del ámbito de intimidad en que se produjo el hecho ya mencionado, aún así, entiendo que, con el cúmulo de pruebas existente, sin lugar a dudas el acusado realizó intencionalmente maniobras en perjuicio del animal que le produjeron los daños ya referidos.

Por último por el tipo de lesiones descriptas en la perra, las mismas no tienen ninguna razón humanamente válidas, por lo que, además de generarle un sufrimiento innecesario, las mismas son evidencia clara de la existencia de una inclinación perversa en el accionar del imputado.

Es así que tengo la convicción fundada de la existencia del hecho y que el mismo fue producto del accionar de T., y en este estado entiendo que debo hacer una digresión, ya mencionada, en cuanto al valor probatorio de los testigos que depusieron en autos y en la propia audiencia. Es así que merece especial consideración que un grupo de personas, que no se conocían entre sí y en forma espontánea se haya comprometido, a denunciar y dar testimonio de lo sucedido por un animal sin dueño y sin aparente valor y que nada más -ni nada menos- lo único que tenía era su vida. Creo que en estos tiempos en el que predominan el individualismo y la indiferencia, sus testimonios desinteresados -y alguno de ellos prestados con temor a represalias- aparecen como de un valor excepcional para la resolución de esta causa.

En otras palabras: no resulta lógico que personas se acerquen a un tribunal, con todo lo que ello implica, para declarar con malas intenciones en contra del imputado, para faltar a la verdad y por una causa en la que, vista superficialmente, no se juega ningún valor importante. Justamente es este hecho que habilita a los testigos como objetivos y donde reside el valor de autenticidad y veracidad, elementos imprescindibles para una correcta prueba judicial.

Con la prueba existente y fijado el hecho en base a ella, entiendo que me encuentro en condiciones para efectuar la subsunción correspondiente y en ese sentido voy a coincidir con lo planteado por el señor Agente Fiscal y la parte Querellante, en cuanto a que el accionar de T. se tipifica en la figura prevista en el artículo 3° inciso 7° en relación con el artículo 1° de la Ley 14.346. Entiendo que ha quedado debidamente acreditado que la acción dolosa desplegada por T. lastimó a la perra causándole un sufrimiento innecesario y humanamente injustificado -propio de un ánimo perverso-, con tales daños en su zona genital, que obligó a la médica veterinaria a tratarla con la medicación indicada para esos casos. Que de esa manera, entiendo que se encuentran reunidos los elementos objetivos y subjetivos del tipo penal en cuestión.

En este aspecto, resulta oportuno referenciar y hago mío lo sostenido por la Cámara de Apelaciones en lo Criminal de Paraná, sala 1, en autos «B.J.L. s/ infracción a la Ley 14.346» que con fecha 1° de octubre de 2003 sostuvo que: «Las normas de la ley 14.346 protegen a los animales de los actos de crueldad y maltrato, no ya en un superado «sentimiento de piedad» propio de la burguesía etnocentrista del siglo XIX, sino como reconocimiento normativo de una esfera o marco de derechos para otras especies que deben ser preservadas, no solo de la depredación sino también de un trato incompatible con la mínima racionalidad. El concepto de «persona» incluye en nuestras sociedades pluralistas y anonimizadas también un modo racional de contacto con los animales que excluye los tratos crueles o degradantes»

Que habiendo sido subsumida la acción en la figura típica arriba expuesta, corresponde fijar la pena a imponer y en tal sentido tengo en consideración las circunstancias personales del imputado, su edad y su contacto permanente con los animales, ya que manifestó haber sido domador de caballos.

Que ese saber obtenido a través de su oficio ejercido a lo largo de su vida, me permite considerar que posee un acabado conocimiento de las reacciones de las especies animales. Es un dato de la realidad, que éstos reaccionan ante la agresión física, y aunque distinto al humano, poseen un «sentir» frente a una acción agresiva externa. Dicha circunstancia no podía ser ignorada por T..

Además, del informe Médico Forense no surge ningún indicio que me permita afirmar que el imputado no posee la suficiente capacidad de culpabilidad como para no tener consciencia de sus acciones. Tengo en consideración, además, el informe del Registro Nacional de Reincidencia de fs. 188/194, lo que me permite inferir que el imputado conoce el sistema penal y las eventuales consecuencias que puede tener un accionar ilícito.

Por otro lado, obra a fs. 223/238, sentencia condenatoria de fecha 17/08/2010, dictada por la Cámara en lo Criminal N° 2 de esta ciudad, a la pena de dos meses de prisión, conforme como fijó el hecho el Tribunal de Impugnación en su fallo del 28/12/2010, dicha pena la agotó el día 21/07/2011.

Que atento a ello, entiendo que corresponde imponerle al imputado la pena de once meses de prisión de cumplimiento efectivo, ello en consideración a lo previsto por el artículo 26 del Código Penal y que no ha transcurrido el plazo previsto en el artículo 27 del mismo cuerpo legal, para obtener una nueva condicionalidad de la condena.

Que, por lo expuesto, FALLO: 1) No hacer lugar a la nulidad impetrada por el Señor Defensor General durante el alegato prestado por esa parte en la audiencia de juicio oral.

2) Condenar a Justo Arancel T., de circunstancias personales arriba enunciadas, a la pena de once meses de prisión, por resultar autor material y penalmente responsable del delito de actos de crueldad contra los animales (artículo 3° inciso 7° en relación con el artículo 1° de la Ley 14.346), en la presente causa N° C 51/11, registro de este Juzgado (original del Juzgado de Instrucción y Correccional N° 4 N° 890/99), sin costas en consideración a la Defensa oficial (artículo 375 y 499 del Código Procesal Penal.

3) NOTIFÍQUESE. los oficios correspondientes. Cúmplase con la Ley 22.117. PROTOCOLÍCESE el original.- CUMPLASE.-

8. ANEXO LEGISLATIVO

DECLARACION UNIVERSAL DE LOS DERECHOS DEL ANIMAL

PREAMBULO Considerando que todo animal posee derechos.

Considerando que el desconocimiento y desprecio de dichos derechos han conducido y siguen conduciendo al hombre a cometer crímenes contra la naturaleza y contra los animales.

Considerando que el reconocimiento por parte de la especie humana de los derechos a la existencia de las otras especies de animales, constituye el fundamento de la coexistencia de las especies en el mundo.

Considerando que el hombre comete genocidio y existe la amenaza de que siga cometiéndolo.

Considerando que el respeto hacia los animales por el hombre está ligado al respeto de los hombres entre ellos mismos.

Considerando que la educación debe enseñar desde la infancia a observar, comprender, respetar y amar a los animales.

SE PROCLAMA LO SIGUIENTE:

Artículo 1°.- Todos los animales nacen iguales ante la vida y tiene los mismos derechos a la existencia.

Art. 2°.-

a) Todo animal tiene derecho al respeto.
b) El hombre, en tanto que especie animal, no puede atribuirse el derecho de exterminar a los otros animales o de explotarlos violando ese derecho. Tiene la obligación de poner sus conocimientos al servicio de los animales.
c) Todos los animales tienen derecho a la atención, a los cuidados y a la protección del hombre.

Art. 3°.-

a) Ningún animal será sometido a malos tratos ni a actos crueles.
b) Si es necesaria la muerte de un animal, ésta debe ser instantánea, indolora y no generadora de angustia.

Art. 4°.-

a) Todo animal perteneciente a una especie salvaje, tiene derecho a vivir libre en su propio ambiente natural, terrestre, aéreo o acuático y a reproducirse.

b) Toda privación de libertad, incluso aquélla que tenga fines educativos, es contraria a este derecho.

Art. 5°.-

a) Todo animal perteneciente a una especie que viva tradicionalmente en el entorno del hombre, tiene derecho a vivir y crecer al ritmo y en las condiciones de vida y de libertad que sean propias de su especie.

b) Toda modificación de dicho ritmo o dichas condiciones que fueran impuestas por el hombre con fines mercantiles, es contraria a dicho derecho.

Art. 6°.-

a) Todo animal que el hombre ha escogido como compañero, tiene derecho a que la duración de su vida sea conforme a su longevidad natural.

b) El abandono de un animal es un acto cruel y degradante.

Art. 7°.- Todo animal de trabajo tiene derecho a una alimentación reparadora y al reposo.

Art. 8°.-

a) La experimentación animal que implique un sufrimiento físico o psicológico es incompatible con los derechos del animal, tanto si se trata de experimentos médicos, científicos, comerciales, como toda otra forma de experimentación.

b) Las técnicas alternativas deben ser utilizadas y desarrolladas.

Art. 9°.- Cuando un animal es criado para la alimentación debe ser nutrido, instalado y transportado, así como sacrificado sin que de ello resulte para él motivo de ansiedad o dolor.

Art. 10.-

a) Ningún animal debe ser explotado para esparcimiento del hombre.

b) Las exhibiciones de animales y los espectáculos que se sirvan de animales son incompatibles con la dignidad del animal.

Art. 11.- Todo acto que implique la muerte de un animal sin necesidad, es un biocidio, es decir, un crimen contra la vida.

Art. 12.-

a) Todo acto que implique la muerte de un gran número de animales salvajes es un genocidio, un crimen contra la especie.

b) La contaminación y la destrucción del ambiente natural conducen al genocidio.

Art. 13.-

a) Un animal muerto debe ser tratado con respeto.

b) Las escenas de violencia en las cuales los animales son víctimas, deben ser prohibidas en el cine y en la televisión, salvo si ellas tienen como fin el dar muestra de los atentados contra los derechos del animal.

Art. 14.-

a) Los organismos de protección y salvaguarda de los animales, deben ser representados a nivel gubernamental.

b) Los derechos del animal deben ser defendidos por la ley, como lo son los derechos del hombre.

Este texto definitivo de la Declaración Universal de los Derechos del Animal, ha sido adoptado por la Liga Internacional de los Derechos del Animal y las Ligas Nacionales afiliadas a la 3era. Reunión sobre los Derechos del Animal, celebrada en Londres del 21 al 23 de septiembre de 1977. La declaración proclamada el 15 de octubre de 1978 por la Liga Internacional, las Ligas Nacionales y las personas físicas que se asocien a ellas, fue aprobada por la organización de las Naciones Unidas para la Educación, la Ciencia y la Cultura (U.N.E.S.C.O) y posteriormente por la organización de las Naciones Unidas (O.N.U).

DECLARACIOÀN DE CAMBRIDGE SOBRE LA CONCIENCIA (Reino Unido, 07/07/2012)

DECLARAMOS.

La ausencia de un neocórtex no parece prevenir que un organismo experimente estados afectivos. Evidencia convergente indica que los animales no humanos poseen los substratos neuroanatómicos, neuroquímicos y neurofisiológicos de estados conscientes, así como la capacidad de exhibir comportamientos deliberados. Por consiguiente, el peso de la evidencia indica que los seres humanos no son los únicos que poseen los sustratos neurológicos necesarios para generar conciencia. Animales no humanos, incluyendo todos los mamíferos y pájaros, y muchas otras criaturas, incluyendo los pulpos, también poseen estos sustratos neurológicos".

DECLARACIÓN DE TOULON (Francia, 29/03/2019)

PREÁMBULO

Nosotros, juristas académicos, teniendo participación en el trilogía de simposios sobre la personalidad jurídica de los animales organizado en el Universidad de Toulon.

Tomando en consideración las investigaciones realizadas en otros campos disciplinarios, particularmente por investigadores en Neurociencia.

Tomando en cuenta la Declaración de Cambridge de fecha 7 de julio de 2012 por cual, los investigadores llegaron a la conclusión que «los humanos no son los únicos en poseer sustratos neurológicos, eso generara conciencia «, estos rasgos son compartidos con «animales no humanos».

Lamentablemente la ley no ha tomado ventaja de estos avances para tratar los cambios fundamentales en todos los cuerpos legales relacionados con los animales.

Observando que en la mayoría de los sistemas legales, los animales todavía están consideradas como cosas y carentes de personalidad jurídica, la cual solo puede conceder a ellos los derechos, que ellos merecen como seres vivos.

Considerando que hoy en día, la la ley ya no puede ignorar los avances en la ciencia que pueden mejorar la consideración de los animales. Conocimientos que hasta ahora han estado en gran parte desaprovechados.

Finalmente, considerando la incoherencia de los sistemas jurídicos nacionales e internacionales. No podemos tolerar la inacción y por eso es importante para iniciar cambios con el fin de tomar en cuenta la sensibilidad e inteligencia de los animales no humanos.

** *

DECLARAMOS

Los animales debe ser universalmente considerado como personas y no cosas.

Es urgente poner un definitivo termino al reinado de la reificación.

Para ello se requiere una nueva perspectiva legal con respecto a los animales.

En consecuencia, los animales deben ser reconocidos como personas en el sentido legal.

Así, más allá de la obligaciones impuestas sobre los seres humanos, a los animales se les concederá su propio derecho, habilitando su interes a ser tomados en cuenta.

Los animales deben ser considerados como personas físicas no humanos.

Los Derechos de las personas físicas no humanas, deberán ser diferentes a los Derechos de las personas naturales humanas.

Reconociendo la personalidad jurídica de los animales, es un paso esencial hacia la coherencia de los sistemas jurídicos.

Este movimiento es de parte nacional pero con consenso legal internacional.

Que sólo el camino de la personificación jurídica es capaz de proporcionar soluciones satisfactorias y favorables para todos.

Que las reflexiones sobre la biodiversidad y el futuro del planeta deben incluir a las personas físicas no-humanas.

Que se ha de enfatizar el vínculo con la comunidad de seres vivos, pudiéndose y debiéndose encontrar una traducción legal.

Que, a ojos de la ley, la posición legal del animal cambiará por verse elevado su estatus al de sujeto de derecho.

CONVENIO EUROPEO SOBRE PROTECCIÓN DE ANIMALES DE COMPAÑÍA

(Hecho en **Estrasburgo,** el 13 de noviembre de 1987, en vigor desde el 1ro. de mayo 1992).

PREÁMBULO

Los Estados miembros del Consejo de Europa, signatarios del presente Convenio,

Considerando que la finalidad del Consejo de Europa es conseguir una unión más estrecha entre sus miembros;

Reconociendo que el hombre tiene la obligación moral de respetar a todas las criaturas vivas, y teniendo presentes las especiales relaciones existentes entre el hombre y los animales de compañía;

Considerando la importancia de los animales de compañía por su contribución a la calidad de vida y su consiguiente valor para la sociedad;

Considerando las dificultades dimanantes de la gran variedad de animales que conviven con el ser humano;

Considerando los riesgos que la superpoblación de animales representan para la higiene, la salud y la seguridad del hombre y de los demás animales;

Considerando que no debe alentarse la utilización de especímenes de la fauna salvaje como animales de compañía;

Conscientes de las diversas condiciones que rigen la adquisición, la tenencia, la cría, comercial o no, la cesión y el comercio de los animales de compañía;

Conscientes de que las condiciones en la tenencia de animales de compañía no siempre permiten promover su salud y bienestar;

Observando que las actitudes hacia los animales de compañía varían considerablemente, a veces por inconsciencia o falta de conocimiento;

Considerando que una actitud y unas prácticas comunes básicas que determinen una conducta responsable por parte de los propietarios de animales de compañía constituyen un objetivo no sólo deseable sino también realista,

Han convenido en lo siguiente:

CAPÍTULO I

Disposiciones generales

ARTÍCULO 1

Definiciones

1. Se entenderá por animal de compañía todo aquel que sea tenido o esté destinado a ser tenido por el hombre, en particular en su propia vivienda, para que le sirva de esparcimiento y le haga compañía.
2. Se entenderá por comercio de animales de compañía el conjunto de las transacciones practicadas de manera regular en cantidades considerables y con fines lucrativos que lleven consigo la transmisión de la propiedad de esos animales.
3. Se entenderá por cría y custodia comerciales de animales de compañía las practicadas principalmente con fines lucrativos y en cantidades considerables.
4 Se entenderá por refugio para animales el establecimiento sin finalidad lucrativa en el que puedan acogerse animales de compañía en número considerable. Cuando la legislación nacional y/o las medidas administrativas así lo permitan, esos establecimientos podrán dar acogida a animales vagabundos.
5. Se entenderá por animal vagabundo todo aquel que carezca de hogar o se encuentre fuera de los límites del hogar de su propietario o guardián y no esté bajo el control o la vigilancia directa de ningún propietario o guardián.
6. Se entenderá por autoridad competente la designada por el Estado miembro.

ARTÍCULO 2

Ámbito y aplicación

1. Cada Parte se compromete a tomar las medidas necesarias para llevar a efecto las disposiciones del presente Convenio en lo que respecta a:

   a. los animales de compañía en poder de una persona física o jurídica en cualquier hogar, en cualquier establecimiento que se dedique a su comercio o a su cría y custodia con fines comerciales, así como en cualquier refugio para animales;
   b. en su caso, los animales vagabundos.
2. Ninguna disposición del presente Convenio afectará a la aplicación de otros instrumentos para la protección de animales o para la protección de especies salvajes amenazadas.
3. Nada de lo dispuesto en el presente Convenio menoscabará la libertad de las Partes para adoptar medidas más estrictas encaminadas a proteger a los animales de compañía o para aplicar las disposiciones del mismo a categorías de animales que no se mencionen expresamente en este instrumento.

CAPÍTULO II

Principios sobre la tenencia de animales de compañía

ARTÍCULO 3

Principios básicos para el bienestar de los animales

1. Nadie deberá infligir innecesariamente dolor, sufrimiento o angustia a un animal de compañía.
2. Nadie deberá abandonar a un animal de compañía.

ARTÍCULO 4

Tenencia

1. Toda persona que tenga un animal de compañía o que haya aceptado ocuparse de él será responsable de su salud y bienestar.
2. Toda persona que tenga un animal de compañía o que se ocupe de él, deberá procurarle alojamiento, cuidados y atención que tengan en cuenta sus necesidades etológicas, de conformidad con su especie y raza, y en particular:
   a. proporcionarle, en cantidad suficiente, el alimento y el agua que requiera;
   b. proporcionarle oportunidades de ejercicio adecuadas;
   c. tomar todas las medidas razonables para impedir que se escape.
3. No deberá tenerse un animal en calidad de animal de compañía si:
   a. no se reúnen las condiciones previstas en el anterior apartado 2;
   b. aun cuando se reúnan esas condiciones, el animal no puede adaptarse a la cautividad.

ARTÍCULO 5

Reproducción

Toda persona que seleccione a un animal de compañía para la reproducción estará obligada a tener en cuenta las características anatómicas, fisiológicas y de comportamiento que puedan poner en peligro la salud y el bienestar de las crías o de la hembra.

ARTÍCULO 6

Límite de edad para la adquisición

No deberá venderse ningún animal de compañía a personas menores de 16 años sin el consentimiento expreso de sus padres o de las personas que ejerzan la patria potestad.

ARTÍCULO 7

Adiestramiento

No deberá adiestrarse a ningún animal de compañía de tal modo que se perjudique su salud y bienestar, en particular obligándole a superar sus fuerzas o capacidades naturales o utilizando medios artificiales que provoquen lesiones, dolores, sufrimientos o angustia innecesarios.

ARTÍCULO 8

Comercio, cría y custodia con fines comerciales y refugios para animales

1. Toda persona que, en el momento de entrar en vigor el Convenio, se dedique al comercio o a la cría o custodia con fines comerciales de animales de compañía o que tenga en explotación un refugio para animales, deberá declarar tal actividad a la autoridad competente en el plazo apropiado que determine cada Parte.

   Toda persona que tenga intención de dedicarse a cualquiera de esas actividades deberá declararlo a la autoridad competente.

2. En la mencionada declaración deberá indicarse:
   a. las especies de animales de compañía que sean o vayan a ser objeto de esa actividad;
   b. la persona responsable y sus conocimientos;
   c. la descripción de las instalaciones y equipos que se utilicen o vayan a utilizarse.

3. Las actividades anteriormente expresadas sólo podrán ejercerse si:

   a. la persona responsable posee los conocimientos y aptitudes requeridas para el ejercicio de esas actividades por su formación profesional o por una experiencia suficiente con animales de compañía y

   b. las instalaciones y equipamientos utilizados para esa actividad reúnen los requisitos del artículo 4.

4. Sobre la base de la declaración realizada de conformidad con lo dispuesto en el apartado 1, la autoridad competente determinará si se cumplen o no las condiciones señaladas en el apartado 3. Si dichas condiciones no se cumplieren de manera satisfactoria, la autoridad recomendará las medidas oportunas y, si fuere necesario para el bienestar de los animales, prohibirá el inicio o la prosecución de esa actividad.

5. La autoridad competente deberá comprobar, de conformidad con la legislación nacional, si se cumplen o no las condiciones más arriba indicadas.

ARTÍCULO 9

Publicidad, espectáculos, muestras, concursos y manifestaciones similares

1. Los animales de compañía no serán utilizados en publicidad, espectáculos, muestras, concursos ni manifestaciones similares, a menos que:

a. el organizador haya creado las condiciones apropiadas para que los animales de compañía sean tratados de conformidad con las exigencias del apartado 2 del artículo 4, y que

b. no se ponga en peligro su salud ni su bienestar.

2. No se administrará ninguna sustancia ni se aplicará ningún tratamiento a un animal de compañía, y no se utilizará ningún otro procedimiento para incrementar o reducir el nivel normal de su rendimiento:

a. durante la celebración de concursos,

b. en ningún otro momento, cuando con ello se ponga en peligro la salud y el bienestar del animal.

ARTÍCULO 10

Intervenciones quirúrgicas

1. Se prohibirán las intervenciones quirúrgicas cuyo objeto sea modificar la apariencia de un animal de compañía o conseguir otros fines no curativos y, en particular:

a. el corte de la cola;

b. el corte de las orejas;

c. la sección de las cuerdas vocales;

d. la extirpación de uñas y dientes.

2. Sólo se permitirán excepciones a estas prohibiciones:

a. si un veterinario considera necesarias las intervenciones no curativas, bien por razones de medicina veterinaria, o bien en beneficio de un animal determinado;

b. para impedir la reproducción.

3.

a. Las intervenciones en las cuales el animal vaya a sufrir o pueda sufrir dolores intensos sólo podrán efectuarse con anestesia y por un veterinario o bajo su supervisión.

b. Las intervenciones que no requieran anestesia podrán ser efectuadas por una persona competente con arreglo a la legislación nacional.

ARTÍCULO 11

Sacrificio

1. Un animal de compañía sólo podrá ser sacrificado por un veterinario u otra persona competente, salvo para poner fin a los sufrimientos del animal en casos de urgencia en los que no pueda obtenerse rápidamente la asistencia de un veterinario o de otra persona competente, o en cualquier otro caso de urgencia previsto por la legislación nacional. Todo sacrificio deberá efectuarse con los menores sufrimientos físicos y psíquicos posibles, habida cuenta de las circunstancias. El método elegido, excepto en caso de urgencia, deberá:

a. provocar la pérdida inmediata del conocimiento y la muerte o

b. iniciarse con la aplicación de una anestesia general profunda seguida de un procedimiento que cause la muerte de manera cierta.

La persona responsable del sacrificio deberá asegurarse de que el animal está muerto antes de que se disponga de su cuerpo.

2. Se prohibirán los siguientes métodos de sacrificio:

a. el ahogamiento y otros métodos de asfixia si no producen los efectos a que se refiere la letra b del apartado l,

b. la utilización de cualquier sustancia venenosa o droga cuya dosificación y aplicación no puedan controlarse con el fin de obtener los efectos mencionados en el apartado 1;

c. la electrocución, a menos que vaya precedida por la pérdida inmediata de conocimiento.

CAPÍTULO III

Medidas complementarias respecto de los animales vagabundos

ARTÍCULO 12

Reducción del número de animales vagabundos

Cuando una de las Partes considere que el número de animales vagabundos constituye un problema para ella, adoptará las medidas legales y/o administrativas necesarias para reducir su número por medios que no causen dolores, sufrimientos ni angustias evitables.

a. Al aplicar esas medidas deberá exigirse que:

i. si han de capturarse esos animales, ello se haga con los menores sufrimientos físicos y psíquicos posibles, habida cuenta de la naturaleza del animal;

ii. si los animales capturados van a ser objeto de tenencia o sacrificio, ello se haga de acuerdo con los principios establecidos en el presente Convenio.

b. Las Partes se comprometen a tratar de:

i. llevar a cabo la identificación permanente de perros y gatos por medios apropiados que sólo provoquen dolores, sufrimientos o aflicciones ligeros o pasajeros, como el tatuaje, acompañado por la inscripción del número en un registro, junto con los nombres y direcciones de los propietarios;

ii. reducir la reproducción no planificada de perros y gatos estimulando su esterilización;

iii. alentar a quienes encuentren perros o gatos vagabundos a que lo pongan en conocimiento de la autoridad competente.

ARTÍCULO 13

Excepciones sobre captura, tenencia y sacrificio

Las excepciones a los principios establecidos en el presente Convenio en cuanto a la captura, tenencia y sacrificio de animales vagabundos sólo serán admisibles cuando sean inevitables en el marco de programas gubernamentales para el control de enfermedades.

CAPÍTULO IV

Información y educación

ARTÍCULO 14

Programas de información y educación

Las Partes se comprometen a fomentar el desarrollo de programas de información y educación para promover, entre las organizaciones y personas relacionadas con la tenencia, cría, adiestramiento, comercio y custodia de animales de compañía, la conciencia y el conocimiento de las disposiciones y principios del presente Convenio. En esos programas deberá prestarse atención, en particular, a los siguientes aspectos:

a. la necesidad de que se hagan cargo del adiestramiento de los animales de compañía con fines comerciales o competitivos personas dotadas de los conocimientos y aptitudes idóneos;

b. la necesidad de desalentar:

   i. el regalo de animales de compañía a personas menores de 16 años sin el consentimiento expreso de sus padres o de otras personas que ejerzan la responsabilidad paterna;

   ii. el regalo de animales de compañía a modo de premio, recompensa o gratificación;

   iii. la procreación no planificada de animales de compañía;

c. las posibles consecuencias negativas que para la salud y el bienestar de los animales salvajes pueda tener su adquisición o introducción como animales de compañía.

d. los riesgos derivados de la adquisición irresponsable de animales de compañía, que dé lugar a un aumento del número de animales no deseados y abandonados.

CAPÍTULO V

Consultas multilaterales

ARTÍCULO 15

Consultas multilaterales

1. Las Partes celebrarán consultas multilaterales en el seno del Consejo de Europa en un plazo de cinco años a partir de la entrada en vigor del Convenio y posteriormente cada cinco años, o, en todo caso, siempre que una mayoría de sus representantes lo solicite, con el fin de examinar la aplicación del Convenio, así como la conveniencia de su revisión o de la ampliación de algunas de sus disposiciones. Esas consultas tendrán lugar en el curso de reuniones convocadas por el Secretario General del Consejo de Europa.
2. Cualquier Parte tendrá derecho a designar un representante para que participe en dichas consultas. Todo Estado miembro del Consejo de Europa que no sea Parte en el Convenio tendrá derecho a estar representado en esas consultas por un observador.

3. Después de cada consulta, las Partes presentarán al Comité de Ministros del Consejo de Europa un informe sobre la consulta celebrada y sobre el funcionamiento del Convenio, y formularán en el mismo, si lo consideran necesario, las propuestas encaminadas a modificar los artículos 15 a 23 del Convenio.
4. Con sujeción a las disposiciones del presente Convenio, las Partes establecerán el reglamento de régimen interior de las consultas.

CAPÍTULO VI
Enmiendas

ARTÍCULO 16
Enmiendas

1. Toda enmienda de los artículos 1 a 14, propuesta por una de las Partes o por el Comité de Ministros, será comunicada al Secretario General del Consejo de Europa y transmitida por éste a los Estados miembros del Consejo de Europa, a todas las Partes y a cualquier Estado al que se haya invitado a adherirse al Convenio de conformidad con lo dispuesto en el artículo 19.
2. Toda enmienda propuesta de conformidad con lo dispuesto en el apartado anterior será examinada después de transcurrido un plazo mínimo de dos meses desde la fecha de su remisión por el Secretario General, con ocasión de una consulta multilateral en la que podrá ser adoptada por una mayoría de dos tercios de las Partes. El texto aprobado se comunicará a las Partes.
3. Toda enmienda entrará en vigor doce meses después de su adopción en una consulta multilateral, a menos que una de las Partes haya formulado alguna objeción.

CAPÍTULO VII
Disposiciones finales

ARTÍCULO 17
Firma, ratificación, aceptación y aprobación

El presente Convenio queda abierto a la firma de los Estados miembros del Consejo de Europa. Estará sujeto a ratificación, aceptación o aprobación. Los instrumentos de ratificación, aceptación o aprobación se depositarán en poder del Secretario General del Consejo de Europa.

ARTÍCULO 18
Entrada en vigor

1. El presente Convenio entrará en vigor el primer día del mes siguiente a la expiración de un período de seis meses contado a partir de la fecha en que cuatro Estados miembros del Consejo de Europa hayan manifestado su consentimiento en quedar vinculados por el Convenio de conformidad con lo dispuesto en el artículo 17.
2. Para todo Estado miembro que manifieste posteriormente su consentimiento en quedar vinculado por el Convenio, éste entrará en vigor el

primer día del mes siguiente a la expiración de un período de seis meses contado a partir de la fecha del depósito del instrumento de ratificación, de aceptación o de aprobación.

ARTÍCULO 19

Adhesión de Estados no miembros

1. Tras la entrada en vigor del presente Convenio, el Comité de Ministros del Consejo de Europa podrá invitar a cualquier Estado que no sea miembro del Consejo de Europa a que se adhiera al mismo, mediante una decisión tomada por la mayoría prevista en el artículo 20.d del Estatuto del Consejo de Europa y por unanimidad de los representantes de los Estados contratantes con derecho a formar parte del Comité de Ministros.
2. Respecto a todo Estado que se adhiera al Convenio, éste entrará en vigor el primer día del mes siguiente a la expiración de un período de seis meses contado a partir de la fecha de depósito del instrumento de adhesión en poder del Secretario General del Consejo de Europa.

ARTÍCULO 20

Cláusula territorial

1. Cualquier Estado podrá señalar el territorio o territorios a los que se aplicará el presente Convenio en el momento de la firma o del depósito de su instrumento de ratificación, aceptación, aprobación o adhesión.
2. Toda Parte podrá ampliar la aplicación del presente Convenio a cualquier otro territorio que se indique en esa declaración en cualquier momento posterior, y mediante una declaración dirigida al Secretario General del Consejo de Europa. El Convenio entrará en vigor con respecto a ese territorio el primer día del mes que siga a la expiración de un período de seis meses contado a partir de la fecha de recepción de la declaración por el Secretario General.
3. Toda declaración formulada en virtud de los dos apartados anteriores podrá retirarse, por lo que respecta a cualquier territorio señalado en la misma, mediante notificación dirigida al Secretario General. La retirada surtirá efecto el primer día del mes siguiente a la expiración de un período de seis meses contado a partir de la fecha de recepción de la notificación por el Secretario General.

ARTÍCULO 21

Reservas

1. Cualquier Estado podrá declarar que hace uso de una o más reservas con respecto del artículo 6 y de la letra a del apartado 1 del artículo 10 en el momento de la firma o del depósito de su instrumento de ratificación, aceptación, aprobación o adhesión. No podrá hacerse ninguna otra reserva.
2. Toda Parte que haya formulado una reserva en virtud del apartado precedente podrá retirarla total o parcialmente por medio de una notificación dirigida al Secretario General del Consejo de Europa. La retirada surtirá efecto en la fecha de recepción de la notificación por el Secretario General.
3. Aquella de las Partes que haya formulado una reserva con respecto a una disposición de este Convenio no podrá solicitar la aplicación de dicha

disposición por otra Parte; sin embargo, si la reserva es parcial o condicional, podrá solicitar la aplicación de esa disposición en la medida en que ella misma la haya aceptado.

ARTÍCULO 22

Denuncia

1. Toda Parte podrá denunciar el presente Convenio en cualquier momento, mediante notificación dirigida al Secretario General del Consejo de Europa.
2. La denuncia surtirá efecto el primer día del mes siguiente a la expiración de un período de seis meses contado a partir de la fecha de recepción de la notificación por el Secretario General.

ARTÍCULO 23

Notificaciones

El Secretario General del Consejo de Europa notificará a los Estados miembros y a todo Estado que se haya adherido al presente Convenio o que haya sido invitado a hacerlo:

a. toda firma;

b. el depósito de todo instrumento de ratificación, aceptación, aprobación o adhesión;

c. toda fecha de entrada en vigor del presente Convenio, de conformidad con los artículos 18, 19 y 20 del mismo;

d. cualquier otro acto, notificación o comunicación que se refiera al presente Convenio.

En fe de lo cual, los infrascritos, debidamente autorizados al efecto, firman el presente Convenio.

ESTADOS PARTE

Estado	Firma	Manifestación del consentimiento	Entrada en vigor
Alemania *	21/06/1988	27/05/1991 R	01/05/1992
Austria	02/10/1997	10/08/1999 R	01/03/2000
Azerbaiyán *	22/10/2003	19/10/2007 R	01/05/2008
Bélgica	13/11/1987	20/12/1991 R	01/07/1992
Bulgaria	21/05/2003	20/07/2004 R	01/02/2005
Chipre	09/12/1993	09/12/1993 R	01/07/1994
Dinamarca *	13/11/1987	20/10/1992 R	01/05/1993
España *	09/10/2015	19/07/2017 R	01/02/2018
Finlandia	02/12/1991	02/12/1991 R	01/07/1992
Francia *	18/12/1996	03/10/2003 R	01/05/2004
Grecia	13/11/1987	29/04/1992 R	01/11/1992
Italia	13/11/1987	19/04/2011 R	01/11/2011
Letonia *	01/03/2010	22/10/2010 R	01/05/2011

Lituania	11/09/2003	19/05/2004 R	01/12/2004
Luxemburgo	13/11/1987	25/10/1991 R	01/05/1992
Noruega	13/11/1987	03/02/1988 R	01/05/1992
Portugal *	13/11/1987	28/06/1993 R	01/01/1994
Republica Checa *	24/06/1998	23/09/1998 R	01/04/1999
Rumania	23/06/2003	06/08/2004 R	01/03/2005
Serbia	02/12/2010	02/12/2010 R	01/07/2011
Suecia	14/03/1989	14/03/1989 R	01/05/1992
Suiza	13/11/1990	03/11/1993 R	01/06/1994
Turquía	18/11/1999	28/11/2003 R	01/06/2004
Ucrania	05/07/2011	09/01/2014 R	01/08/2014

AC: Aceptación. AP: Aprobación. R: Ratificación.
* Formula Declaraciones o Reservas.

DECLARACIONES Y RESERVAS

Alemania

Reserva:

«En aplicación del apartado 1 del artículo 21 del Convenio Europeo sobre protección de animales de compañía, la República Federal de Alemania declara que las relaciones contractuales entre ella y las demás Partes en el mencionado Convenio no se extenderán ni al artículo 6 (límite de edad para la adquisición) ni la letra a del apartado 1 del artículo 10 (prohibición de cortar la cola) del mencionado Convenio».

Fecha de efectos: 1/5/1992.

Azerbaiyán

Reserva:

«De conformidad con el apartado 1 del artículo 21 del Convenio, la República de Azerbaiyán declara que no aplicará la letra a del apartado 1 del artículo 10».

Fecha de efectos: 1/5/2007.

Dinamarca

Declaración:

«De conformidad con el artículo 20 del Convenio, el Gobierno del Reino de Dinamarca declara que el Convenio no se aplicará a las islas Feroe ni a Groenlandia».

Fecha de efectos: 1/5/1993.

Reserva:

«Dinamarca formula una reserva a la letra a del apartado 1 del artículo 10, respecto del corte de la cola».

Fecha de efectos: 1/5/1993.

España

Declaración:

«Para el caso de que el presente Convenio sea ratificado por el Reino Unido y su aplicación extendida al territorio de Gibraltar, España desea formular la siguiente Declaración:

1. Gibraltar es un territorio no autónomo de cuyas relaciones exteriores es responsable el Reino Unido y que está sometido a un proceso de descolonización de acuerdo con las decisiones y resoluciones pertinentes de la Asamblea General de las Naciones Unidas.
2. Las autoridades de Gibraltar tienen un carácter local y ejercen competencias exclusivamente internas que tienen su origen y fundamento en la distribución y atribución de competencias efectuadas por el Reino Unido, de conformidad con lo previsto en su legislación interna, en su condición de Estado soberano del que depende el citado territorio no autónomo.
3. En consecuencia, la eventual participación de las autoridades gibraltareñas en la aplicación del presente Convenio se entenderá realizada exclusivamente en el marco de las competencias internas de Gibraltar y no podrá considerarse que produce cambio alguno respecto de lo previsto en los dos párrafos anteriores.
4. El procedimiento previsto en el Régimen relativo a las autoridades de Gibraltar en el contexto de ciertos Tratados internacionales acordado por España y el Reino Unido el 19 de diciembre de 2007 (junto al «Régimen acordado relativo a las autoridades de Gibraltar en el contexto de los instrumentos de la UE y CE y Tratados conexos», de 19 de abril de 2000) se aplica al presente Convenio europeo sobre protección de animales de compañía.
5. La aplicación a Gibraltar del presente Convenio no puede ser interpretada como reconocimiento de cualesquiera derechos o situaciones relativas a los espacios que no estén comprendidos en el artículo 10 del Tratado de Utrecht, de 13 de julio de 1713, suscrito por la Coronas de España y Gran Bretaña».

Fecha de efectos: 1/2/2018.

Francia

Reserva:

«En aplicación del apartado 1 del artículo 21 del Convenio, el Gobierno de la República Francesa declara que no está vinculado por la letra a del apartado 1 del artículo 10».

Fecha de efectos: 1/5/2004.

Declaración:

«En aplicación del apartado 1 del artículo 20 del Convenio, el Gobierno de la República Francesa declara que el Convenio se aplicará al territorio de la

República Francesa, excepto Nueva Caledonia, la Polinesia francesa y las tierras australes y antárticas francesas».

Fecha de efectos: 1/5/2004.

Letonia

Reserva:

«De conformidad con el apartado 1 del artículo 21 del Convenio, la República de Letonia declara que la prohibición que figura en la letra a del apartado 1 del artículo 10 del Convenio, no se aplicará a los siguientes perros:

- Fox terrier (pelo duro);
- Fox terrier (pelo liso);
- Spaniel ruso;
- Braco alemán de pelo duro;
- Braco alemán;
- Terrier cazador alemán;
- Terrier galés».

Fecha de efectos: 1/5/2011.

Portugal

Reserva:

«Portugal, acogiéndose a la posibilidad mencionada en el apartado 1 del artículo 21, no acepta la letra a del apartado 1 del artículo 10 del Convenio».

Fecha de efectos: 1/1/1994.

República Checa

Reservas:

«En aplicación de lo dispuesto en el apartado 1 del artículo 21 del Convenio, el Gobierno de la República Checa formula las siguientes reservas:

a. respecto del artículo 6, el límite de edad aplicable a las personas a las que se puede vender un animal de compañía en la República Checa sin el consentimiento expreso de sus padres u otras personas que tengan la responsabilidad paterna será de quince años;

b. respecto de la letra a del apartado 1 del artículo 10, en la República Checa se autoriza el corte de la cola en el caso de lechones, borregos y cachorros de perro menores de ocho días, siempre que realice la operación una persona competente en el plazo prescrito».

Fecha de efectos: 24/3/1999.

* * *

TRATADO DE FUNCIONAMIENTO DE LA UNION EUROPEA

(ROMA, 25 de marzo de 1957, firmado por 27 países el 13/12/2007, entrando en vigor el 1/12/2009)

Artículo 13

Al formular y aplicar las politicas de la Union en materia de agricultura, pesca, transporte, mercado interior, investigación y desarrollo tecnologico y espacio, la Union y los Estados miembros tendran plenamente en cuenta las exigencias en materia de bienestar de los animales como seres sensibles, respetando al mismo tiempo las disposiciones legales o administrativas y las costumbres de los Estados miembros relativas, en particular, a ritos religiosos, tradiciones culturales y patrimonio regional.

España

Ley 32/2007, de 7 de noviembre, para el cuidado de los animales, en su explotacion, transporte, experimentacion y sacrificio (BO 268, 07/11/07)

(Ultima modificacion: 28 de junio de 2017)

PREAMBULO I

La Union Europea establece de forma taxativa la obligacion de regular el correspondiente regimen sancionador en caso de incumplimiento de la normativa de bienestar animal, pudiendose citar a estos efectos el artículo 55 del Reglamento (CE) no 882/2004 del Parlamento Europeo y del Consejo, de 29 de abril de 2004, sobre los controles oficiales efectuados para garantizar la verificacion del cumplimiento de la legislacion en materia de piensos y alimentos y la normativa sobre salud animal y bienestar animal. Más recientemente el artículo 25 del Reglamento (CE) no 1/2005 del Consejo, de 22 de diciembre de 2004, relativo a la proteccion de los animales durante el transporte y operaciones conexas, por el que se modifican las Directivas 64/432/CEE y 93/119/CE y el Reglamento (CE) no 1255/1997, que deroga la Directiva 91/628/CEE del Consejo, de 19 de noviembre de 1991.

En este contexto, las principales obligaciones, en lo que se refiere a los animales de producción, derivan de la Directiva 91/628/CEE del Consejo, de 19 de noviembre de 1991, sobre la proteccion de los animales durante el transporte, que modifica las Directivas 90/425/CEE y 91/496/CEE; de la Directiva 91/629/CEE del Consejo, de 19 de noviembre de 1991, relativa a las normas minimas para la proteccion de terneros; de la Directiva 91/630/CEE del Consejo, de 19 de noviembre de 1991, relativa a las normas minimas para la proteccion de cerdos; de la Directiva 98/58/CE del Consejo de 20 de julio de 1998, relativa a la proteccion de los animales en las explotaciones ganaderas; de la Directiva 1999/74/CE del Consejo de 19 de julio de 1999, por la que se establecen las normas minimas de proteccion de las gallinas ponedoras y de la Directiva 93/119/CE del Consejo, de 23 de diciembre de 1993, relativa a la proteccion de los animales en el momento de su sacrificio o matanza. En lo que se refiere a animales utilizados para experimentacion y otros fines cientificos, debe tenerse en cuenta la Directiva 86/609/CEE, del Consejo de 24 de noviembre de 1986, relativa a la aproximacion de las disposiciones legales, reglamentarias y administrativas de los Estados miembros respecto a la proteccion de los animales utilizados para experimentacion y otros fines cientificos.

Asimismo, las obligaciones que son exigibles tanto para los responsables de los animales como para los operadores comerciales, se prevén en el Reglamento (CE) no 1255/97 del Consejo, de 25 de junio de 1997, sobre los criterios comunitarios que deben cumplir los puntos de parada y por el que se adapta el plan de viaje mencionado en el Anexo de la Directiva 91/628/CEE, en la Decision 2000/50/CE, de 19 de diciembre, de la Comision, relativa a los requisitos minimos para la inspeccion de las explotaciones ganaderas, y, a partir del 5 de enero de 2007, en el Reglamento (CE) no 1/2005 del Consejo, de 22 de diciembre.

Las obligaciones previstas en la anterior normativa comunitaria se concretan en las siguientes normas basicas estatales: el Real Decreto 1047/1994, de 20 de mayo, relativo a las normas minimas para la proteccion de terneros, en el Real Decreto 54/1995, de 20 de enero, sobre proteccion de los animales en el momento de su sacrificio o matanza, el Real Decreto 1041/1997, de 27 de junio, por el que se establecen las normas relativas a la proteccion de los animales durante su transporte, el Real Decreto 348/2000, de 10 de marzo, por el que se incorpora al ordenamiento jurídico la Directiva 98/58/CE, relativa a la proteccion de los animales en las explotaciones ganaderas, el Real Decreto 3/2002, de 11 de enero, por el que se establecen las normas minimas de proteccion de las gallinas ponedoras, el Real Decreto 1135/2002, de 31 de octubre, relativo a las normas minimas para la proteccion de cerdos, el Real Decreto 751/2006, de 16 de junio, sobre autorizacion y registro de transportistas y medios de transporte de animales, por el que se crea el Comite español de bienestar y proteccion de los animales de producción, y el Real Decreto 1201/2005, de 10 de octubre, sobre proteccion de los animales utilizados para experimentacion y otros fines cientificos.

II

Mediante esta Ley se establece, en acatamiento del mandato comunitario, un conjunto de principios sobre el cuidado de los animales y el cuadro de infracciones y sanciones que dota de eficacia jurídica a las obligaciones establecidas en la normativa aplicable. Se logra así, con esta Ley dar cumplimiento además al artículo 25 de la Constitución que estipula la reserva de ley en la regulacion de las infracciones y sanciones.

Esta Ley tambien estipula las bases del regimen sancionador. Con ello se logra establecer un comun denominador normativo en el cual las Comunidades Autonomas ejerzan sus competencias. Ese comun denominador garantiza la uniformidad necesaria para la operatividad de la normativa aplicable y asegura una proporcionalidad minima en las sanciones.

El caracter basico de las normas y de las infracciones y sanciones contenidas en esta Ley es consecuencia de la reserva que los artículos 149.1.13.a y 16.a de la Constitución hacen a favor del Estado en materia de bases y coordinacion de la planificacion general de la actividad economica y bases y coordinacion general de la sanidad.

III

La ley se estructura en tres titulos, completados con una disposicion adicional y seis disposiciones finales.

El titulo preliminar se refiere al objeto de la ley, que es establecer las bases de un regimen de proteccion animal y de infracciones y sanciones para garantizar el cumplimiento de las normas sobre proteccion de los animales en la explotacion, el transporte, la experimentacion y el sacrificio. Se regula así, tambien, la potestad sancionadora de la Administracion General de Estado en lo que respecta a la proteccion de los animales exportados o importados desde o hacia Estados no miembros de la Union Europea y a los procedimientos con animales de laboratorio que sean de su competencia.

En este mismo titulo se definen aquellos terminos, citados en el articulado, que precisan una determinacion y concrecion de sus caracteres y alcance, y se delimita su ambito de aplicacion, excluyendose la caza y la pesca, la fauna silvestre, los espectaculos taurinos, las competiciones deportivas regladas y los animales de compania, excepto lo establecido en la disposicion adicional primera, ya que poseen su propia normativa reguladora.

El titulo I regula los aspectos más relevantes sobre la explotacion, el transporte de los animales, su sacrificio o su matanza. Se determinan, asimismo, las actividades sujetas a autorizacion administrativa o notificacion previa a la Administracion competente.

Las previsiones contempladas en los titulos anteriores devendrian ineficaces sin la existencia de un regimen de inspecciones y controles, así como de infracciones y sanciones, aspectos estos ultimos a los que atiende el titulo II, dividido en tres capitulos.

El capitulo I establece las reglas generales sobre los planes y programa de inspeccion y control, el regimen del personal inspector y las obligaciones de la inspeccion.

El capitulo II se destina a las infracciones y sanciones. Con caracter basico se han configurado las infracciones muy graves, graves y leves por incumplimiento de la normativa en la materia.

Respecto de las sanciones, habida cuenta de su naturaleza basica se establece su contenido sancionador minimo y maximo.

TITULO PRELIMINAR

Disposiciones generales

Artículo 1. *Objeto.*

Esta Ley tiene por objeto:

a) Establecer las normas basicas sobre explotacion, transporte, experimentacion y sacrificio para el cuidado de los animales y un regimen comun de infracciones y sanciones para garantizar su cumplimiento.

b) Regular la potestad sancionadora de la Administracion General del Estado sobre exportacion e importacion de animales desde o hacia Estados no miembros de la Union Europea en lo que respecta a su atencion y cuidado y sobre los animales utilizados para experimentacion y otros fines cientificos en procedimientos de su competencia.

Artículo 2. *Ámbito de aplicación.* 1. Esta Ley se aplicara a:

a) Los animales vertebrados de producción.

b) Los animales, proyectos y procedimientos contemplados en la normativa de la Union Europea o internacional en la materia de animales utilizados con fines de experimentacion u otros fines cientificos, incluyendo la Educación y la docencia.

2. Esta Ley no se aplicara a:

a) La caza y la pesca.

b) La fauna silvestre, incluida aquella existente en los parques Zoológicos que se regulan por la Ley 31/2003, de 27 de octubre, de conservacion de la fauna silvestre en los parques Zoológicos, sin perjuicio de lo previsto en el artículo 14.1.f) de esta Ley.

c) Los espectaculos taurinos previstos en los artículos 2 y 10 de la Ley 10/1991, de 4 de abril, sobre potestades administrativas en materia de espectaculos taurinos, y las competiciones deportivas regladas incluidas las actuaciones precisas para el control del dopaje de los animales.

d) Los animales de compania, sin perjuicio de lo previsto en la disposicion adicional primera de esta Ley.

Artículo 3. *Definiciones.*

A los efectos de esta Ley, se entendera por:

a) Animales de producción: los animales de producción, reproducción, cebo o sacrificio, incluidos los animales de peleteria o de actividades cinegeticas, mantenidos, cebados o criados, para la producción de alimentos o productos de origen animal, o para cualquier otro fin comercial o lucrativo.

b) Animales utilizados para experimentacion y otros fines cientificos: **(Sin contenido)**

c) Procedimiento: **(Sin contenido)**

d) Experimentacion y otros fines cientificos, incluida la docencia: **(Sin contenido)**

e) Autoridad competente: los organos correspondientes de las Comunidades Autonomas y de las Ciudades de Ceuta y Melilla; los organos correspondientes de la Administracion General del Estado en materia de comercio y sanidad exteriores; y los organos de las entidades locales en las funciones propias o complementarias que la legislacion encomiende a dichas entidades.

f) Explotacion: cualquier instalacion, construccion o, en el caso de cria al aire libre, cualquier lugar en los que se tengan, crien o manejen animales de producción, o se utilicen animales para experimentacion u otros fines cientificos. A estos efectos, se entenderan incluidos los mataderos y otros lugares en que se realice el sacrificio de animales, los centros de concentracion, los puestos de control, los centros o establecimientos destinados a la utilización de animales para experimentacion u otros fines cientificos y los circos.

TITULO I

Explotación, transporte, experimentación y sacrificio de animales Artículo 4. *Explotaciones de animales.*

Las Administraciones Publicas adoptaran las medidas necesarias para asegurar que, en las explotaciones, los animales no padezcan dolores, sufrimientos o daños inutiles.

Para ello, se tendran en cuenta su especie y grado de desarrollo, adaptacion y domesticacion, así como sus necesidades fisiologicas y etologicas de acuerdo con la experiencia adquirida, los conocimientos cientificos y la normativa comunitaria y nacional de aplicacion en cada caso.

Artículo 5. *Transporte de animales.*

1. Las Administraciones Publicas adoptaran las medidas necesarias para que solo se transporten animales que esten en condiciones de viajar, para que el transporte se realice sin causarles lesiones o un sufrimiento innecesario, para la reduccion al minimo posible de la duracion del viaje y para la atencion de las necesidades de los animales durante el mismo.
2. Los medios de transporte y las instalaciones de carga y descarga se concebiran, construiran, mantendran y utilizaran adecuadamente, de modo que se eviten lesiones y sufrimiento innecesarios a los animales y se garantice su seguridad.
3. El personal que manipule los animales estara convenientemente formado o capacitado para ello y realizara su cometido sin recurrir a la violencia o a metodos que puedan causar a los animales temor, lesiones o sufrimientos innecesarios.

Artículo 6. *Sacrificio o matanza de animales.*

1. Las normas sobre la construccion, las instalaciones y los equipos de los mataderos, así como su funcionamiento, evitaran a los animales agitacion, dolor o sufrimiento innecesarios.
2. El sacrificio de animales fuera de los mataderos se hara unicamente en los supuestos previstos por la normativa aplicable en cada caso y de acuerdo con los requisitos fijados por esta, a excepcion de los sacrificios de animales llevados a cabo por veterinarios con fines diagnosticos.
3. Cuando el sacrificio de los animales se realice segun los ritos propios de Iglesias, Confesiones o Comunidades religiosas inscritas en el Registro de Entidades Religiosas, y las obligaciones en materia de aturdimiento sean incompatibles con las prescripciones del respectivo rito religioso, las autoridades competentes no exigiran el cumplimiento de dichas obligaciones siempre que las practicas no sobrepasen los limites a los que se refiere el artículo 3 de la Ley Organica 7/1980, de 5 de julio, de Libertad Religiosa.

En todo caso, el sacrificio conforme al rito religioso de que se trate se realizara bajo la supervision y de acuerdo con las instrucciones del veterinario oficial.

El matadero debera comunicar a la autoridad competente que se va a realizar este tipo de sacrificios para ser registrado al efecto, sin perjuicio de la autorizacion prevista en la normativa comunitaria.

Artículo 7. *Centros o establecimientos destinados a la cría, suministro o uso de animales utilizados para experimentación y otros fines científicos, incluida la docencia.*

Los centros o establecimientos destinados a la cria, suministro o uso de animales utilizados para experimentacion y otros fines cientificos, incluida la docencia, deben estar autorizados o inscritos en el correspondiente registro administrativo, con caracter previo al inicio de su actividad y los procedimientos y proyectos donde se utilizan deben ser regulados, evaluados y autorizados en los terminos en que se determine en la normativa de la Union Europea.

Artículo 8. *Autorizaciones y registros administrativos.*

Los transportistas de animales, sus vehiculos, contenedores o medios de transporte deben disponer de la correspondiente autorizacion y estar registrados, en los terminos que reglamentariamente se determinen.

Artículo 9. *Importaciones de animales vivos.*

En el caso de importaciones desde terceros paises de animales vivos la Administracion General del Estado exigira el cumplimiento de las obligaciones fijadas en la normativa europea.

TITULO II

Inspecciones, infracciones y sanciones

CAPITULO I

Inspecciones Artículo 10. *Planes y programas de inspección y control.*

Las Administraciones Publicas, en el ambito de sus respectivas competencias, estableceran los programas o planes periodicos de inspecciones y controles oficiales que se precisen, sin perjuicio de las inspecciones que resulten necesarias ante situaciones o casos singulares.

Artículo 11. *Personal inspector.*

Para el desempeno de las funciones inspectoras concernientes a la materia a la que se refiere esta Ley, el personal al servicio de las Administraciones Publicas debera tener cualificacion y formacion suficiente para el ejercicio de estas tareas. Asimismo, tendra el caracter de agente de la autoridad, pudiendo recabar de las autoridades competentes y, en general, de quienes ejerzan funciones publicas, incluidas las Fuerzas y Cuerpos de Seguridad del Estado o cuerpos policiales autonomicos y locales, el concurso, apoyo y proteccion que le sean precisos.

Artículo 12. *Obligaciones del inspeccionado.*

Las personas fisicas o jurídicas a quienes se practique una inspeccion estaran obligadas a:

a) Permitir el acceso de los inspectores a todo establecimiento, explotacion, instalacion, vehiculo, contenedor o medio de transporte, o lugar en general, con la finalidad de realizar su actuacion inspectora, siempre que aquellos se acrediten debidamente ante el empresario, su representante legal o persona debidamente autorizada o, en su defecto, ante cualquier empleado que se hallara presente en el lugar. Si la inspeccion se practicase en el domicilio de una persona fisica, deberan obtener su consentimiento expreso o, en su defecto, la preceptiva autorizacion judicial previa.

b) Suministrar toda clase de informacion sobre instalaciones, productos, animales, servicios y, en general, sobre aquellos aspectos relativos a la proteccion animal que se le solicitaran, permitiendo su comprobacion por los inspectores.

c) Facilitar que se obtenga copia o reproducción de la informacion en materia de proteccion animal.

d) Permitir la practica de diligencias probatorias del incumplimiento de la normativa vigente en materia de proteccion animal.

e) En general, a consentir y colaborar en la realizacion de la inspeccion.

f) En todo caso, el administrado tendra derecho a mostrar y ratificar su disconformidad respecto a lo recogido en el acta de inspeccion.

CAPITULO II

Infracciones Artículo 13. *Calificación de infracciones.*

Las infracciones se califican como muy graves, graves o leves, atendiendo a los criterios de riesgo o daño para los animales y al grado de intencionalidad.

Artículo 14. *Infracciones.*

1. Son infracciones muy graves las siguientes:

   a) El sacrificio o muerte de animales en espectaculos Públicos fuera de los supuestos expresamente previstos en la normativa aplicable en cada caso o expresa y previamente autorizados por la autoridad competente.

   b) El incumplimiento de las obligaciones exigidas por las normas de proteccion animal, cuando concurra la intencion de provocar la tortura o muerte de los mismos.

   c) Utilizar los animales en peleas.

   d) Utilizar animales en producciones cinematograficas, televisivas, artisticas o publicitarias, incluso con autorizacion de la autoridad competente, cuando se produzca la muerte de los mismos.

   e) El incumplimiento de la obligacion de aturdimiento previo, cuando no concurra el supuesto establecido en el artículo 6.3.

   f) Utilizar en procedimientos animales prohibidos, o iniciar o llevar a cabo un procedimiento sin la autorizacion previa o la evaluacion favorable previa en caso de silencio administrativo, del proyecto correspondiente.

   g) Provocar, facilitar o permitir la salida de los animales de experimentacion u otros fines cientificos del centro o establecimiento, sin autorizacion por escrito del responsable del mismo, cuando de lugar a la muerte del animal o cree un riesgo grave para la salud publica.

h) Suministrar documentacion falsa a los inspectores o a la Administracion.

i) Utilizar perros o gatos vagabundos en procedimientos.

j) Liberacion incontrolada y voluntaria de animales de una explotacion.

k) Iniciar o llevar a cabo procedimientos en condiciones distintas de las incluidas en la autorizacion del proyecto, o en la evaluacion favorable del mismo en caso de silencio administrativo, o incumpliendo los requisitos, condiciones y obligaciones contenidos en dicha autorizacion o evaluacion favorable, cuando se utilicen en dicho procedimiento primates no humanos, animales de especies amenazadas incluidas en el Anexo A Reglamento (CE) n.o 338/97 del Consejo de 9 de diciembre de 1996 relativo a la proteccion de especies de la fauna y flora silvestres mediante el control de su comercio, animales capturados en la naturaleza, animales vagabundos o asilvestrados.

2. Son infracciones graves las siguientes:

a) Las mutilaciones no permitidas a los animales.

b) Iniciar o llevar a cabo procedimientos en condiciones distintas de las incluidas en la autorizacion del proyecto, o en la evaluacion favorable del mismo en caso de silencio administrativo, o incumpliendo los requisitos, condiciones y obligaciones contenidos en dicha autorizacion o evaluacion favorable, cuando no constituya infrAcción muy grave.

c) Realizar cualquiera de las actividades reguladas en esta Ley sin contar con la autorizacion administrativa o la inscripcion registral exigible segun las normas de proteccion animal aplicables.

d) El incumplimiento de las obligaciones exigidas por las normas de proteccion animal, cuando produzca lesiones permanentes, deformaciones o defectos graves de los mismos.

e) La oposicion, obstruccion o falta de colaboracion con la actuacion inspectora y de control de las Administraciones Publicas, cuando se impida o dificulte gravemente su realizacion.

f) Emitirse una evaluacion favorable por un organo habilitado para ello, para un proyecto, incumpliendo la normativa reguladora en cuanto a los requisitos de conflicto de intereses o permitiendo el uso de animales prohibidos en procedimientos, o en condiciones distintas a las requeridas para los autorizados.

3. Son infracciones leves:

a) El incumplimiento de obligaciones exigidas por las normas de proteccion animal en cuanto al cuidado y manejo de los animales, siempre que no se produzcan lesiones permanentes, deformidades o defectos graves, o la muerte de los animales.

b) El incumplimiento de las obligaciones en cuanto a la forma, metodos y condiciones para el sacrificio o matanza de animales, excepto el aturdimiento, cuando no concurra el supuesto establecido en el artículo 6.3.

c) Abandonar a un animal, con el resultado de la ausencia de control sobre el mismo o su efectiva posesion.

d) La oposicion, obstruccion o falta de colaboracion con la actuacion inspectora y de control de las Administraciones Publicas, cuando no impida o dificulte gravemente su realizacion.

Artículo 15. *Reincidencia.*

1. Existe reincidencia si se produce la comision de más de una infrAcción de la misma naturaleza en el termino de un año y así se declara en la nueva resolución sancionadora, siempre que asimismo la primera resolución sancionadora fuera firme en vía administrativa. La fecha a partir de la cual se contara dicho plazo sera el día que conste en autos que cometio la primera infrAcción o, si es continuada, desde el día que dejo de cometerla.
2. La reincidencia tendra como consecuencia el incremento de la sancion correspondiente.

Artículo 16. *Sanciones.*

1. Por la comision de infracciones en materia de proteccion de los animales, podrán imponerse las siguientes sanciones:
   a) En el caso de infracciones muy graves, se aplicara una multa de, al menos, 6.001 euros y hasta un limite maximo de 100.000 euros.
   b) En el caso de infracciones graves, se aplicara una multa de, al menos, 601 euros y hasta un limite maximo de 6.000 euros.
   c) En el caso de infracciones leves, se aplicara una sancion de multa hasta un limite maximo de 600 euros o apercibimiento en su defecto.
2. Cuando un solo hecho sea constitutivo de dos o más infracciones, se sancionara solamente por la más grave.
3. Los ingresos procedentes de las sanciones se destinaran a actuaciones que tengan por objeto la proteccion de los animales.

Artículo 17. *Sanciones accesorias.*

La comision de infracciones graves y muy graves puede llevar aparejada la imposicion de las siguientes sanciones accesorias:

a) Medidas de correccion, seguridad o control, que impidan la continuidad en la producción del daño.

b) Decomiso de los animales. El organo sancionador determinara el destino definitivo del animal, con sujecion a los principios de bienestar y proteccion animal.

c) Cese o interrupcion de la actividad, en el caso de sanciones muy graves.

d) Clausura o cierre de establecimientos, en el caso de sanciones muy graves.

Artículo 18. *Graduación de las sanciones.*

1. Las sanciones pecuniarias se graduaran en funcion de los siguientes criterios: los conocimientos, el nivel educativo y otras circunstancias del res-

ponsable, el tamaño y la ubicacion geografica de la explotacion, el grado de culpa, el beneficio obtenido o que se esperase obtener, el numero de animales afectados, el daño causado a los animales, el incumplimiento de advertencias previas y la alarma social que pudiera producirse.

2. Si, en razon de las circunstancias concurrentes, se apreciara una cualificada disminucion de la culpabilidad del imputado, el organo sancionador podrá establecer la cuantia de la sancion aplicando la escala relativa a la clase de infracciones de menor gravedad que aquella en que se integra la considerada.

3. El organo sancionador podrá reducir la cuantia de la sancion pecuniaria hasta en un 20 por cien si el presunto infractor reconoce la comision de la infrAcción, una vez recibida la notificacion de la incoacion del procedimiento sancionador, sin efectuar alegaciones ni proponer prueba alguna.

Asimismo, podrá incrementar la cuantia hasta en un 50 por ciento si el infractor es reincidente. Si la reincidencia concurre en la comision de infracciones leves, no procedera la sancion de apercibimiento.

Artículo 19. *Competencia sancionadora.*

1. El ejercicio de la potestad sancionadora en aplicacion de la presente Ley correspondera a los organos competentes de las Comunidades Autonomas o de las Ciudades de Ceuta y Melilla, y a la Administracion General del Estado, en el ambito de sus respectivas competencias.

2. Cuando se trate de infracciones en importaciones o exportaciones de animales, o en materia de procedimientos que sean competencia de la Administracion General del Estado, la iniciacion del procedimiento correspondera al Ministerio de Agricultura, Pesca y Alimentacion, y la instruccion al organo de dicho Ministerio que tenga atribuidas las funciones en materia de proteccion animal.

3. La resolución correspondiente a los supuestos contemplados en el apartado anterior, sera dictada por:

   a) El Ministro de Agricultura, Pesca y Alimentacion en los supuestos de infracciones leves y graves, sin perjuicio de la posibilidad de delegacion.

   b) El Consejo de Ministros en los supuestos de infracciones muy graves.

Artículo 20. *Medidas provisionales.*

En los casos de grave riesgo para la vida del animal, podrán adoptarse medidas provisionales para poner fin a la situacion de riesgo para el animal, antes de la iniciacion del procedimiento sancionador. Entre otras, podrán adoptarse las siguientes:

a) La incautacion de animales.

b) La no expedicion, por parte de la autoridad competente de documentos legalmente requeridos para el traslado de animales.

c) La suspension o paralizacion de las actividades, instalaciones o medios de transporte y el cierre de locales, que no cuenten con las autorizaciones o registros preceptivos.

Artículo 21. *Medidas no sancionadoras.*

No tendran caracter de sancion la clausura o cierre de establecimientos o instalaciones que no cuenten con las previas autorizaciones o registros preceptivos, o la suspension de su funcionamiento hasta tanto se subsanen los defectos o se cumplan los requisitos exigidos por razones de proteccion animal.

Artículo 22. *Multas coercitivas.*

En el supuesto de que el interesado no ejecute las medidas provisionales, cumpla las sanciones impuestas o las medidas previstas en el artículo 21, la autoridad competente podrá requerir a los afectados para que, en un plazo suficiente, procedan al cumplimiento de aquellas, con apercibimiento de que, en caso contrario, se impondra una multa coercitiva, con senalamiento de cuantia y hasta un maximo de 6.000 euros.

Disposición adicional primera. *Protección de los animales de companÞía y domésticos.*

1. Sera aplicable a los animales de compania y domésticos lo dispuesto en el artículo 5 en tanto el transporte se realice de forma colectiva y con fines economicos.

2. Seran igualmente de aplicacion a los animales de compania y domésticos las infracciones y sanciones tipificadas en los artículos 14.1, parrafos a), b), c), d), e), h), i) y j), 14.2, parrafos a), c), d) y e), 14.3 y 16.1.

Disposición adicional segunda. *Tasa por la prestación de servicios y gestión de permisos y certificados en el ámbito del Convenio sobre el Comercio Internacional de especies amenazadas de fauna y flora silvestres (CITES).*

1. Se crea la Tasa por la prestacion de servicios y expedicion de documentos CITES que se regira por la presente Ley y por las demás fuentes normativas que para las tasas se establecen en la Ley 8/1989, de 13 de abril, de Tasas y Precios Públicos.

2. Hecho imponible: La realizacion por la Administracion General del Estado de las actuaciones referidas a la expedicion de permisos y certificados CITES previstos en el Convenio sobre el Comercio Internacional de Especies amenazadas de fauna y flora silvestres (CITES) y en el Reglamento (CE) no 338/1997, del Consejo, de 9 de diciembre de 1996, relativo a la proteccion de especies de fauna y flora silvestres mediante el control de su comercio.

3. Base imponible: Las solicitudes de permisos o certificados para especimenes de fauna y flora CITES de acuerdo con la descripcion que se contiene en el punto 6.

4. Devengo de la tasa: El momento en que se presente la solicitud que inicie el expediente, que no se realizara ni tramitara sin que se haya efectuado previamente el pago correspondiente.

5. Sujetos pasivos: Las personas fisicas o jurídicas que soliciten la prestacion de servicios que constituyen el hecho imponible de las mismas.

6. Determinacion de la cuota.

La cuantia de la tasa a ingresar sera:

a) Por permisos CITES de importacion con un anexo: 20 euros que se incrementara en 15 euros más por anexo.
b) Por permisos CITES de exportacion con un anexo: 20 euros que se incrementara en 15 euros más por anexo.
c) Por certificados CITES de reexportacion con un anexo: 20 euros que se incrementara en 15 euros más por anexo.
d) Por certificados de propiedad privada: 30 euros.
e) Por certificados de uso comunitario: 20 euros.
f) Por certificados de exhibicion itinerante: 20 euros.
g) Por certificados de coleccion de muestras: 20 euros. h) Por certificados de instrumentos musicales: 20 euros.

7. Exenciones: Quedan exentos del abono de tasas los organismos e instituciones oficiales pertenecientes a cualquiera de las Administraciones Publicas.

8. Autoliquidacion y pago:

   Uno. La tasa sera objeto de autoliquidacion por parte del sujeto pasivo, que habra de acompanar justificante de su pago a la solicitud del permiso o certificado.

   Dos. El pago de la tasa se realizara en efectivo por el procedimiento establecido en la normativa que regula la gestion recaudatoria de las tasas de la Hacienda Publica.

9. Gestion y recaudacion: La gestion de la tasa se llevara a cabo por la Secretaria General de Comercio Exterior del Ministerio de Industria, Turismo y Comercio.

Disposición adicional tercera. *Silencio administrativo.*

En cumplimiento de lo previsto en el artículo 43 de la Ley 30/1992, de 26 de noviembre, de Regimen Jurídico de las Administraciones Publicas y del Procedimiento Administrativo Comun, en el procedimiento de autorizacion de proyectos en los que se utilicen animales para experimentacion y otros fines cientificos, incluyendo la docencia, el vencimiento del plazo maximo para resolver, sin haberse notificado resolución expresa al interesado, se entendera como silencio administrativo negativo, salvo que este cuente ya con la preceptiva evaluacion favorable, a partir de cuyo momento el silencio se entendera positivo.

Disposición final primera. *Modificación de la Ley 8/2003, de 24 de abril, de Sanidad Animal.*

La Ley 8/2003, de 24 de abril, de Sanidad Animal, queda modificada como sigue: Uno. Se anade un nuevo parrafo al artículo 36.1, del siguiente tenor:

«A efectos de la autorizacion prevista en el parrafo anterior, la autoridad competente verificara el cumplimiento de los requisitos exigibles en materia de proteccion animal. En todo caso, las explotaciones en que los animales descansen en el curso de un viaje deberan estar autorizadas y registradas por la autoridad competente en materia de proteccion animal».

Dos. Se anade un nuevo parrafo al artículo 89.1, del siguiente tenor:

«No obstante lo dispuesto en el paÀrrafo anterior, si, en razoÀn de las circunstancias concurrentes, se apreciara una cualificada disminucioÀn de la culpabilidad del imputado, el oÀrgano sancionador podrá establecer la cuantiÀa de la sancioÀn aplicando la escala relativa a la clase de infracciones de menor gravedad que aqueÀlla en que se integra la considerada en el caso de que se trate».

Disposición final segunda. *Títulos competenciales.*

1. Esta Ley se dicta al amparo del artículo 149.1.13.a y 16.a de la Constitución, que atribuye al Estado competencia exclusiva en materia de bases y coordinacioÀn de la planificacioÀn general de la actividad econoÀmica y de bases y coordinacioÀn general de la sanidad.
2. Se exceptuÀan de lo dispuesto en el apartado anterior:
   a) Los artículos 1 b), 10 y 19 y el reÀgimen de inspecciones, infracciones y sanciones correspondientes a las importaciones y exportaciones que se dicta al amparo de la competencia exclusiva del Estado en materia de sanidad exterior, de acuerdo con el artículo 149.1.16.a de la Constitución.
   b) La disposicioÀn adicional segunda se dicta al amparo de la competencia exclusiva que el artículo 149.1.14.a de la Constitución reconoce al Estado en materia de Hacienda General.

Disposición final tercera. *Actualización de sanciones.*

El Gobierno podrá, mediante real decreto, actualizar las sanciones pecuniarias tipificadas en el artículo 16, de acuerdo con la variacioÀn anual del IÀndice de Precios al Consumo.

Disposición final cuarta. *Reconocimiento de la formación de los investigadores de centros que utilicen animales para experimentación u otros fines científicos.*

El Ministerio de Educación y Ciencia establecera en el plazo de dos meses desde la entrada en vigor de esta Ley, un procedimiento excepcional para acreditar que los investigadores poseen la formacion y experiencia adecuada para la experimentacion con animales. La aplicacion de este procedimiento se extendera hasta un año despues de la entrada en vigor de la ley.

Disposición final quinta.

Lo dispuesto en los artículos 6.3, 14.1, letras a), c) y d), 14.2.a), 16.3 y en el apartado 2 de la Disposicion Adicional primera de esta ley, es aplicable en tanto en cuanto las Comunidades Autonomas con competencia estatutariamente asumida en esta materia no dicten su propia normativa.

Disposición final sexta. *Facultad de aplicación y desarrollo.*

Se autoriza al Gobierno, en el ambito de las competencias del Estado, a dictar cuantas disposiciones sean precisas para la aplicacion y desarrollo de esta ley, y en particular, para concretar el regimen de infracciones y sanciones dispuesto en esta ley.

Madrid, 7 de noviembre de 2007.

BIBLIOGRAFÍA

ARITZ, Toribio, *La explotación sexual de animales y la zoofilia en el código penal español*, disponible en dialnet.unirioja.net

BOISO CUENCA, Miguel, Análisis del delito de maltrato animal (art. 337 CP), Universidad de Alcalá, España, disponible ddd.uab.cat).

BRAGE CENDÁN, Santiago B., *Los delitos de maltrato y abandono de animales*, Tirant lo Blanch Delitos, No 125, Valencia, 2017.

BRAGA LOURENCO, Daniel, Direito dos animais, Sergio Antonio Fabris Editor, Porto Alegre, 2008.

BUOMPADRE, Jorge Eduardo, *Tratado de derecho penal, parte especial*, 3ra. ed., t. I, Editorial Astrea, Buenos Aires, 2009.

BUOMPADRE, Jorge Eduardo, *Manual de Derecho penal, parte especial*, 3ra. edición, Editorial ConTexto, Resistencia, Chaco, 2021.

BUOMPADRE, Jorge Eduardo, *Los animales y el derecho penal. Una mirada del presente hacia el futuro*, Ed. Astrea, Buenos Aires, 2022

BUOMPADRE, Jorge Eduardo, *Derechos de los animales, medio ambiente y derecho penal. Reflexiones para las futuras generaciones*, Ed. ConTexto, Resistencia (Chaco), 2021

BUOMPADRE, Jorge Eduardo y AROCENA, Gustavo Alberto, *Código Procesal Penal de la provincia de Corrientes*, comentado, Tomo I, Editorial ConTexto, Resistencia, Chaco, 2021

BUOMPADRE, Pablo N., *De Suiza a Sandra. Un camino hacia el reconocimiento de derechos básicos fundamentales de los animales no-humanos. Los animales como «sujetos de derecho»*, Derecho Ambiental La Ley, Buenos Aires, 29/04/2015.

CERVELLÓ DONDERIS, Vicenta, *El derecho penal ante el maltrato animal*, Cuadernos de Derecho Penal, enero/junio 2016, disponible en core.ac.uk.

CEREZO MIR, José, Derecho penal, parte general, IBdeF, Montevideo-Buenos Aires, 2008.

CORTINA ORTS, Adela, La cuestión de los animales: personas y derechos, disponible en boe.es

DELPINO, Luigi, Diritto penale, parte speciale, XIX edizione, Edizione Giuridiche Simone, Napoli, 2012.

DESPOUY SANTORO, Pedro Eugenio y RINALDONI, María Celeste, *Protección penal de los animales*, Ed. Lerner, Córdoba, 2017.

DÍEZ RIPOLLÉS, José Luis: *Derecho penal español, parte general*, 4ta. edición, Tirant lo Blanch, Valencia, 2016.

DOMENECH, Pascual G., *La posibilidad de limitar los derechos fundamentales en aras del bienestar animal,* Rev. Interdisciplinar de Gestión Ambiental, No. 74, Atelier, Barcelona, 2005.

DURÁN SECO, Isabel, El maltrato y el abandono de animales desde el punto de vista del derecho penal (LO 1/2015 de 30 de marzo), Libro-Homenaje a Claus Roxin (Dir. Diego-M. Luzón Peña), Universidad Inca Garcilaso de la Vega, Lima, 2018.

FARALDO CABANA, Patricia, *Flora y fauna (arts. 333, 334, 336, 337, 339* y 631), en Comentarios a la reforma penal de 2010 (Dirs. Francisco Javier Álvarez García y José Luis González Cussac), Tirant lo Blanch Reformas, Valencia, 2010.

FIANDACA, Giovanni y MUSCO, Enzo, *Diritto penale, parte speciale,* volume II, tomo secondo, sesta edizione, Zanichelli Editore, Bologna, 2018.

GARCÍA ALVAREZ, P. y LÓPEZ PEREGRÍN, C., *Los delitos contra la flora, la fauna y los animales domésticos, Análisis doctrinal y jurisprudencial, con referencia a la reforma introducida por la LO 5/2010, de 22 de junio,* RECPyC, 2013, N° 15-11.

GAROFOLI, Roberto, Manuale di diritto penale, parte speciale, t. II, Nel Diritto Editore, Bari-Roma, 2013.

GIMBERNAT ORDEIG, Enrique., *Prólogo* a la vigésima primera edición del Código penal de la Editorial Tecnos, Madrid, 2015.

GONZÁLEZ, Ramón Luis, *Derecho penal, parte general,* Ed. Astrea, 2018).

GUZMÁN DALBORA, José Luis, *El delito de maltrato de animales, La ciencia del derecho penal ante el nuevo siglo.* Libro homenaje al profesor Dr. D. José Cerezo Mir, Tecnos, Madrid, 2002.

HAVA GARCÍA, Esther, *La protección del bienestar animal a través del derecho penal, Estudios Penales y Criminológicos,* vol. XXXI, 2011.

JAURRIETA ORTEGA, Ignacio, *El bien jurídico protegido en el delito de maltrato animal,* UNED, Revista de Derecho, No. 24, 2019.

LOUIS LELANCHON, *La reforma del estatuto jurídico civil de los animales en el derecho francés,* disponible en resaerchgate.net

MAÑALICH R., Juan Pablo, *Derechos para los animales (no humanos): una defensa,* Revista Chilena de Derecho Animal, No. 2, diciembre 2021.

MARTÍNEZ-BUJÁN PÉREZ, Carlos, *Derecho Penal económico y de la empresa. Parte Especial,* 5a ed., Tirant lo Blanch, Valencia, 2015.

MARQUÉS I. BANQUÉ, M., en Quintero Olivares, G. (Dir.), *Comentario a la reforma penal de 2015,* Cizur Menor, Navarra, 2015.

MARTÍNEZ-BUJÁN PÉREZ, Carlos, *Derecho penal, parte especial,* (Coordinador J.L. González Cussac), Tirant lo Blanch Manuales, 5ta. Edición revisada y actualizada a la ley orgánica 1/2015), Valencia, 2016.

MAÑALICH R., Juan Pablo, *Animales y subjetividad. Los animales (no humanos) como sujetos-de-derechos,* Revista Pensamiento Penal, 29/3/2021, disponible en pensamiento.penal.com.ar

MESTRE DELGADO, E., *La ecología como bien jurídico protegido,* La Ley Penal, Revista de Derecho penal, procesal y penitenciario, No. 42, 2007, cit. por BRAGE CENDÁN SANTIAGO B., *Los delitos de maltrato y abandono de animales,* Tirant lo Blanch Delitos, No. 125, Valencia, 2017.

MESÍAS RODRÍGUEZ, Jacobo, *Los delitos del maltrato y abandono de animales en el código penal español,* disponible en revistes.uab.cat.

MONTER, Rosario, *El delito de maltrato animal tras la reforma del Código Penal por LO 1/2015: Art 337 del Código Penal,* Blog Derecho de los Animales del Consejo General de la Abogacía Española, 2023, disponible en abogacia.es

MUÑOZ CONDE, Francisco, *Derecho penal, parte especial,* 18 edición, Tirant lo Blanch Libros, Valencia, 2010.

MUÑOZ CONDE, Francisco, *Derecho penal, parte especial,* 23ª edición, Tirant lo Blanch, Valencia, 2021

NOVOA MONREAL, Eduardo, *Curso de derecho Penal Chileno,* Tomo I, Parte General, 2° edición, Editorial Cono Sur, Santiago, Chile.

OLMEDO CARDENETE, Miguel, en *Sistema de derecho penal, parte especial* (Dir. Lorenzo Morillas Cueva), 4ta. ed., Dykinson SL, Madrid, 2021.

POLAINO NAVARRETE, Miguel, *El injusto típico en la teoría del delito* -presentación a cargo del prof. Dr. Jorge E. Buompadre, prólogo a cargo del prof. Dr Edgardo A. Donna-, Mave Ediciones, pág. 319, Corrientes, Argentina, 2000).

POLAINO NAVARRETE, Miguel, *Introducción al derecho penal* (con la colaboración de Miguel Polaino Orts), Grijley, Lima (Perú), 2008.

POLAINO NAVARRETE, Miguel, *Derecho penal, parte general,* Tomo II Teoría Jurídica del Delito, Vol. 1, Bosch, Barcelona, 2000.

QUERALT JIMÉNEZ, J.J., «*La reincidencia en la falta de robo y en las apropiaciones indebidas, el acceso ilícito a servicios de telecomunicaciones y el maltrato de animales domésticos: tres ejemplos de nuevos delitos contra el patrimonio,* en Mir Puig-Corcoy Bidasolo (Dir.), Gómez Martín (Coord.), Nuevas tendencias en Política criminal. Una auditoría al código penal español de 1995, Madrid/Buenos Aires, 2006.

QUINTERO OLIVARES, Gonzalo, *Parte general del derecho penal,* 4ta. ed., Pamplona, 2010.

REGAN, Tom, *Jaulas Vacías,* Lugano Editora, Porto Alegre, 2006.

REQUEJO CONDE, Carmen, *El delito de maltrato a los animales tras la reforma del código penal por la ley orgánica 1/2015, de 30 de marzo,* disponible en revistes.uab.cat.

REQUEJO CONDE, Carmen, *Maltrato de animales: Comentario a la Sentencia 135/ 10 del Juzgado de lo Penal no 4 de Bilbao (Bizkaia) de 25 de marzo de 2010,* disponible en www.ddd.uab.cat).

RIBAS, Eduardo Ramón, *El maltrato de animales y la custodia de animales,* en La Reforma Penal de 2010: Análisis y Comentarios (Dir. Gonzalo Quintero Olivares), Thomson Reuters-Aranzadi, Navarra, 2010.

RIOS CORBACHO, José Manuel, *Animales en el deporte: una aproximación desde la óptica del derecho penal,* RECPC, disponible en criminet.ugr.es

RINALDONI, María Celeste, *Ley Benítez No. 14.346,* en Protección jurídica de los animales no humanos (Dir. Lorena Bilicic), Ediciones dyd, Buenos Aires, 2020.

RÍOS CORBACHO, José Manuel, *Nuevos tiempos para el delito de maltrato de animales a la luz de la reforma del código penal español (LO 1/2015),* Revista Electrónica de Ciencia Penal y Criminología, 18-17, 2016.

ROMERO VILLANUEVA, Horacio J., *Código penal de la Nación y legislación complementaria,* 9na. edición, Abeledo Perrot, Buenos Aires, 2022.

ROXIN CLAUS, *Derecho penal, parte general*, Tomo I, Civitas, Madrid, 1997.

SERRANO TÁRRAGA, Ma. D., *El maltrato de animales en el código penal*, La Ley, No. 6274, 14/6/2005, cit. por MUÑOZ LORENTE, José, *Los delitos relativos a la flora, fauna y animales domésticos (o de cómo no legislar en derecho penal y cómo no incurrir en despropósitos jurídicos)*, en Revista de Derecho Penal y Criminología, 2da. Época, UNED, No. 19, 2007.

SABSAY, Daniel Alberto, *Los derechos de las personas no humanas*, La Ley Derecho Ambiental, Buenos Aires, 29/04/2015.

SÁNCHEZ, María Natalia, *Los malos tratos o actos de crueldad contra animales Ley No. 14.346*, disponible en saij.gob.ar.

SANTANA GORDILHO, Heron José de, *Abolicionismo animal*, págs. 60 y sig., Evolucao Editora, Sao Paulo, Brasil, 2009.

SERRA, Juan Ignacio, *El abuso sexual de animales en Argentin*a, DA Derecho Animal, Vol. 4, No. 3, 2013, disponible en raco.cat

SINGER, Peter, *Liberacao animal*, Lugano Editora Ltda., Porto Alegre-Sao Paulo, 2004

SOLER, Sebastián, *Tratado de derecho penal, parte general* (Actualizador: Jorge Eduardo BUOMPADRE), T.1, 6ta. edición, Editorial Astrea, Buenos Aires, 2022.

ESPINA, Nadia, *Derecho animal. El bien jurídico en los delitos de maltrato*, Ediar, Buenos Aires, 2020.

TERRAGNI, Marco A., *Omisión impropia y posición de garante*, disponible en saij.gob.ar

TRAMONTANO, Luigi, *Codice penale e le leggi complementari*, 5ta. edizione, La Tribuna, Piacenza, 2019.

TERRAGNI, Marco A., *Omisión impropia y posición de garante*, disponible en saij.gob.ar

UZCATEGUI, Emilio, *Consideraciones sobre un nuevo Derecho en materia sexual*, cit. por Herrera Ríos René Alexander, Tesis, Loja-Ecuador, 2011, disponible en dspace.unl.edu.ec

VÁZQUEZ RODAS, Jorge, *La legítima defensa en favor de animales: análisis caso ecuatoriano*, disponible en revistaruptura.com

ZAFFARONI, Eugenio R., ALAGIA Alejandro, SLOKAR, Alejandro, *Derecho penal, parte general*, 2ª. ed., Ediar, Buenos Aires, 2002.

ZAFFARONI, Eugenio R., *La Pachamama y el humano*, disponible en pensamientopenal.com.ar.

LOS DELITOS CONTRA LOS ANIMALES
LUCES Y SOMBRAS DE LA LEY N° 14.346/54 DE MALOS
TRATOS Y ACTOS DE CRUELDAD A LOS ANIMALES,
de JORGE E. BUOMPADRE, se imprimió
en la República Argentina en mayo de 2023.

www.ingramcontent.com/pod-product-compliance
Ingram Content Group UK Ltd.
Pitfield, Milton Keynes, MK11 3LW, UK
UKHW051914031026
15588UKWH00008B/1466

9 789564 073293